經濟學的40堂公開課

倫敦政經學院教授，生動剖析經濟學家如何思考，

讓經濟學成為改變世界的力量

A LITTLE HISTORY OF ECONOMICS

NIALL KISHTAINY

奈爾·傑斯坦尼 —————— 著 吳書榆 —————— 譯

目錄

· 1 ·

冷靜的腦與溫暖的心

我們為什麼需要經濟學

手握本書，就讓你身居獨特的地位。一開始，你（或者是任何送你本書的人）拿錢去買了書。如果你來自貧窮的國家，你的家庭很可能一天僅靠一點錢勉強度日，你們大部分的錢都用在食物上，不會有任何餘裕容你買下這本書。就算你真的有一本，對你來說也很可能毫無用處，因為你根本讀不來。在西非的窮國布吉納法索（Burkina Faso），有閱讀能力的年輕人不到一半，女孩更僅有三分之一。在那裡，一名十二歲的女孩多半不會忙著學習代數和語言，反之，她們很可能要花一整天的時間幫忙提水回家。你可能不覺得自己或是你的家庭算富有，但對於世上很多人來說，花錢買書、而且還有能力讀書，聽起來就像是月球之旅一樣遙不可及。

對於如此巨大的差異生出強烈好奇心、甚至憤怒的人，通常轉向經濟學尋求解答。經濟學研究社會如何運用資源，包括土地、煤炭、人力以及用來製造麵包或鞋子等有用產品的機器。經濟學會指出，指稱布吉納法索人民窮困是因為他們懶惰的這種說法為何大錯特錯（雖然其中某些人確實懶散）。該國有很多辛勤努力的人，但是他們出生的經濟環境整體來說並不利於產出。為何英國有大樓、書本以及教育下一代所需的教師，但布吉納法索沒有？這是一個非常難回答的問題，沒有人能知其所以然。經濟學試著追根究柢。

以下我要提一個更強力的理由，解釋經濟學為何讓人著迷，這或許也會激發出你自己在這方面的想法。經濟學關乎生死。現代生於富裕國家的嬰兒在五歲之前死亡的機率極低，嬰幼兒死亡極罕見，每當發生這種事情時，總是讓社會震驚。在世上最貧窮的國家，有一成以上的孩子會因為缺乏營養與醫療而活不過五歲，這些國家的青少年是因為幸運才能活下來。

「經濟學」一詞聽起來或許枯燥乏味，讓你想到一大堆無聊的統計數字，但，實際上，經濟學的重點是幫助人們生存、健康以及接受教育，聚焦在如何讓人們獲得所需，以過著充實、幸福的生活，並探討為何有些人得不到這樣的人生。如果我們可以解決基本的經濟問題，或許可以幫助每個人都活得更好。

• 經濟學是研究稀少性的學問

現代的經濟學家用一種特別的想法來思考資源；所謂資源，指的是蓋出校舍的磚塊、治療疾病的藥品以及人們想讀的書。他們說這些東西「很稀少」。一九三〇年代的英國經濟學家利奧尼爾・羅賓斯（Lionel Robbins）將經濟學定義為研究稀少性的學問。罕見的東西，如鑽石與白孔雀，確實很稀少，然而，即便你很容易就能在家裡或是附近的店裡買到筆和書，但對經濟學家來說這些也是很稀有的東西。他們所說的稀少性是指東西的數量有限，相對之下人的欲望基本上無窮無盡。如果可以的話，我們很可能會持續買入新的筆和書，但是我們無法這樣做，因為每一樣東西都有成本。這代表我們必須做選擇。

且讓我們來想一想成本這個概念。雖然以貨幣計算的成本也很重要，但成本不光指要花掉的英鎊或美元。想像一下，有一名學生在選擇明年要修什麼課，他只能修歷史或地理，不能兩者都修。最後他選擇了歷史。他的選擇成本是什麼？是他放棄的東西：學習沙漠、冰河與首都城市相關知識的機會。新建一棟醫院的成本為何？你可以把所有營造用的鋼筋泥磚成本加總起來。但是，如果用前述「放棄的東西」這個觀點來算，成本則變成我們本來可以在同一地興建的火車站。經濟學家將這類成本稱之為「機會成本」（opportunity cost），這種成本很容易被忽略。稀少性和機會成本點出了一條基本的經濟學原理：人要做選擇，比方說，選擇建醫院、火車站、購物商場還是足球場。

經濟學就是檢視我們如何利用稀少性資源以滿足需求，但並不僅於此。人面對的選擇會如何改變？貧窮社會裡的人們面對的是非常棘手的選項：是要讓孩子飽餐一頓，還是替生病的老祖母購買抗生素？在富裕國家，比方說美國或瑞典，人們很少要經歷這種局面；他們要做的選擇，可能是要買新的手表，還是最新推出的 iPad。富裕國家也有嚴重的經濟問題：企業有時會破產，勞工會失業，必須要費盡心力才能替小孩買新衣服，然而，他們比較少面對生死攸關的問題。經濟學的其中一個核心問題，就是各個社會要如何克服稀少性造成的最嚴重效應，並探討為何有些社會不快速行動。要嘗試提出好答案，需要的不僅是熟悉機會成本而已，還要有能力找出我們應該要蓋新醫院還是新球場，要買新 iPad 還是新手表。要有答案，你需要用到各式各樣的經濟學理論，還要深入理解真實世界裡不同的經濟體如何運作。看看本書所講述的經濟學家史，是一個很好的起點；他們的想法讓我們看出，這一路走來，經濟學家所做的各種嘗試有多了不起。

經濟學家研究「經濟體」，這是當然的。經濟體使用資源、製造新東西，並決定誰能得到什麼。舉例來說，紡織製造商購買布料並聘用員工，以製作T恤。消費者（也就是你我）到店裡購物，如果我們口袋裡有錢，就可以買下各式各樣的商品，比方說T恤（行話說法是我們「消費」）。我們也消費「服務」，服務是指無實體的事物，例如理髮。多數消費者同時也是勞工，因為他們能靠工作賺錢。企業、勞工和消費者是經濟體的關鍵要素，但銀行與股市（也就是「金融體系」）亦會影響資源的運用。銀行貸款給企業，也就是所謂替企業提供「融資」。一家銀行借錢給紡織製造商興建新工廠，製造商有了這筆貸款就可以拿去購買水泥，這些水泥會成為工廠的一部分，而不是用於新建橋梁。企業為了籌資，有時候也會在股票市場出售「股份」（或「股票」）。如果你持有一股東芝（Toshiba）股份，你就擁有該公司的一小部分，倘若公司經營績效出色、股價因此上漲，你也隨著變得更富有一些。政府也是經濟體中的一環，當政府花錢新建公路或發電廠時，也會影響資源的運用。

・經濟學是探討人類行為的科學

在下一章中，我們將會看到幾位思考經濟問題的先驅：古希臘人。英語的「economics」發源於希臘文的「*oeconomicus*」，「*oikos*」是「家戶」之意，「*nomos*」則指法則或規範。因此，對希臘人來說，經濟學的要旨是探討家戶如何管理資源。在現代，經濟學也納入企業與產業的相關研究，但家戶與生活在家戶中的人仍是根本。說到底，經濟學的重點仍是買東西的人以及構成勞動力的人，也就是說，經濟學是探討經濟體中人類行為的科學。如果你生日時收到一千元禮金，你要怎麼決定如何花用？什麼因素會讓一名勞工以某個薪資水準接受一份工作？為何有些人謹慎儲蓄，有些人卻肯花大錢替愛犬蓋一棟寵物宮殿？

經濟學家試著以科學方法處理這類問題。「科學」一詞或許會讓你想到冒著泡泡的試管和黑板上潦草寫著的方程式，反而不會聯想到人們到底有沒有足夠食物的問題。實際上，經濟學家試著用科學家發射火箭的態度去解釋經濟體。科學家尋找物理「法則」：一件事如何引發另一件事，比方說，火箭的重量如何影響火箭飛行的高度。經濟學家尋找經濟法則，好比說，人口規模如何影響可得的食物。這稱為「實證經濟學」（positive economics）。法則本身無好壞可言，只是描述情況。

如果你認為經濟學的功用必須遠遠超過前述，你絕對是對的。想一想活不過嬰兒期的非洲孩童。描述情況、然後就這樣放著，夠嗎？當然不夠！如果經濟學家不做判斷，那就和鐵石心腸無異。另一派的經濟學稱為「規範經濟學」（normative economics），這類理論會去判斷某種經濟情境是好還是不好。當你看到超市丟棄完好的食物，你會判斷這是壞事，因為這是一種浪費。當你在思考貧富之間的差距時，你可能也會認為這是壞事，因為不公平。

・經濟學可以成為一股變革的力量

當精準的觀察和明智的判斷兩相結合，經濟學可以成為一股變革的力量，創造出更富裕、更公平的社會，讓更多人能在其中好好生活。英國經濟學家阿佛瑞德・馬歇爾（Alfred Marshall）曾說過，經濟學家需要「冷靜的腦，以及溫暖的心」。沒錯，描述這個世界時要像科學家一樣，但當你這麼做時又一定要對身邊受苦的人們懷抱著憐恤之情，並試著做些改變。

現代的經濟學（我指的是大學裡研究的經濟學），在人類幾千年的文明中出現時間相對較晚。幾百年前資本主義（這是目前多數國家的經濟類型）誕生時，經濟學才出現。在資本主義之下，無論是食物、土地還是勞力，多數的資源都用錢買賣，這樣的買賣稱為「市場」。資本主義下有一群人叫資本家，他們擁有資本：資本指的是為了製造出貨品所必備的金錢、機器和工廠。另一群人是勞工，受僱於資本家的企業。現在我們很難想像還有其他的運作方式，但是在資本主義之前，這個世界很不一樣，人們自耕自食，而不是買食物。一般人不在企業任職，而是為地主效命，地主控制人們居住的土地。

這樣說起來，與數學或文學相較之下，經濟學是新學問，諸多內容都和資本家有關：買進、賣出、價格。本書有很多內容在談的也是這類經濟學，但我們在檢視經濟概念之前也會追溯到更早之前。畢竟，無論是否信奉資本主義，每一個社會都必須因應如何讓人民溫飽的議題。我們將檢視不斷演變的經濟體概念，並看看經濟體本身的變化：無論是在田裡還是廠裡工作，人們長期如何克服稀少性，得以全家共聚一堂飽餐一頓。

在描述經濟體與做出相關判斷時，經濟學家是否永遠都如謹慎的科學家與明智的哲學家一般？有時候，經濟學家要面對指控，說他們忽略了經濟體不斷進步時卻被拋在後面的弱勢群體面對的困難，尤其是女性與黑人。這是因為歷史上的經濟思想家通常都來自社會中最優越的群體嗎？二十一世紀初，銀行輕率的作為引發一場嚴重經濟危機，很多人責怪經濟學家沒有預見問題，有些人甚至懷疑，這是因為在金融與大型銀行主導的世界裡占盡優勢的那些人，影響了很多經濟學家。

這麼說來，除了冷靜的腦與溫暖的心之外，經濟學家可能還需要一些別的要素搭配：自我批判的眼光，以及要有能力超越自身的考量與慣有的世界觀。研究經濟學史可以幫助我們做到這一點，這是因為，藉由了解過去的經濟思想家獨有的考量與環境如何孕育出某些概念，我們或許可以清楚地看出我們的概念是如何出現的。正因如此，將歷史結合概念想法才這麼讓人著迷，而且，對於創造出讓我們多數人能活得好的世界而言，至為重要。

· 2 ·

展翅的天鵝

蘇格拉底與柏拉圖

古代人和現代人一樣，都要面對稀少性的問題，對他們來說，這個問題意味著要找到足夠的食物。當時並無由農場、作坊和工廠集結而成的「經濟體」。早期人類生活在叢林中，靠採集莓果和獵殺動物而生。一直要等到比較複雜的經濟體出現之後（例如古希臘羅馬的經濟體），人們才開始思考經濟學的問題。

第一批經濟思想家是希臘哲學家，他們開啟了西方思想的傳統，經濟學是當中的一環。在人們努力幾千年創造出第一批文明之後，他們的想法才開花結果。早在他們之前，人類就已經種下經濟生活的種子，設法讓大自然來滿足他們的需求。舉例來說，當人開始用火，就可以利用手邊找到的材料來製造新東西：用黏土製作鍋子，用動植物製作餐點。第一場經濟革命發生在一萬多年前：有一群人發現栽種作物與馴養動物的方法，發明了農耕。有更多人可以在同一個區域的土地上生存，並集結成村落。

從這些起點出發，美索不達米亞地區（也就是現代的伊拉克）發展出擁有複雜經濟體的文明。這裡所謂的「複雜」有一點很重要的意義，這代表人不用自耕自食。在現代，你取得食物的方式多半不是靠自己種出來的，而是向生產者購買。美索不達米亞社會出現了新類型的人，這些人從來沒收割過大麥也沒擠過羊奶：他們是統治城邦的王以及主持神殿的祭司。

社會之所以在經濟上出現複雜性，是因為人已經很善於栽種作物以及餵養動物，農人的生產量超過自己生存所需，剩下來的可以供養祭司和君王。要把食物從栽種的人手中送給食用的人，需要組織。

在現代，這樣的交換是透過用貨幣的買賣進行，但古代社會則是回歸古代傳統。穀物送進神廟，當成獻祭，並由祭司分送。為了安排食物的配送，早期的文明發明了書寫；在我們現在還能看到的第一批書寫範例中，有些就是農民交運的穀物清單。當官員可以寫下他們可以分到多少人們生產的作物（換言之，就是對人們「課稅」），之後就能運用這些資源來挖掘渠道取水灌溉，以及興建陵墓以榮耀君王。

耶穌誕生前的幾個世紀，在美索不達米亞以及埃及、印度和中國便已有了人類文明，存在了幾千年，當中的元素也出現在希臘重新現身的新文明裡。在希臘，人們開始更深入思考身為活在社會中的人類是什麼意思。赫西俄德（Hesiod）是希臘第一批詩人中的一員，他說出了經濟學的起源點：「上帝藏起了人類的食物。」麵包不會從天上掉下來。要有得吃，人類必須種植小麥，收割、研磨成麵粉，然後烤成一條條的麵包。人要努力工作才能活下去。

・在理想國裡，人們不應該追求財富

希臘哲學家蘇格拉底（Socrates）是所有思想家之父，我們僅能透過他的門生所寫下的內容得知他說過哪些話。據說，有一天晚上他夢見一隻天鵝展翅，一邊大聲叫一邊飛走。隔天，他遇見以後會成為他門下明星學生的柏拉圖（Plato）。蘇格拉底在柏拉圖身上看見他夢裡的天鵝。這位學子成為人類的導師，他的想法展翅高飛，流傳幾百年。

柏拉圖（西元前四二八／四二七到西元前三四八／三四七年）想像了一個理想社會，這個經濟體和我們目前視為理所當然的型態大不相同。而他實際生活的社會，也和我們的社會大不相同。其一，當時沒有如我們理解的國家。古代的希臘是由雅典、斯巴達與底比斯等各個城邦組成的集合體。希臘人將城邦稱為「*polis*」，這也是英語裡「politics」（政治）的字源。柏拉圖的理想社會是一個精實的小城市，而不是大型國家，由統治者嚴密安排，少有空間供任憑食物和勞力根據價格買賣的市場發展。就以勞力為例好了，現代的我們認為，如何運用自身的勞力是自己的選擇：你或許決定自己想成為水電工，因為你很會修東西，而且這份工作的薪資很不錯。但在柏拉圖的理想國裡，每一個人一出生便決定好了位置。多數人（包括奴隸）都從事耕作。柏拉圖說，這些是最低階的人，他們的靈魂裡面混合了銅質。在農民之上，柏拉圖設定的是帶有銀質靈魂的戰士。最上層是統治者，這一群人是「哲學家皇帝」，擁有的是金質靈魂。柏拉圖在雅典附近設立他著名的學院（Academy），以培育適合統治社會其他階層的智者。

柏拉圖完全不認同追求財富這回事，在他的理想國裡，士兵和君王不可擁有私人財富，以免黃金和宮殿讓他們腐化。反之，他們要住在一起，分享一切，包括小孩在內；這些孩子由大家一起撫養，而不是交由各自的父母。柏拉圖擔心，如果太過看重財富，人會為此互相爭奪，最後，城邦會由富人治理，窮人則會忌妒富人，大家吵成一片，彼此爭鬥。

亞里斯多德（Aristotle）後來也進入柏拉圖的學院，他是下一隻高飛的天鵝。亞里斯多德（西元前三八四到西元前三二二年）首先嘗試將知識分門別類：分成科學、數學、政治等等。他深富好奇心，從深入的邏輯問題到魚鰓的構造設計無不想知道。他說過的某些話我們聽來或許會覺得有點奇特，比方說，他宣稱耳朵大的人喜歡蜚短流長，但考量到這是一個試著想要享用心靈盛宴、盡情品嘗身邊世界的人，也就沒什麼好訝異的。幾百年來，思想家視他為最終的權威，而他也成為大家所說的「那位哲學家」。

亞里斯多德批評柏拉圖的社會規劃。他不去想像理想的世界，而是思考在人類不完美的前提下可以有哪些有用的做法。他認為，像是柏拉圖建議禁止私有財的做法並不務實。他說，沒錯，當人們能擁有私產時，他們會忌妒彼此的財產，並因此爭奪，但如果硬要他們分享一切，你爭我奪可能更激烈。比較好的方式是讓人們擁有自己的財物，這樣一來，他們比較會好好照顧自己，也比較不會因為誰對於共有財產貢獻比較大而起爭議。

・貨幣創造出一種衡量經濟價值的標準

假設人使用自有的種子和工具創造出財富，不會製鞋的人要如何得到新鞋？他們可以用自家的橄欖和鞋匠交換。在這裡，亞里斯多德就點出了經濟領域的基本元素：用一種貨品去交換另一種。他說，貨幣在這方面會有幫助。少了貨幣，你必須拖著橄欖到處去交換你需要的鞋子，你還需要一些運氣，才能剛好碰到可以提供鞋子、又需要橄欖的人。要讓交換更容易一些，人們可同意指定一種物件當作貨幣（通常是金或銀），用此來買賣（或說交易）有用的物品。貨幣創造出一種衡量經濟價值的標準，指出什麼東西值多少錢，並且從一個人手中將價值轉給另一個人。有了貨幣，你就不需要找到一個此時此刻可以給你鞋子的人並用你的橄欖作為交換；你可以把橄欖賣掉換成錢幣，隔天再用錢幣去買雙鞋。錢幣是一種標準化的物體，由指定的金屬製成。最早的貨幣由琥珀金（electrum）製成，這是一種天然金銀合金，於西元前第六世紀出現在呂底亞（Lydia）王國（在現代的土耳其境內）。然而，貨幣實際上一直要到古希臘時期才開始大行其道，連奧林匹克運動會的冠軍得主都得到貨幣作為獎賞，每人可得到五百個希臘德拉克馬銀幣（drachma）。到了西元前第五世紀，全世界大約有一百家製造錢幣的鑄幣局，從這些地方滾滾流出的銀幣，讓貿易之輪不斷轉動下去。

亞里斯多德體會到，一旦人們開始用貨幣交換貨品，要拿來用的東西（作為食物的橄欖）和要拿來交換的東西（要換得某個價格的橄欖）之間就有了差異。他說，家戶種植與食用橄欖，同時出售橄欖換得貨幣、以買入他們需要的其他貨物，是很自然的事。當家戶看到他們可以藉由出售橄欖賺得貨幣，很可能就會開始純為了利潤（利潤是他們出售橄欖所得與種植橄欖成本之間的差額）而栽種。亞里斯多德質疑這一點，他認為，如果任何交易的目的超過讓家戶得到必要的貨物，就是「不自然的」。家戶靠著出售橄欖以賺取利潤，是靠著占別人的便宜來賺錢。我們會在之後的故事中看到，對現代經濟學家來說，這是很難理解的論點，因為當買方和賣方互相競爭的時候，整個社會將從中得利。但在亞里斯多德的時代，並沒有在今天看來司空見慣的互相競爭的買方和賣方。

亞里斯多德指出，來自「自然」經濟活動的財富是有限的，因為，一旦能滿足家戶的需求，就不需要更多財富了。另一方面，累積不自然的財富則無限制。你可以繼續出售更多橄欖，還可以找到各式各樣可供銷售的新貨品。有什麼能阻止你累積金山銀山？什麼都做不到，但是，你的智慧與美德會遭遇風險。「由財富養成的人格類型是富裕的蠢人。」亞里斯多德如是說。

‧貨幣只應當作交換的工具

還有一件事比種植橄欖以賺取愈來愈多的錢更糟糕，那就是用錢去賺錢。橄欖的自然用途是食用（或是用來交換家戶所需），貨幣的自然用途則是當作交換的工具。把錢以某個價格（某個「利率」）借給別人以賺取報酬，是最不自然的經濟活動；我們在下一章裡會看到，亞里斯多德對於金錢借貸的攻擊，影響之後幾百年的經濟思維。對亞里斯多德來說，具備美德的顯然是誠實的農人，而不是聰穎的銀行家。

在柏拉圖與亞里斯多德寫作時，希臘的發展型態也和他們兩人設想的經濟體漸行漸遠。各個城邦都深陷危機，雅典和斯巴達更是長期交戰。哲學家所做的經濟設計，徒然成為依附過去榮光的方法。柏拉圖的解決方案是嚴謹的城邦，亞里斯多德則是提出實務指引，讓社會免於出現過度的商業活動。

即便亞里斯多德與柏拉圖都譴責愛錢這件事，但希臘人開始在乎錢了。據說，斯巴達的統治者把城邦的貨幣鑄造成非常沉重的鐵條，必須要靠牛才能拉動，藉此阻礙賺錢的活動，但是，在希臘世界大部分地方，商業繁榮昌盛。各個城邦在地中海海域各處交易橄欖油、穀物以及諸多其他貨物。在亞里斯多德與柏拉圖之後，貿易流動範圍更廣，跟著亞里斯多德最著名的門生亞歷山大大帝（Alexander the Great）欣欣向榮；亞歷山大大帝的軍隊橫掃地中海世界以及其他地方，在一個新的大帝國裡四處傳播希臘文化。

一如所有帝國，偉大的希臘文明以及隨後的羅馬文明終究消逝，新的思想家興起。羅馬帝國在西元第五世紀滅亡之後，歐洲各處在僻靜修道院繼續設法活下去的歐洲僧侶，接棒帶著經濟思維向前邁進。

· 3 ·

上帝的經濟體

中世紀的基督教思想

聖經說，人犯了罪，因此必須工作才生存。當亞當和夏娃還住在伊甸園裡，生活非常輕鬆。他們從河中取水飲用，從樹上摘果子品嘗。他們一天到晚閒坐，沒什麼事要忙。然而有一天他們違背了上帝的旨意，因此上帝將他們逐出伊甸園，從豐饒富裕的生活跌落至艱辛的人生。「你必汗流滿面才得餬口，」上帝這麼對亞當說。從那時候開始，人就必須工作才能活下去。但耶穌提出警告說，當人們工作時便身處於危境，可能犯下讓他們被天堂拒於門外的罪。他們可能只關心要變得富有，他們可能會忌妒他人的財富，他們到最後很可能會愛華服、珠寶和金錢更勝於上帝。

在漫長的中世紀，頭尾兩端有兩位偉大的基督教思想家坐鎮，他們都是當時的思想巨人。他們認真思考基督的教義真義為何，對於基督教徒應如何參與整個經濟體有何指示？中世紀之初出現的是希波的奧古斯丁（St Augustine of Hippo；三五四到四三〇年），他原本是一名煩躁不安的年輕教師，後來蛻變成熟為一名充滿智慧的聖人。聖湯瑪斯．阿奎納（St Thomas Aquinas；一二二四／二五到一二七四年）出現在末期，他是一位義大利僧侶，他生活的世代，剛好是新商業文明在義大利興起之時。他寫出的作品為基督教徒提供指引，讓他們知道如何在變動的社會中生活。

奧古斯丁生於羅馬帝國奄奄一息之時，一腳踏在古代世界，另一腳在新興的中世紀。經歷了漫長的晃蕩與靈魂追尋之旅後，他投向基督教。希臘人思考的是城邦君王的社會與經濟體，這些是由明智的統治者管理的小型政體。奧古斯丁把這轉化成上帝的城邦，最上方的是基督，是人的救世主。治理上帝之城時遵循的是人的律法，同時也是上帝的律法，因為人們必須參與俗世的日常生財活動。財富是上帝賜予有罪人類的禮物，人必須要有財富才能生存。放棄財富能得到最好的人生；某些基督徒也確實這樣做，他們身無分文，過著隱士的生活或是加入僧侶社群。然而，在一個不完美的社會裡，人必須擁有財產，重點是不可以愛你的財產，並要明白這些身外之物不過是讓人過著美好神聖生活的工具。

奧古斯丁的想法，形塑了取代羅馬帝國的中世紀社會。羅馬人打造出一個龐大帝國，他們的城市是結合了優雅與工程的奇蹟。光是羅馬，就有一千座公共浴池，由導水管注滿水。奧古斯丁死後，羅馬帝國遭受侵略者滋擾，在之後有數百年的時間貿易瓦解。社群轉趨內向，人民又開始自耕自食，不再透過買賣取得食物。城鎮規模萎縮，羅馬人興建的橋梁與道路也頹圮崩解。帝國本來是一大塊完整畫布，後來成了地方統治者拼貼而成的雜亂作品。共同的主題是新基督教信仰以及加奧古斯丁等人提出的訓誡。

・不可貪婪，不可忌妒他人擁有的金錢

中世紀社會的另一個部分，是後世稱之為封建主義的經濟體系。統治者需要戰士才能阻止一群群騎在馬背上的入侵者。供養戰士成本高昂，因此，君王賜予他們土地，以換取忠誠。戰士承諾，當君主有需要時，會為他奮戰。從這裡開始發展出一整套的生產系統，其基礎不是貨幣，而是統治者與被

統治者之間達成的承諾。上帝在塵世裡的經濟體組成了一條「存在鎖鏈」（chain of being）。這是中世紀的宇宙觀，以嚴謹的權勢等級為架構。最上方的是上帝和基督，在世上代表祂們的最初是教宗、後來變成賞賜土地給大地主的君王，最下方是負責種植的農民。農民會把收成交給地主，自己留一部分。這種經濟體由宗教治理，而不是根據規範現代經濟的利潤與價格；這套系統的主事者是像奧古斯丁以及之後的其他人，他們是有學問的僧侶和教會傳道人。

湯瑪斯．阿奎納便是其中一員。他生於富裕之家，但很年輕時就加入道明會（Dominican），這是一個僧侶教團，他們過著沒有錢、沒有財物的生活。他的父母對此深惡痛絕，他們綁架他，把他關在一座自家城堡裡。他們甚至叫一名妓女到他房間裡，希望讓他拋下想成為僧侶的念頭，但他拒絕向誘惑投降，反而是靜心祈禱，並撰寫和邏輯方法有關的書。他的父母到最後只能放棄，放他出來，他則移居巴黎，在那裡繼續宗教與智性追尋之旅。

阿奎納勾畫的存在鎖鏈就像蜂巢一樣，什麼蜜蜂該扮演什麼角色由上帝決定：有些負責採蜜，有些建造蜂巢壁，有些則服務蜂后。人類的經濟體也就像這樣，有些耕種田地，有些人負責祈禱，有些人為君王奮戰。重點是不可貪婪，不可忌妒他人擁有的金錢。

就像阿奎納的體悟一樣，在這個有罪的世界裡，人必須擁有一些什麼才能養活自己與家庭。阿奎納說，賣東西賺取利潤沒問題，前提是要妥善運用金錢；如果某個人擁有的金錢超過所需程度，就必須分一點給窮人。假設有一個人靠賣肉為生。阿奎納想要回答的問題是，肉的價格有沒有一個「公正價」？向顧客收取的公平、符合道德金額是多少？阿奎納說，賣方可以賣得的最高價沒有上限，他們或許可以靠著謊稱肉質來喊價。中世紀時，詐欺是人們常有的顧慮：有一位英國人曾抱怨，倫敦的屠夫用油彩在羊眼上畫上鮮血，讓正在腐爛的羊看起來很新鮮。阿奎納說，在這樣的條件下合意達成的價格並不公正；公正的價格是社會在不耍花招或沒有強力賣方主導交易的前提之下一般收取的價格。

・放高利貸是最深重的罪

一如之前的思想家，阿奎納也相信經濟方面最深重的罪是「放高利貸」：用某個價格（換言之，也就是根據某個利率）把錢借出去。中世紀的教會譴責高利貸行為。容許放款人埋骨聖地的牧師可能會被逐出教會，放款人得跟著盜賊和殺人兇手一起下地獄。有位傳道人說了一個故事，有一位放款人要求讓他的財富一同陪葬。他死後，他的妻子挖開他的墳墓，把錢取回來。她看到惡魔把錢幣（現在已經變成燒得火紅的煤炭）塞進她丈夫的喉嚨裡。

中世紀的教會人士說，貸放款項賺取利息就是偷竊，因為錢「不會結果實」：錢不能生殖，因此不能繁殖。把錢放著，不會像羊群一樣繁殖出下一代。如果你把二十二個錢幣借給一個人、但從對方手上拿回二十五個錢幣，那你就是多拿了三個錢幣。這三個錢幣事實上是屬於對方的。阿奎納一如古代的希臘思想家，他說，金錢的適當用途是用來買賣，試著透過收取利息的花招墊高借款人欠你的金額，是錯誤的行為。當錢用來買賣貨物，買賣的行為就「用掉了」金錢，這就好像你拿麵包來食用，這樣你就用掉了麵包。（但房子不一樣，因為你可以住在房子裡又無需把房子用掉。）要一個人付錢買麵包、又付錢使用麵包，是不對的，這樣是要對方付兩次錢。同樣的，要求對方償還你出借的金額並要求他們除此之外額外支付利息，也是不對的。更糟糕的是，高利貸是一種永遠不會停止的罪。殺人兇手最起碼在睡覺時會停止殺戮。放款人就算躺在床上歇息，他們的罪仍不斷持續，而且借款人欠的債金額會愈來愈高。

阿奎納寫作之時，歐洲的貿易與商業活動也正好再度復興。在他出生前的幾個世紀，歐洲人口開始成長，城鎮也恢復生氣。重型犁和新式馬挽等發明，幫助農夫提高收穫量。水車輪開始在河上運轉，替研磨穀物的磨坊提供動力。地區上的區隔開始分出社群，並彼此開始交易，貨幣提供更多助力，大大刺激貨物的買賣。

• 商人和銀行家興起，教會認可合理利息

在威尼斯與佛羅倫斯等大城，中世紀的「存在鎖鏈」因為一種新類型的人們出現而被拉長、拉緊：這些人是為了逐利而買賣貨物的商人，以及負責處理金錢的銀行家。社會的組成分子，不再僅限於負責祈禱的人、負責耕作的人以及負責打仗的人。城市居民在商業的餘燼之下點火，現在開始熊熊燃燒。

商船載著玻璃和羊毛航向亞洲，載回絲綢、香料和寶石。威尼斯打造出古代以來的第一個商業帝國。

隨著貿易興盛，金融也欣欣向榮。在威尼斯和熱那亞，商人把錢幣放在貨幣交換商的安全金庫內，之後，商人可以要求貨幣交換商將錢在他們的帳戶之間移轉，藉以結算負債。他們也可以向貨幣交換商貸款。這樣一來，貨幣交換商就成為最早的銀行家，但同時也成為有罪的放款人。另一項發展則有助於因應運送昂貴貨物越過危險海洋會涉及的風險。商人發展出保險：付給某個人一筆錢，以換得他們承諾補償你運氣不好時遭受的損失，比方說船在暴風雨後沉沒。

喧鬧的城市讓封建制度式微，因為農民紛紛拋下田地遷居城市，為了賺錢而工作。這樣的熱鬧喧嘩也開始壓過傳統教堂的訓義。米蘭的守護聖人是安波羅修（Ambrose），他曾經對放款人執行死刑，但是難以遏止米蘭人民靠著貸放金錢求富。以主導經濟生活的因素來說，力量較強的是貨幣與利潤，傳統的成分比較少。就連僧侶也開始認為放款對經濟體來說實屬必要，而除非放款人能從中獲利，不然不會有貸放行為。阿奎納說，貸款的利息有時候其實是可接受的。放款人收利息以彌補他們把錢貸放出去時必須放棄的利潤，這是可以的。慢慢的，教會人士也開始看出高利貸（這是指會毀掉借款人的高額利率）並不同於為了讓銀行能運作所必要的合理利率。

十一世紀之初，教宗說商人永遠無法上天堂。十二世紀末，教宗則將一位名為霍莫勃努斯（Homobonus）的商人封為聖人。人必須要貧窮才能接近上帝的概念，已經開始式微。耶穌對門徒說，他們不可以同時事奉上帝和金錢，但是到了阿奎納的時代，商人相信他們能魚與熊掌兼得。一二五三年，一家義大利公司在開設手寫帳戶時便開宗明義寫了以下這句話：「奉上帝以及利潤之名。」上帝的經濟體和新的商業世界合為一體。

· 4 ·

追逐黃金

重商主義

一五八一年春，英國商人兼探險家法蘭西斯・德瑞克（Francis Drake）在他的船金鹿號（Golden Hind）上辦了一場宴會。金鹿號載著德瑞克和船員走遍全世界，經歷一場三年的危險航程後平安歸來。這艘船現在就停泊在泰晤士河（River Thames）上，船身刷洗得乾乾淨淨，掛上橫幅彩帶作為裝飾，準備迎接貴客兼德瑞克的贊助人伊莉莎白一世（Queen Elizabeth I）到來。當女王一踏上船，便命令德瑞克跪在她面前，一位隨從用一把鍍金的劍碰觸他的雙肩，讓平民法蘭西斯・德瑞克（生於貧苦之家並由海盜撫養長大）成了法蘭西斯爵士，確立了他的地位，成為英國海上強大軍事力量的象徵。

伊莉莎白女王派德瑞克從事探險，命令他設法報復她的敵人西班牙腓力國王（King Philip of Spain）。機敏的德瑞克卯足全力，在全世界攻擊西班牙的船艦。他返國時帶回大量的戰利品，包括金、銀和珍珠，全數歸入倫敦塔（Tower of London）裡的皇家金庫。

在當時，歐洲的君王創造了現代的國家，整合不同王公貴族統治下的中世紀拼接版圖。各國互相競爭，設法成為最強大的一國。西班牙是歐洲最強悍的力量，另外則有荷蘭與英國兩國緊追在後。在當時，像德瑞克這樣的商人也獲得權勢與影響力，這是前所未見的局面。商人幫助君主富裕，君主付錢讓商人得以啟航冒險。伊莉莎白一世在德瑞克的金鹿號甲板上封他為爵士，代表了統治者與商人之間的聯盟。

這樣的聯盟後來稱之為「重商主義」（mercantilism），來自於拉丁文用來指稱商人的詞彙。當思想家開始脫離中世紀的宗教導向，轉向理性與科學，就出現了重商主義。早期，寫作探討經濟性問題的人是遠離商業喧囂的僧侶，如今出現的新經濟思想家卻對宗教沒什麼興趣，他們通常是商人或皇家官員，寫作題材是關於君王如何以最佳的方式照料國家的財富。這當中有一位名叫傑拉德·德·馬利納（Gerard de Malynes）的商人（約一五八六年到一六四一年）；德瑞克在和西班牙對戰期間曾經將搶來的珍珠賣給此人。最著名的是英國人湯馬斯·孟恩（Thomas Mun；一五七一到一六四一年），這個年輕人在地中海各地從事貿易。他曾在希臘科孚島（Corfu）附近遭西班牙人俘虜，他的同仁很擔心他會被綁在柱子上活活燒死。還好，他們想盡辦法終讓他獲釋，孟恩後來成為極具影響力的富人。

・富裕的國家就是擁有很多金銀的國家

重商主義者信奉的是由各種信念組成的大雜燴，而不是一套發展成熟的經濟理論。現在的經濟學家常嘲弄這些人，說他們根本不懂最基本的經濟道理。舉例來說，當你說一個國家很富裕時，這句話到底是什麼意思？重商主義的基本版本說，財富即指金銀，因此，富裕的國家就是擁有很多金銀的國家。對這種看法的批評是，重商主義者犯了「麥德斯的謬誤」（Midas fallacy）。在希臘傳說中，酒神戴歐尼修斯（Dionysus）給了麥德斯國王一個願望，麥德斯要求他碰到的所有東西都要變成黃金；當他要吃東西時，他的食物就變成了黃金，造成飢餓威脅。這個故事告訴我們，把閃閃發亮的黃金當成財富而不看重麵包和肉，是很愚蠢的事。最後你很可能會餓死，或者就像是托爾金（J.R.R. Tolkien）《魔戒前傳：哈比人歷險記》（*The Hobbit*）的惡龍史矛革（Smaug），坐在黃金堆上財迷心竅，每天除了數錢幣和對著獵寶人噴火之外，無所事事。

即便如此，幾百年來，探險家不斷尋找黃金，君主則努力累積自己擁有的黃金。歐洲最早的探險家時代比德瑞克早了一個世紀，他們是葡萄牙人和西班牙人，其中一人名為埃爾南・科爾特斯（Hernán Cortés），此人還非常了解黃金的吸引力，他說：「我們西班牙人得了一種心病，唯有黃金能治。」歐洲探險家在一四〇〇年代末期航海越過大西洋，發現了美洲新大陸，就此替歐洲開啟追尋黃金潮的大門。他們在美洲發現了塞滿金銀的古文明。探險家侵略這些城市，謀殺當地居民，把財寶帶回西班牙。他們統治這片新土地，以確保黃金源源不絕。西班牙累積出金山銀山，成為歐洲最強大的國家。對英國來說，西班牙就好比惡龍史矛革：一個強力的財富囤積者，擁有顯然無可穿透的金鐘罩，但或許可以攻擊某些弱點。像德瑞克這一類人的維生之道，就是想辦法突破西班牙隱密寶庫。最後，這變成全面的戰爭。

現代經濟學家批評重商主義者執著於黃金，而不是生活所需的貨品。在今天，我們衡量一國富裕程度的標準，是其商業活動生產出來的食物、衣服以及其他貨物數量。我們也不再用黃金當作支付工具，反之，我們使用「紙幣」：比方說本身並無價值的英鎊或是美元鈔票。我們使用的錢幣，也是用便宜的金屬製成，其本身的價值比錢幣的面值低得多。鈔票和貨幣之所以有價值，純粹因為我們同意這件事。但是在重商主義時代，黃金是唯一可以用來買東西的標的，而隨著商業擴張，人們必須用黃金去購買的必要用品（比方說，食物、土地或勞力）就愈多。現代政府創造貨幣的方法是印製更多的鈔票，但當時的君王必須要找到貨真價實的黃金，才能養得起軍隊與城堡以捍衛國境。以他們對黃金的鍾愛來說，重商主義者並不像有些人說的被誤導了。經濟概念和出現概念的社會環境大有關係，久遠以前的環境條件和如今大不相同，當我們回顧過去時，很容易就忘記這一點。

・看重黃金儲備量與貿易餘額

馬利納寫了一本書，名為《論英國共有財富崩壞之專論》（*A Treatise of the Canker of England's Common Wealth*），他依循重商主義的思維，認為一個國家需要穩健的黃金庫存量。對馬利納來說，英國的經濟問題（也就是他說的「崩壞」）是買太多外國貨物、賣太少英國貨物給外國人。英國人拿黃金向法國的酒商買酒，當他們把羊毛賣給法國人時則可以賺到黃金。當英國人買太多外國商品、卻無法銷售太多本國商品給外國人，英國的黃金存量就減少了。馬利納的解決方案是對於黃金外流設限，以保護本國黃金儲備量。這是當時常見的政策；有些政府會對攜帶金銀出國的人民處以死刑，如西班牙。

而孟恩在他自己最著名的著作《國外貿易帶來的英國財富》（*England's Treasure by Forraign Trade*）裡說道，對英國來說，獲得黃金的最佳之道不是限制財富流出，也不是靠德瑞克劫掠外國船隻的方法，而是要盡量把貨物賣給外國人。當一個國家有能力製造好東西時，在這方面就有好成績。目標是要達成有利的「貿易餘額」，出口的價值（流出的貨物）要超過進口（流進的貨物）。自十六世紀起，憑藉著更堅固、更快速的船艦，西班牙人、葡萄牙人、英國人、荷蘭人和法國人彼此競爭，競求國際貿易霸主的地位，以提高本國的貿易餘額。他們的船艦在新航路來來回回，載運糖、布料和黃金穿越大西洋，還俘虜了千百萬的非洲人，賣給美洲的新開墾地地主當奴隸。

在重商主義者的支持下，各國政府採取行動，鼓勵出口並抑制進口。進口貨物要課稅，因此更加昂貴，這會讓人民購入較多當地生產的商品。當時也制定了「禁奢」法律，禁止昂貴（奢侈）的商品。在英國，穿戴絲緞會被視為炫富，可以套上枷鎖刑具伺候，而很多非法的奢侈品都是外國進口品。

・經濟概念變成了獨厚社會中的某些群體

隨著冒險家與軍隊征服新土地，統治者也授予商人權利，允許他們與新領地貿易。航海風險高，因此不會有人想要單獨出資為航程提供資金。統治者容許商人成立特殊的公司，由一群投資人各自出資，並能分得部分利潤。這些公司帶頭挺進外國的領土，為自己和統治者賺得財富與名聲。成立於一六〇〇年的英國東印度公司（English East India Company）是其中一家；孟恩也是這家公司的職員。英國東印度公司後來變成強大的組織，幫助英國在印度建立一個帝國。

政府限制進口貨品保護商人、並幫助他們出口自家商品，助這些商人一臂之力，變得富有。重商主義的作家主張，對商人好的事對國家就好。在這裡，我們看到了經濟概念有時候會變成獨厚社會中的某些群體。透過限制進口，重商主義偏愛商業人士多於勞工。當進口商品遭到課稅時，本國企業可以多賺點錢，但是一般民眾卻要支付更多錢去購買他們需要的民生用品。這是後世思想家認為重商主義有錯的另一個理由。我們會在本書的某幾章看到一般公認的現代經濟學之父亞當．斯密（Adam Smith），他認為，經濟學家的任務是針對經濟體的運作方式找出客觀法則，而他指稱重商主義並沒有做到這一點，因為他們只是為自己的利益立論。亞當．斯密說，對商人有利的不見得就對國家有利。

重商主義者認為進口是不好的，但現今的經濟學家認為這是無稽之談。回到當時，這個想法是如果英國出售釘子給荷蘭，那麼英國的利得（釘子的款項）就是荷蘭的損失。但是如果荷蘭人民想要的就是英國釘子（或是俄羅斯魚子醬、法國起司），那麼進口就不是壞事。進口對於經濟進步而言通常至為重要，舉例來說，如果用堅固的外國釘子，就可以打造出將食物從鄉間運送到城市所必要的馬車，那麼英國把釘子賣給荷蘭，英荷兩國都會受惠：英國賺到錢，荷蘭則得到便宜好用的釘子。

亞當．斯密在十八世紀末時攻擊重商主義。在此同時，英國在美洲各處的殖民地分崩離析，對於重商主義又是另一記重擊。英國控制各殖民地就是給了本國商人一個保證市場，他們可以在此出售商品，但是當殖民地反抗英國的統治並宣布獨立時，這也就告終了。

孟恩等思想家在兩個時代的中間。一端是中世紀時代，那時的經濟生活是在地性的，多半由宗教和個人關係決定，金錢貨幣的影響少。另一端則迎來了工業時代，到了此時，貨幣金錢成了規則，經濟生活範疇大幅擴張，橫跨區域與全球。重商主義銜接了這兩者。他們是強調資源與貨幣考量勝過道德考量的先驅之一，這是他們之後諸多經濟思維的標誌。他們不擔心追求財富是否與聖經的訓義相容，對他們來說，金錢是新的上帝。當商人力量愈來愈強之時，有些人則在哀悼舊有生活方式的消逝；過去看重的不是交易和賺錢，而是騎士精神：騎士和君王的榮譽和勇氣。「騎士年代已經過去，」愛爾蘭的政治家兼作家埃德蒙・伯克（Edmund Burke）一七九〇年曾經這麼說，「承接的是……經濟學家與計算者的時代，歐洲的榮光永遠消逝。」

· 5 ·

大自然的恩賜

重農主義

一七六〇年某天下午，在凡爾賽宮裡的法蘭索瓦‧魁奈（François Quesnay，一六九四到一七七四年）正身處絕境。他的摯友兼智慧夥伴米拉波侯爵（Marquis de Mirabeau）不久前出版了一本書，惹惱了很多人。這本書書名為《徵稅理論》（*The Theory of Taxation*），聽來相當無趣，但卻害米拉波鋃鐺入獄。魁奈是龐巴度夫人（Madame de Pompadour）的醫生，這位女士是法王路易十五（Louis XV）鍾愛的情婦。幾年前，六十歲的魁奈（在米拉波的協助下）成為一群思想家的領袖人物，這些人每星期二都會在米拉波的豪邸裡聚會，暢談理念。他們是這個世界上第一個「經濟學派」。魁奈是皇宮內的名人，他以備受敬重的方式針砭法國的經濟。米拉波卻是個急躁的人，他在書裡大力鼓吹魁奈的提議，不要再針對法國的農民課稅，改為對貴族課稅。法國國王大為光火，囚禁米拉波。龐巴度夫人試著安撫她這位憂心忡忡的醫生，告訴他她會想辦法讓國王冷靜下來，事情就會平息。魁奈陰鬱地回答她，說每當他在國王面前時，他只記得一件事：「這是可以讓我人頭落地的人。」

正如米拉波所發現的，稅賦是一個非常微妙的議題。統治者必須對人民課稅，不然的話，他們要如何支付宮廷生活，要如何供養捍衛國土的士兵？當時的法國花很多錢打仗，也需要更多錢才能支付國王和貴族奢華的城堡、宴會和珠寶。但問題是，首先要對誰課稅？第二，要課多高的稅？統治者想要把有權有勢的貴族留在身邊，因此對他們課稅可不是簡單的事。但如果對農民課徵重稅，他們很可能就不工作了，或者，更糟的情況，他們可能揭竿起義。百年前法國國王的財政大臣讓－巴普蒂斯特‧柯爾貝爾（Jean-Baptiste Colbert）在這方面心中有一套平衡之道，他說：「課稅的藝術，在於盡量不要引得鵝嚎叫的前提下拔下最多鵝毛。」魁奈相信，法國這頭鵝（指法國社會以及法國經濟）已經被粗暴地拔了很多毛，基本上已經禿了；幾十年後，這頭鵝將會大吵大鬧，起身革命。但此時此刻，法國還沒有到垂死掙扎、苦苦哀嚎的地步。與英國相比，法國的農業很落後，產能低落。農民過的是悲慘的生活。鄉下人過的日子是從事長時間、辛苦的粗活，有的只是貧窮和饑饉。魁奈譴責對農民課徵重稅、挪給皇室和貴族使用，而王公貴族卻完全不用支付稅金。

• 只有農漁牧業才能創造淨產出

魁奈說，農業很特別。人民在田地、河川與狩獵地開發利用的大自然，是一國財富的最終來源。正因如此，他所屬的那一個思想家圈子（他們是最初自稱經濟學家的人）提出的想法，稱為「重農主義」（physiocracy），這個詞的希臘字源意義是指「由自然治理」。重農主義者說，財富指的是土地孕育生產出來的小麥和豬隻。農民用自己的收成或是出賣收成換得的收入來求得溫飽。有時候他們會多生產一些，可以賣給別人，他把這部分稱為「淨產出」（net product）：這是農夫從耕作收穫（總產出）拿走自己所需之後剩下來的部分。他說，只有和大自然攜手並肩的人才能創造淨產出，像是在河裡捕魚的漁夫，在草地上放牧羊群的牧羊人。

重農主義者認為，經濟體中的淨產出遵循自然的法則生長，不會改變，由上帝決定。他們說，統治者出手干涉是不智之舉，但法國的王室就是這麼做的。他們吸乾了農民的血，讓國家的農業陷入困境。更糟糕的是，農民遭到剝削的同時，國家卻給住在城市裡的工匠和商人特權。法國為了扶植工業制訂了錯綜複雜的法律，大多都是要保護製造業者避免國內和國外的競爭。其中很多法理的邏輯，依循的是前一章談過的重商主義思想家所提建議。

當時商人和工匠透過自己的「行會」捍衛權利。行會組織可以回溯到中世紀，通常力量強大。看一看幾十年前的巴黎，就知道行會對於會員地位保護到何種程度。一六九六年六月，巴黎的鈕扣製造商掀起一場暴動。他們闖入裁縫店裡，搜索威脅到他們在絲質鈕扣貿易主導地位的非法鈕扣。問題的起源是某些積極進取的裁縫已經開始用羊毛製作鈕扣。鈕扣製造商行會大肆抱怨，於是當局針對羊毛鈕扣發出禁制令。巴黎的店東無視禁令，行會管理人才會在這時候出來搜查叛逆的裁縫，甚至試著在街上逮捕任何身上有羊毛鈕扣的人。

在現代，我們很難想像一個製造商同業協會能擁有這麼大的力量，甚至影響人民可不可以買什麼。鈕扣製造商享有的特權幫助他們賺大錢。重農主義者認為，製造商之所以能賺到這些利潤，完全是因為他們得到特權，而不是因為他們製造出任何真正的剩餘價值。

魁奈說，事實上，製造業完全不能創造剩餘價值。鈕扣製造商可以透過銷售鈕扣賺得利潤，完全是因為他們用來製造成品的勞力與絲原料具有價值。他們做的事，不過是把大自然已經創造出來的東西換個型態而已。因此，魁奈說製造是一種「不孕」的活動。更糟的是，法國為了推廣產業而耗用資源，從具生產力的土地上移轉到許多不具生產力的產業上。他對銀行家與商人的批評更是猛烈，他認為，這些人是經濟的寄生蟲，只是挪移他人創造出來的價值，自己卻毫無貢獻。

・第一次用經濟模型描繪現狀

身為醫師的魁奈，將經濟體視為一個大型的有機體，寶貴的經濟剩餘就好比重要的血流供應。為了解釋這個想法，他做了第一個經濟「模型」，一種簡化了的經濟體概略。魁奈把這套模型寫在他別出心裁的著作《經濟圖表》（*Tableau Économique*）裡。他畫了很多曲線，來代表經濟體中資源的流動。農民創造剩餘，以租金的形式付給擁有土地的貴族，之後貴族用錢向工匠購買絲鈕扣和銀燭台，最後工匠向農民購買食物，這個循環就完成了。經濟體是剩餘流動在農民、地主與工匠之間的循環。當剩餘增加，他們之間流動的資源就愈多，代表經濟體成長了。剩餘減少時經濟體便衰退；重農主義者相信，當時法國便處於衰退期。

魁奈的曲線圖讓很多人佩服，也讓很多人困惑。米拉波弄懂這些圖形的意義之後，他宣稱魁奈是歐洲最聰明的人，和蘇格拉底一樣明智。這些圖表當然很有影響力：包括亞當．斯密在內的後世經濟學家大為讚賞，直至今日，資源在勞工、企業與消費者之間流動的概念，仍是我們理解經濟體的根本。

這位醫生對法國的沉疴開出解方，他的重點是要提高經濟體產出的剩餘。米拉波試著說明要如何辦到，卻讓自己陷入水深火熱的局面。魁奈的曲線圖點出了對農民課稅的問題。提高稅金，農民來年能用來播種的種子就少了，能用來買好工具的錢也少了。如果只對擁有土地的貴族課稅，農民就可以擁有更多資源，用以耕作土地。這有助於提高經濟體中的整體剩餘。說到底，就連貴族也會受惠，因為經濟體會壯大，但是大家對這種論調無動於衷，不幸的米波拉於是入獄。

農民遭受重稅壓榨之餘，還不得出口穀物，賣給本國同胞也還得遵守種種法規。這些限制拉低了他們能賺到的錢，進一步壓低剩餘。魁奈力促政府將農業從這些讓人窒息的控制當中鬆綁，並廢止商人享有的特權。他主張「自由放任」（*laissez-faire*），字面上的意義是「容許去做」；時至今日，我們仍用這個法文詞彙來描述政府的放手型經濟政策。重農主義者對政策有些影響力，比方說，一七六〇年代法國政府就讓農民能在更寬鬆的條件下銷售穀物。後來，魁奈學派的想法式微，他也從實務的經濟學問題遁入幾何學的抽象之美。

・現代經濟學方法的萌芽

從他嘗試找出法則以描述經濟體的行為以及用模型來描繪狀況而言，魁奈是很現代的，這些就是現代的經濟學方法。在他之前，人們是透過宗教與傳統的角度來看經濟體；當人們拋下宗教時（如重商主義者的做法），則透過互相衝突的想法構成的大迷陣來看，這就很難找出明確的原則。他主張，經濟體通常在自由放任之下能發展得最好，預見了如今許多經濟學家的信念：通常來說政府最好不要干涉經濟體，比方說，不要苛徵重稅。

魁奈把經濟價值的源頭確立在實際的事物（如小麥、豬隻和魚），而不是光看貨幣，這一點極具開創性。但是，把價值來源限制在農業上，代表了重農主義者也是卡在過去的思維裡無法突破。他們寫作的時代過不了多久，就發生了一場扭轉歐洲的經濟革命，在這場革命中，製造業者藉由用更便宜的方法製造商品以及提出新的發明創造了價值。大自然的恩賜很快地也在工廠裡開花結果，而不只限於河川與田地。

說到底，魁奈既是法國經濟系統的批評者，也是捍衛者。他大膽主張要對法國的貴族課稅，而貴族很看重不用支付稅金這項特權，這也是代表他們社會地位的重要象徵。他也為了法國經濟大膽批評國王。（到最後，魁奈擔心觸怒國王的憂慮多半並未成真。米拉波在自己的著作裡自貶，後來透過龐巴度夫人的幫忙得以出獄。魁奈則安享晚年，比國王多活了好幾個月。）雖然魁奈冒上觸怒權貴的風險，但他仍對他們忠心耿耿。他花很多時間走過皇宮長廊，去覲見國王和龐巴度夫人，他是歐洲君主制度「舊體制」中的一分子，他相信要把社會分成貴族和農民等不同階級。即便他敦促國王改變管理經濟的方法，他想要的仍是由全權的君主制來統治一切。即便像他這樣大膽的經濟學家，通常也必須以社會中最強勢者的角度來思考。

魁奈死後，一七八九年的法國大革命粉碎了國王、貴族與農民組成的舊體制，貴族也在血流中滅頂。經濟學家不接受魁奈對於君主制絕對權威的信念，但他確實為他們清出一條路，助他們走向如今的現代經濟學形式。

· 6 ·

看不見的手

亞當·斯密與《國富論》

蘇格蘭哲學家亞當・斯密（一七二三到一七九〇年）有一件事讓大家津津樂道，那就是他常常會陷入思考當中，以至於忘了自己身在何處。有人會注意到他自言自語，嘴唇不停地動，頭也跟著點，好像是在測試什麼新想法。某天早上，他起床後開始在位於蘇格蘭科克迪（Kirkcaldy）小鎮的自家花園裡繞圈圈，陷入深深的專注之中。他僅穿著晨袍，走著走著走到路上，最後走到相距十二英里的鄰鎮。當星期天做禮拜的教堂鐘聲響起時，他才回過神。

他陷入思考中是有原因的。他在城市以哲學家的身分聲名大噪，但他要躲開遠離城市的喧囂，因為他要寫一本書：日後這本書成為經濟學史上相當著名的一本書，某些人也因此稱他為現代經濟學之父。在幾趟讓人振奮的散步與幾個無眠的夜推助之下，這本巨作終於在一七七六年出版，書名為《國富論》（*The Wealth of Nation*）。

在本書中，亞當・斯密提出一個根本的經濟學問題：自利與美好的社會是否相容？要了解這話的意思，讓我們用足球隊來比擬社會的運作。一支出色的足球隊需要出色的球員，這是當然的，他們知道如何團隊合作。如果你負責防守，你要留在後面，保護球門；如果你負責攻擊，你要前進，努力得分，諸如此類的。在一支糟糕的團隊裡，球員只顧自己的光環：他們只想自己射門得分，每個人爭先恐後追著球跑，不會布陣各處，互相幫忙彼此得分。結果就是球場上一片混亂，少能得分。

社會就是一個由幾百萬人組成的團隊，大家一起合作，彼此交易。什麼力量能讓團隊表現傑出？如果經濟的運作和足球同理，那麼，社會需要的是讓人們為了團隊而努力，根據社會整體的利益行事。

社會不需要的，則是每個人都只自顧自，考量自己的私利，就像執迷於個人光環的球員。舉例來說，麵包師想的不是盡量賺錢，而是要確保鄰人的晚餐桌上有足夠的麵包可吃。屠夫會聘用新助手不是因為他們真的需要人手，而是因為這些朋友們需要工作。每一個人都善待彼此，社會就會成為一個和諧美好之地。

・每個人都去做對自己最好的事

亞當・斯密翻轉了這個問題。他主張，當人們各自根據自身利益行事時，社會就能好好運作。不要一直想著要做好人，反之，要去做對你自己好的事，到最後就會有更多人受益。他說：「我們能指望吃上一頓晚餐，並不是因為屠夫、釀酒師或麵包師的善意，而是因為他們關心自身利益。」你能從麵包師那裡買到晚餐的麵包，不是因為他們是善良的好心人；他們有些是好人，有些不是，但不管是不是都不重要，重要的是，你之所以能買到麵包，是因為麵包師追求自利，他們想要靠賣麵包賺錢。回過頭來說，由於你出於自利買了麵包，麵包師得以維生。你不在乎麵包師，麵包師也不在乎你，你們甚至彼此不相識。人們可以互惠，不是因為他們像聖經裡的好薩馬利亞人（Good Samaritan）一樣願意幫助陌生人，而是因為他們去做對自己最好的事。到頭來，自利帶來了社會的和諧，而不是混亂。

足球隊和經濟體還有另一項重要差異。足球隊需要教練來安排球員。某種程度上，你可以想成教練拉著球員，把他們帶到球場上的不同位置，守備員在後、攻擊手在前，諸如此類。教練的指導之手確定球隊能好好踢球。但是，在經濟體中沒有人做這種事。沒有人告訴麵包師要烤多少麵包、告訴釀酒師要釀哪一種啤酒。他們要自己做決定，根據的就是要怎麼做才能賺錢。像這樣，社會就能順利運作。經濟體的運作看來像必然有一名教練出手安排這安排那，但是當你試著要找尋他的蹤跡時，卻又不見人影。為了描述這種情況，亞當．斯密想出了經濟學上最著名的說法之一，他說，這就好像社會由一隻「看不見的手」牽引著。

現在，你可能會想：那政府又算什麼？政府沒有導引經濟體嗎？確實有，政府有做到某個程度。無論你來自何方，當地很可能都有個政府，處理各類事務。本書稍後要說的故事，就是關於政府到底在做什麼。（我們也會看到，在某些「共產主義」社會裡，政府全面掌控，隨時都在指導人們要做些什麼。）

就算考量到有各種不同的政府，你所在國家的經濟體很可能和亞當．斯密所談的有很多共通之處。下一次，當你去附近店家時，請看看四周一籃籃的番茄、一瓶瓶的牛奶以及一落落的報紙。為什麼會有這些貨品？因為老闆決定要進這些貨，好把這些東西賣給想要的人，比方說你。沒有人告訴老闆要怎麼做，政府沒說，誰都沒說。

雖然我們大可把亞當．斯密「看不見的手」這個概念想成「貪婪是好事」，但這就有點扭曲了。亞當．斯密認為商業社會中納入了大量的善良人性。麵包師和屠夫通常都對人很好，看到朋友病了或錢包不見了，他們會難過，人們就是這樣培養出明辨善惡的標準。如果人永遠都是完全自私的，商業就無法順利運作：麵包師會偷斤減兩，釀酒師會在酒裡摻水。說謊和欺瞞會變成常態，混亂由此而生。當人們都誠實且可靠時，他們根據自利的行動才能裨益社會。

這也就是說，亞當．斯密的「看不見的手」要能發揮作用，前提是正直的人要能擁有自由，可以和彼此從事交換（也就是互相買賣）。想進行交換的欲望讓人不同於其他動物。你沒有看過狗交換骨頭，但人一天到晚都在交換，我用麵包交換你的啤酒（或者，更適當的說法是，我把麵包拿去賣錢，然後用錢買啤酒）。這些交換行為造成了諸多結果，其中之一就是讓人們各自專門從事特定工作：「分工」於焉出現。在小村落裡，可能一開始每個人都會自己烘焙麵包、自己釀酒。慢慢的，有的人精於烘焙，能做出超越自身需求的麵包數量，於是把多出來的拿去賣、用來交換啤酒。到最後，他們完全不再自行釀酒，只烤麵包來賣，向其他善於釀酒的人購買他們要喝的酒，這麼一來，大家都得利。

・專業化分工讓生產成本降低

亞當．斯密寫作之時，分工的形式和現在並不相同。在英國，企業家創辦工廠，以大型水車提供動力。有些工廠高達數層樓，聘用了幾百人。每一個空間裡都有工具和員工，負責生產流程中的特定階段。亞當．斯密說明專業分工如何增進經濟體中的效率。他說，想像一下圖釘的製程。一開始，你必須拉出鐵線，然後把尾端銼成尖點。之後，你要做圖釘頭，然後把圖釘頭裝到圖釘上。到最後，你還要把做好的圖釘包裝好。亞當．斯密觀察到，製作圖釘可以分成十八個獨立階段。如果僅靠自己，你很可能一天辛辛苦苦卻只能作出幾個圖釘，但，如果你們有一群人聚在一起，每一個人負責一項獨立的任務，到最後就會熟能生巧，如果你有特殊工具可以用來從事不同的任務，那又更好了。你們這一群人在一起，一天可以做出很多圖釘。當專業化的工作系統在經濟體中傳播開來，許多種貨品的生產成本都可以降低。

隨著市場深化，專業會也會跟著深化，在一個只有十個人、而且不對外聯繫的環境下，市場很小，叫某些人一整天都在銼圖釘的尖點、另一群人製作圖釘頭，沒有太大意義，也不需要獨立的麵包師、釀酒師和屠夫。當市場擴大，幾個村子彼此相連，專業化分工才能獲利。大城市裡可有非常複雜的分工，在這裡，建築師、鋼琴調音師、繩索製造商和挖墓人都能生存。這些都是透過看不見的手導引人們彼此買賣所促成的。

亞當．斯密說，這可以幫助大家，就連社會中最貧困的人也受惠。工人穿的便宜襯衫，其生產成本取決於從事各種專業工作的人和機器的付出：織線的毛紡工人、織布的織布機以及縫上鈕扣的裁縫。接下來，請想一想砍伐樹木製成織布機以紡織纖維的伐木工，以及挖出鐵礦製造成船釘以運輸襯衫成品的礦工。要集千百名工人之力，才能製作出這件襯衫。他們的行動整合構成了一部龐大的社會機器，每一個活動部件都像齒輪一樣，與其他部分相連，最後讓工人想要時就能有襯衫穿上身。

・市場應該凌駕一切之上

亞當・斯密也提出了另一種新的理解，來說明財富究竟是什麼意思。重農主義者認為財富是一個國家長出來、種出來的東西，重商主義者則認為是一國賣出去的東西，對於亞當・斯密來說，國家的財富是該國經濟為人民生產的所有有用東西（比方說，小麥、啤酒、襯衫、書籍）總額。這也是現代經濟學家的想法。一國的所得（即其「國民所得」〔national income〕）則是該國企業所生產的所有貨物總價值。亞當・斯密的體悟是，經濟體存在的重點，就是為人們提供貨物供其消費。反之，重商主義者不那麼關注人們從獲得產品當中得到的好處，對他們來說，重點是生產商品銷售給外國人，藉此獲得黃金；如果花錢購買會導致黃金流出本國，那麼，可以獲得許多商品（包括進口商品）甚至是壞事。

亞當・斯密就此提出一套新版本的新經濟，這個經濟體運作憑據的是分工與自利。那些相信市場應該凌駕一切之上規範一切、而政府應該盡量縮小規模並讓企業隨心所欲的人，常將他奉為智者。《國富論》出版兩百年後，美國總統雷根（Ronald Reagan）將亞當・斯密當作他的心靈導師，大力支持這些原則。他的某些官員甚至在領帶上別上亞當・斯密的肖像。

但亞當・斯密可能不會太開心。其一，他支持市場的角色，用市場來攻擊當時以眾多買賣限制規範束縛歐洲的重商主義系統。即便他希望重商主義系統瓦解，但他仍相信政府在經濟體中要扮演重要角色。而且，雖然正直的人追求自利可以營造出和諧，但在這背後，亞當．斯密也聽到了衝突之聲。分工簡化了每個工人的工作，雖然可提高產量，但讓工人變得「既蠢又笨」。還有，這些新創造出來的財富要如何分配給勞工和雇主？新經濟同時具備引發衝突與營造和諧的潛力，在亞當．斯密之後的經濟學家通常都過於強調其中之一。

· 7 ·

當穀物遇上鋼鐵

工業革命下的因果鏈條

法國史學家與旅行家亞歷西斯・德・托克維爾（Alexis de Tocqueville）於一八三〇年代造訪英國曼徹斯特，他看到的新社會象徵讓他大感驚訝。高聳的工廠噴出煙霧，街道上與房舍周圍全是煤煙。無論到了何處，他都能聽得見工業的聲音：「機器嘎吱嘎吱的轉輪聲，鍋爐蒸氣發出的尖銳聲」以及「織布機規律的節奏聲」。在十九世紀，曼徹斯特這類城市裡的工廠扭轉了英國經濟。工廠主人購置必要的工具機器以製造貨物（比方說，布料、玻璃和餐刀組），並支付薪水給每天從附近村莊湧進來的工人。製造商品所需的成本一再降低，也發明、設計出更多新的商品。男女老少離開農地，遷入不斷擴張的城市，在城市裡，他們站在以蒸汽為動力的機器旁埋頭苦幹，規範他們作息的不再是田野裡的日升日落，而是雇主的時鐘和排班表。社會的變動既深且廣，日後稱之為工業革命。

城市之外是鄉村，鄉村種植餵飽工廠工人所需的小麥。長久以來，農業都是經濟的骨幹，地主因此變得富裕而且有權有勢。過去，土地的分配根據村莊的舊有慣例。但是，漸漸地，地主圈起土地，整合大塊的農地，鄉間的農夫與牧羊人成為受雇的工人，領薪為地主工作。資本農業家（capitalist farmer）聘用勞工，銷售作物是為了賺取利潤，而不是為了自食。新農耕方法的出現，得以生產出更大量的食物，餵飽城市裡不斷成長的人口。當時，隨著曼徹斯特以及類似的城市填滿一座座倉儲與工廠，英國的國家財富也從農業移轉到工業。人們開始在工業經濟體裡從事投資，累積財富，其中一人是大衛・李嘉圖（David Ricardo，一七七二到一八二三年），他是一名一流的英國股票經紀人（股票經紀人是在股市從事交易的人）。累積出財富之後，他轉向經濟學，展現出在過去的經濟學家身上從未見過的邏輯力量。

十八世紀時，富裕家庭的男孩子會先接受希臘文與拉丁文的私塾教育，之後才上大學，但年輕的李嘉圖並非如此。他的父親是一位成功的猶太商人，相信實務教育更重要，因此，在李嘉圖十四歲時就要他去股市工作。李嘉圖善於此道，替自己賺進了大把鈔票。之後，他出手幫助英國，借錢給政府對抗拿破崙。他做過一項交易，基本上是針對一八一五年的滑鐵盧戰役（Battle of Waterloo）下注。李嘉圖借錢給政府要承擔極大的風險：如果英國戰敗，他會損失慘重。我們很快就會提到的湯瑪斯・馬爾薩斯（Thomas Malthus）是李嘉圖的友人、同時也是經濟學家，這筆貸款中他也有出資一小部分。馬爾薩斯很恐慌，致函李嘉圖，要求後者把他的部分退回。但李嘉圖力圖鎮定，堅決不撤回他的資本。當英國勝利的消息傳來，一夕之間，他就成為英國最富裕的人之一。

・地主占盡了每個人的便宜

李嘉圖在一所圖書館裡遇見了經濟學，他在館藏裡找到了亞當・斯密的《國富論》。日後證明，這是他讀過的書中最重要的一本，啟發他善用出色敏銳的心智，在新的資本家正在和擁有土地的舊貴族爭權奪利之時，從事分析經濟體的工作。他要解答的問題，是英國不斷成長的財富如何分給地主、資本家和勞工大眾。亞當・斯密雖然說明了市場如何帶來繁榮，但也看到了衝突的信號。十九世紀初時，高漲的食物價格讓勞工的憤怒與日俱增，這些信號也跟著愈來愈明顯。

有些人認為，引發高食物價格的理由是因為地主賺取過高的租金，從而推高了農民的成本。李嘉圖不同意，他宣稱情況剛好相反：食物價格高導致租金高漲。李嘉圖相信，正因為食物價格不菲，才讓地主得以占盡每個人的便宜，拿走國家財富的絕大部分。抑制租金並無法修正失衡的現象。

為了說明他的理據，李嘉圖要大家把經濟體想成一個生產穀類的超大農場。地主把土地租給資本農業家，農業家聘用勞工耕地播種，之後銷售他們的收成。當人口愈來愈多，資本農業家必須在比較不肥沃的土地上耕作，種植穀物的難度較高，價格也跟著上漲。在最貧瘠土地上耕作的農業家需要更多工人才能種出同等數量的穀物，在支付勞工的薪資之後少有利潤可言。你可能會想，在較肥沃土地上耕作的農業家最後能賺到較高的利潤，因為他們可以用較少的勞工種出等量的收成。但事實上得利的是地主，因為農業家必須為了使用農地而彼此競爭：如果某些農業家確實因為租到沃土而賺到高利，其他的農業家就會對地主報出更高的租金，以求能使用那片土地。因此，高穀價拉高的是地主賺到的租金，而不是資本主義農業家賺到的利潤。那麼，在城市裡擁有工廠的資本家又如何？他們的利潤也下降了，因為穀物價格高導致麵包昂貴，他們必須支付更高的薪水，才能確保工人的生計。至於工人，他們也是穀價高漲之下的輸家，因為要面對的食物成本更高了。李嘉圖因此得出結論認為：「地主的利益永遠都和社會裡的所有其他階級利益相悖。」

李嘉圖說，地主掌握的權力拖慢了整個經濟體的發展。當資本家興建工廠、聘用員工以製造或種植貨品時，他們帶動了經濟體的產出。但是，由於利潤降低了，他們能支出的錢就少了，創造財富的速度也慢了。地主能夠富起來，單純是靠著收取土地租金。地主不會像資本家這樣把所得再拿出去投資，而是拿來消費，花在聘用女僕管家、替自家豪宅打造圖書室，可能也會花在熱帶探險之旅，為自家花園收集奇珍異草，這些都無益於累積國家長期財富。

・開放糧食進口，鼓勵國際貿易

在李嘉圖的時代，失衡的情況進一步惡化，更加倒向有利於地主，這是因為英國的法律禁止進口廉價的外國穀物。這些法律稱為《穀物法》（Corn Laws），阻止英國進口過多的穀物，然而，要養活不斷壯大的人口，這卻是必需的。結果是造成穀物價格節節升高。李嘉圖提出的理據指出，法律幫忙墊高了地主的租金、壓縮了資本農業家的利潤並讓勞工陷入貧困。一八一九年曼徹斯特的聖彼得農場（St Peter's Fields）有一場示威行動，要求讓全民均有投票權並終結《穀物法》。抗議後來變成流血事件，士兵對著群眾開槍，有幾人死亡、幾百人受傷。這樁事件後來拿來與滑鐵盧戰役相比擬，被稱為「彼得盧大屠殺」（Peterloo massacre）。

同年，李嘉圖成為國會議員，在國會推動他為了解決英國的問題所提出的方案：廢止《穀物法》。他說，這有助於讓英國成為「世上最幸福的國家」。大家對他的提案聽而不聞。當時的人還不習慣聽取根據嚴謹經濟分析提出的理據，很多人認為，這些論點脫離現實。一位國會議員說，李嘉圖「在論證時好像來自另一個星球。」（如今人們仍用相同的話來抱怨經濟學家。）他的論證終究贏得勝利，使得英國廢除了《穀物法》，但這要一直等到十九世紀中葉，當時他已經過世幾十年了。

李嘉圖認為廢掉《穀物法》將會如何？廉價的海外穀物將會湧進來，工人就不用因為高昂的食物價格而苦苦掙扎。由於工人不需要花這麼多錢買食物，資本家要付的薪資也會隨之降低。資本家的利潤會提高，他們會再度開始投資。國家創造財富的速度將因此加快。

沒了《穀物法》之後，英國將可以買進便宜的海外穀物，本國就不需要生產這麼多穀物。李嘉圖說，由本國生產穀物完全自給自足不見得合理。一個國家可以製造很多別的貨物（比方說由工廠製造布匹和鋼鐵）賣給外國人，交換他們的穀物。如果俄羅斯能用比英國更低廉的成本生產穀物、英國能用比俄羅斯更便宜的價格生產鋼鐵，那麼，我們很容易看出，當英國僅生產鋼鐵而俄羅斯僅種植穀物、並由兩國互相進行穀物與鋼鐵的貿易，兩國都能得利。

李嘉圖明智的論點還可以繼續往下推演。就算其中有一國同時擅長生產穀物和鋼鐵，兩國仍可從貿易中得利。為了解他的邏輯，請想像一下你和你的朋友被指派工作：一項是從車庫裡把笨重的箱子搬出來，一項是掃地。你搬箱子的速度比朋友快，你掃地的速度也比較快。那麼，你應該同時負責掃地跟搬箱子嗎？不盡然。如果你去掃地，那你就是放棄了你搬箱子時會展現的快速進展。當你的朋友清掃同樣面積的地面時，以能搬動的箱子數目來說，他放棄的就不如你這麼多。假設你的朋友用掃一平方公尺所花的時間可以搬兩個箱子，你掃一平方公尺的時間可以搬五個箱子。相對來說，你的朋友在掃地這件事上比你更具優勢。雖然以絕對數值來說他兩邊都比你差，但是他在掃地這方面具有「比較利益」（comparative advantage）。如果你負責搬箱子、朋友負責掃地，你們合作，可以用最快的速度完成任務。

・經濟學的新理性標準

同理，如果英國在製造鋼鐵上有比較利益而俄羅斯的比較利益在種植穀物，那麼，英國應該只製造鋼鐵然後完全從俄羅斯進口穀物，俄羅斯則應該只種穀物並從英國進口鋼鐵。這個概念很重要，因為每個國家在某一方面都具有比較利益，因此，每個國家都可能從專業化與貿易當中得利。各國對海外貿易開放邊境，會比試著自給自足更好。雖然某些經濟學家有所質疑（請見第十二章），但李嘉圖的比較利益法則成為經濟學家最重視的原理之一。

李嘉圖被譽為將新的理性標準帶入經濟學。十九世紀英國有一位作家湯瑪斯・德・昆西（Thomas de Quincey），發現自己因為吸食鴉片而再也無法像過去一樣閱讀數學和哲學書籍，之後他便轉向經濟學。他對經濟學家寫出來的東西反應十分冷淡，他說，只要是還有點理性的人都曾抓住癡顛的經濟學家，「用仕女扇把他們像蕈菇一樣的腦袋搗成粉。」之後，有人借給他一本李嘉圖寫的書，還沒讀完

第一章他就宣稱：「就是此人了！」李嘉圖的思考風格，是從一個簡單的始點開始（比方說，每一塊土地的肥沃度不同），然後看看依此推理下去會得出什麼結果；他從未偏離謹守邏輯的方式。德．昆西盛讚他善用邏輯找出經濟法則，在事實與歷史構成的混亂中透出一線光明。李嘉圖提出的很多起始點都遭到後世經濟學家駁斥，但他用來建立一連串因果關係的方法，終成了經濟學的方法。他的友人常說，李嘉圖並不太在乎他的理據是否贏了，他只是用理性來發現事實，就算事實和他自身利益相悖亦在所不惜。一八一四年他買下一處廣達五千英畝的地產，從中賺得微薄的收益。李嘉圖成為一名地主。但是他的身分並未妨礙他堅持不懈地主張自由貿易；自由貿易會威脅他從自家土地上能賺得的財富，但是他的經濟原理證明，這樣才是對的。

· 8 ·

理想世界

空想社會主義

常有人說窮人是自作自受：這些人窮，是因為他們懶惰或不檢點。然而，十九世紀時，法國作家維多．雨果（Victor Hugo）在他最著名的作品《悲慘世界》（*Les Misérables*）對世人講了「芳婷」（Fantine）的故事：芳婷被工廠開除，只好賣掉她的門牙來養女兒。芳婷並不懶惰也沒有不檢點，她是在乎利潤勝過在乎人的殘酷經濟體下的受害者。在當時，人們開始質疑窮人要為自身不幸負責的看法，有些人說，這些可憐人再也不應該默默忍受貧窮了。

工業革命造就了一些富人，但很多人仍活在貧窮的深淵。一群群的人擠進城市，但那裡的生活條件卻極為惡劣。城市裡有成千上萬的芳婷，孩童因為長時間在工廠工作而受害，疾病更是無所不在。在英國，最窮苦的人可以去「勞動濟貧所」（workhouse）尋求協助，得到食物和床位，但前提是他們要能受得了嚴苛的環境。

我們之前提過亞當．斯密和李嘉圖，他們都說貿易與競爭能帶來繁榮。他們知道賺錢不是只有好處沒有壞處，但他們相信資本主義就代表了進步。另有一群完全不同的思想家，他們對身邊的社會完全感到絕望。這些人檢視城市不堪的面向，比方說，骨瘦如柴、目不識丁的孩子，把最後一分錢花在買醉澆愁的工人，他們認為，資本主義無法修補，唯有全新的社會才能拯救人類。

其中一人是法國人夏爾．傅立葉（Charles Fourier，一七七二到一八三七年），他是一名店員，過著寂寞且毫無驚喜的人生。他的補償之道，是寫出大量有著古怪標題的古怪文章，比方說《四種運動與普遍宿命之理論》（*The Theory of the Four Movements and of the General Destinies*）。傅立葉譴責整個歐洲文明，他認為，歐洲由工廠與賺錢活動構成的社會很殘酷，毫無人性。讓我們回頭想一想亞當・斯密提過的圖釘工廠，在那裡，每個人都負責一項小任務，這樣可以大量製造圖釘。但是，把一整天的時間都花在替圖釘針銼出尖頭，是多麼無聊的事！商業社會也使得人們以惡意彼此相待。賣玻璃的人希望下一場冰雹砸破每一家的窗戶，這樣他們就能賣出更多的玻璃。還有，在商業世界裡，權貴之士會竭盡所能保護自己的地位，最終都會踩在窮人身上。

・想望一個能提振人類精神層面的新經濟體

傅立葉提出一個新社會，他稱這是一套和諧體系。他假設人們都住在名為「共居方陣」（phalanstery）的小型社區裡，共居方陣是長方形的建築，裡面有作坊、圖書館，甚至還有歌劇院。在這個地方，你可以完全根據自己的喜好熱情過生活。傅立葉談到一些為人熟知的情懷，例如友情、企圖心和對食物及音樂的熱情。另外他也講到「蝴蝶採蜜」式的渴望，這是指在眾多不同的活動之間這沾一點、那沾一點；甚至還有「祕術家」這一類，這些人愛的是陰謀密計。傅立葉說，用各種情懷可以組合出八百一十種人格。

共居方陣會根據各種情懷偏好妥善安排。每天，一群群懷抱不同熱誠、有助於完成任務的人們會一群群地展開工作。有幾群人去種玫瑰，幾群去照料雞隻，有些則負責製作歌劇。此外，每個人都同時分屬幾十個不同群體。這裡的人不用把每天的光陰花在打磨圖釘尖端這等無聊工作上，反而可以去做自己喜歡、而且能完全實現自我熱情的工作。那麼人要怎麼賺錢呢？這裡的人不像在資本主義制度下領薪水，他們得到的是分享共居方陣所賺得的利潤。

傅立葉每天中午就坐在家裡，等著有人來訪，拿錢讓他成立共居方陣，但從來沒有半個人來過。這個新世界終究只是他腦子裡的美好畫面。他寫道，在建立共居方陣後，人會演化成長出尾巴、尾端還有著眼睛，天上會出現六顆月亮，海水會變成檸檬汁，野生動物也會和人為友：友善的「反虎」會把人類馱在背上，從一個地方到另一個地方。有些人稱傅立葉為瘋子，對他們來說，這些都是絕佳的例證素材。但他的確針對傳統經濟學難以觸及的工作議題提問。一旦能吃飽穿暖之後，我們如何去找到能盡情善用個人所有特質的工作？現在學校裡普遍設有職涯顧問，幫助學生選擇符合自身技能和興趣的工作，這股趨勢或許是嘗試回答前述問題的方式之一。

一如傅立葉，衛許曼．羅伯．歐文（Welshman Robert Owen，一七七一到一八五八年）同樣認為，打造新社群將拯救人類。但歐文卻和傅立葉截然不同。他很幸運，躬逢英國年輕的工業經濟體，用新式的蒸汽引擎為他棉紡工廠的機器提供動力。他從店員助理開始做起，後來成為著名的實業家，應付從工廠工人到王公貴族的每一個人。他很自豪能和所有人融洽相處，而這一點也激發出他的論文集《社會新觀點》（*A New View of Society*）中的中心要旨。歐文相信，人的個性是環境的產物，壞人是因為他們出自於壞環境。如果想要一個好社會，必須營造出正確的條件。在一個沒有資本主義割喉競爭的環境中，窮人也可以成為快樂的好人。歐文自有一套建立完美環境的計畫。

・歐文的烏托邦實驗

他要賺夠錢來創辦一座「模範」村，這是一場實驗，要打造出代替之道，與大城市裡的危險、骯髒工廠形成對比。他在蘇格蘭的新拉奈克（New Lanark）買下一座棉織廠，就在這裡做實驗。歐文想像的新世界，是一個到處都是模範村的地方。到頭來他的夢想並未實現，但即便如此，歐文所做的事在當時來說非常了不起，重要人士川流不息前來造訪，看看他的小社區。他創辦了一所嬰兒學校，命名為人格養成所（Institute for the Formation of Character），這是英國最早的嬰兒學校之一。他縮短工時，鼓勵員工維持自身與居家的清潔，也不要喝太多酒。為了推廣良好的工作習慣，歐文在每一名工人面前掛上一個「沉默監視器」：這是一個木製的方塊，每一面都漆上不同的顏色，顏色代表勞工的行為，白色代表出色，黃色代表很好，藍色代表普通，黑色代表很糟。組長會根據工人當天的表現將方塊翻面，每一名工人被評定的顏色也將寫入「人格記錄冊」裡。工人偷懶時，小組長不會對他們咆哮，就只是把方塊翻到黑色那一面。一開始，多數方塊都是黑色與藍色的，長期下來，黑色愈來愈少，黃色和白色愈來愈多。

後來，歐文更在印第安納州的新和諧地區（New Harmony in Indiana）建立了一個社區，這裡比新拉奈克更有企圖心，是一個由農場、作坊和學校構成的城鎮，歐文相信，這可以提供完整的資本主義替代品。於是，相信這裡有更美好人生的科學家、教師與藝術家從歐美各地蜂擁而至（也有一些無賴和怪人）。可惜的是，來到這裡的作家和思想家雖然善於寫作和思考，但是對於挖掘溝渠和砍伐樹木一竅不通，無賴根本完全逃避工作。很快地，這些人開始起紛爭，實驗終告失敗。已經成為老人的歐文轉向「精神主義」（spiritualism），這是維多利亞時代想和亡者聯繫的狂熱。他想和莎士比亞以及威靈頓公爵（Duke of Wellington，譯註：指第一代威靈頓公爵，是十九世紀英國的軍事、政治領導人）談話，他認為在逝去偉人的靈魂協助之下，可以實現新社會。說到底，雖然歐文和傅立葉這些人並不知道實際上要如何實現，但他們想望的，是一個能提振人類精神層面的經濟體，而不光只是帶來物質面的進步。

・市場和競爭並非通往美好社會的道路

亨利・德・聖西門（Henri de Saint-Simon，一七六〇到一八二五年）是一位野心勃勃的法國貴族，他對這些渴望有特別強烈的感受。聖西門從年輕時就懷抱雄心壯志，相信自己正是蘇格拉底輪迴轉世。小時候，他每天早上在僕人的呼喊當中醒來：「起床了，伯爵，您今天有偉大的事要忙！」他的第一件事，就是聽取關於「人性」的演說。他參與美國獨立戰爭，在法國大革命期間曾入獄一年。獲釋後，他買進教會的土地因而致富，但是幾年後他就把錢花光了。之後，他嘗試自殺，對於他的理念不獲認同深感沮喪。

聖西門認為，統治社會的應該是智者，而非王公貴族。每一個人都應該容許同樣在世為人的他人得以竭盡所能成長、發展。人與人之間確實有差異，但那是能力上的差異，而非出身上的差異。人們不應再互相剝削，反之，大家要一起開發自然，善用科學原理讓社會富起來。最高階的是科學家和實業家，他們導引著經濟體成為一個大型的全國性作坊。在他們之下的是工人，工人要秉持合作精神齊心努力。國家會創造出一個工業社會，符合人性且遠離貧窮。

聖西門在人生終點時出版了《新基督教》（*The New Christianity*）一書，這本書讓他的願景成為工業時代的宗教。在他死後，追隨者設立了教會，他們穿著白長褲、紅背心和藍色束腰外衣：白色代表愛，紅色代表勞動，藍色代表信仰。他們設計了一種背心，只有在別人協助之下才能穿上，代表了人與人之間的同胞之情。好奇的巴黎人跑去探訪聖西門教徒的隱修院，對著這些人直瞧，也就沒什麼好訝異的了。

傅立葉、歐文和聖西門都相信，市場和競爭並非通往美好社會的道路，也因此，他們有時候被視為社會主義的發明者。社會主義是資本主義的替代選項，之後的好幾個世紀有幾個國家曾經試行。在社會主義制度下，資源並非由個人以私有財的形式擁有，反之，資源由人們共享，因此大家都可以擁有相似的生活水準。但實際上，這些思想家提出各式各樣的想法，並非全屬於我們今日所認定的社會主義。比方說，他們當中有些人就認為私有財很好，前提是不要造成人與人之間的嚴重差異即可。

但他們都相信，藉由訴諸人的理性和善意，可以創造出一個完美的世界，一個烏托邦。他們反對貧富對立的革命與衝突，十九世紀中葉歐洲各處爆發的一連串革命行動，讓他們對於和平變革的希望煙消雲散。不僅如此，在卡爾・馬克思（Karl Marx）的開創性文章一出之後（我們在第十章會談馬克思，他是史上最著名的資本主義批評者），這些人的計畫就顯得天真了。雖然他們影響了馬克思，但馬克思說，傅立葉、歐文和聖西門都是做白日夢的人，他們想出了新的世界，但不知道如何實現。馬克思說，訴諸人的善意無法帶來更美好的世界，工人和雇主之間的衝突將會愈演愈烈，資本主義則會在一場大型革命中冰消瓦解。新社會不會在和諧的情況下出現，而會在嚴重的騷動與巨變中誕生。

· 9 ·

食指浩繁

馬爾薩斯與《人口論》

在狄更斯（Charles Dickens）的《小氣財神》（*A Christmas Carol*）書裡，我們會看到一個脾氣最壞的吝嗇鬼伊班納瑟．史谷基（Ebenezer Scrooge）。他在平安夜裡坐在辦公室數錢，大肆抱怨他的員工在聖誕佳節裡只想留在家裡陪家人。此時有兩位先生進來，請他捐點錢，為窮人買點吃的喝的。史谷基對著他們兩人沉下臉來，大聲咆哮把他們趕出去。他對兩位要離開的訪客說，講到窮人，他的看法是：「如果他們生不如死，那最好去死，這樣還可以減少過剩的人口。」

之前，我們介紹過一位金融才子兼英國最偉大的經濟學家李嘉圖，以及他的牧師好友馬爾薩斯。馬爾薩斯（一七六六到一八三四年）不像李嘉圖這麼會賺錢，但是他更能想出讓人們坐直身體、洗耳恭聽的經濟理論。他是有史以來第一位經濟學教授，一八〇五年時被任命到東印度學院（East India College）講學；這個學院為知名的英國貿易公司東印度公司訓練高階員工。有些思想家未能於在世時讓想法發揚光大，但馬爾薩斯大部分的想法在他尚在人間時就廣為流傳。馬爾薩斯出名的時間點比狄更斯寫下《小氣財神》的故事稍早一些，那時馬爾薩斯便因為一條經濟學原理而聲名遠播，並促使人們將他的理論視為「史谷基學派經濟學」，認為他傳播的是一套吝嗇刻薄的理論。馬爾薩斯很擔心不斷膨脹的人口：他宣稱，人變多了，代表貧窮也變多了。人口愈來愈多的效果，就是讓愈來愈多人淪落到不堪的處境。試著幫助窮人並無意義，這麼做只是讓情況雪上加霜罷了。

早期的經濟思想家不認同馬爾薩斯悲觀看待人口壯大的效果。重商主義者認為人口愈多愈好，他們相信，壯大的人口有助於國家在海外對抗當中得勝，因為有更多的勞動人口從事低薪工作的話，製造商就能製造出低廉產品銷往海外，擁有大規模的海陸軍隊，也才能捍衛國家的貿易路線。

• 人口數以倍數成長，食物產量卻遠跟不上

在重商主義之後，傅立葉、歐文與聖西門等烏托邦主義思想家說，沒有人應該注定貧窮。他們相信進步。他們說，如果人們互相幫助，貧窮和骯髒汙穢都會消失。馬爾薩斯的父親名叫丹尼爾（Daniel），他很欣賞烏托邦主義者，相信他們的想法是通向更美好社會的關鍵。馬爾薩斯極不同意，這對父子因此花了很多時間辯證。最後，馬爾薩斯將他的想法寫入他於一七九八年出版的宣傳小冊子裡，這本小書奠定了他的名聲。在取書名時，他借用了英美兩國某些倡導者之名，這些都是他不認同的人，書名就叫《論人口原理及其對社會未來進步的影響，附關於戈德溫、孔多塞及其他作者的臆測之評論》（*An Essay on the principle of population, as it affects the future improvement of society with remarks on the speculations of Mr. Godwin, M. Condorcet, and other writers*）。標題裡最後寫到的這位孔多塞（Marquis de Condorcet），是一七八九年法國大革命時的一位領導者，法國人民在這場革命中起義，推翻國王，希望創造一個更美好的社會，讓一般老百姓也能握有權力。法國大革命就像是一顆劃過天際的熊熊燃燒彗星，但是這能讓人們戰勝貧窮嗎？孔多塞認為可以：人類正大步前進，邁向真善美的境地，文明已經透過九大進步階段不斷演進，即將來到第十個階段（到了此時，所有國家與人民將皆為平等）。

馬爾薩斯對這些言論澆冷水。他以幾個聽來無害的論調當作起點。首先，人需要食物才能活下去。其次，人必須性交才能繁衍後代。而且，他們喜歡性愛，也會不斷去做。幾十年後，現在的孩子會生下幾個孩子，這些小孩又會再生下幾個孩子，依此類推。隨著時間過去，人口數量愈來愈龐大。馬爾薩斯說，如果不加以限制，每過一代人口數就會加倍，因此，經過兩代以後，一千人會變成四千人，六代以後則會變成六萬四千人。為了餵飽多出來人口所必要的食物又如何？我們當然可以稍微提高食物的產量，但是沒辦法像人口以倍數成長這麼快。其一，土地面積無法加倍。馬爾薩斯說，每一代人能種植的食物產量是固定的，成長速度比人口增加慢多了。人口很快就會超過食物供給能養活的規模，很快地，就有太多張口狼吞虎嚥搶食太少的食物。

那會怎麼樣？抑制人口成長的作用力會減少人口數，回歸到配合食物供給量。首先，饑荒和疾病會殺死很多人。其次，人也會減少生養的數目，這部分的問題在於他們會以犯罪的手法減少生養，最糟糕的情況是殺掉新生兒，人們也會利用流產和避孕方法來減少小孩，但在當時，這兩種方式都廣被認為是罪過。最後的結果就是悲慘與罪惡：疾病和飢餓造成更多死亡，人類的罪行則使得出生人口減少。

假設一國得到新的財富來源，比方說，在戰爭中占得土地，讓這個國家能養活更多人。一開始，這個國家到處都會有更多食物，人們因為變得更富有而生養更多小孩，因為變得更健康而更少有人死亡。隨著人口壯大，會有更多嗷嗷待哺的人，而每個人能得到的食物供給量卻變少了。最後整個社會又回到起點。人繁衍後代的結果，只是讓他們回到還沒有找到新土地之前的較低生活水準。十九世紀如李嘉圖等經濟學家也相信，人類大致上只能困在僅能餬口、只足以活下去的生活水準上。這代表工人的薪資僅能溫飽，這稱為「薪資鐵律」（the iron law of wages）。馬爾薩斯根據他得出的食物與人口比率，證明了這條法則當中的無情邏輯。

• 慈善幫不了窮人也無法改善社會

馬爾薩斯的計算當中還有另一點讓人陰鬱的暗示。幾世紀以來，英國各處的當地社群都在為貧病者提供支持協助。在馬爾薩斯的時代，貧苦之人會拿到錢，讓他們可以去買食物。馬爾薩斯批評這種作法。給錢只是獎勵了懶惰：如果無人援助，這些人比較可能自立。根據他的人口原理，幫助窮人的效果就好比找到新土地，這會讓人口數增加，但之後會衍生出更多的悲慘與罪過，好讓人口規模回歸到符合食物產量。大致上來說，慈善幫不了窮人也沒有改善社會，只是創造出更多墮落、悲慘的乞丐。婚姻和性愛是人生的樂趣，但最後會導向不幸。烏托邦主義者所重視的人類進步也大多如此！但世間仍有希望的曙光：男男女女可以選擇抑制性衝動，不要再加重負擔，讓已經很龐大的人口更龐大。馬爾薩斯鼓勵人們遲婚，他也遵循自己的建議，一直等到快四十歲才成家。然而，對有些人來說，這麼做很可能代表永遠也結不了婚。

馬爾薩斯所寫的文章激起諸多反對，這一點無須意外。他遭受抨擊，被認為是性情乖戾、扼殺樂趣的人，更糟糕的說法指他是一個冷血的人，居然譴責世上的窮人。馬克思將馬爾薩斯的想法歸類為「對人類的中傷誹謗」，維多利亞時代的哲學家兼史學家湯瑪斯・卡萊爾（Thomas Carlyle）則指這些想法既悲傷又讓人鬱悶，他也為經濟學起了一個別名，叫「陰鬱科學」（the dismal science）。

後來的歷史駁斥了很多馬爾薩斯的想法。人口一開始快速成長，但後來因為疾病饑饉而慢了下來。十九世紀時，更進步的醫學和更整潔的城市有助於人們活得更久，飢餓疾病不再橫掃世間。馬爾薩斯說，人富裕了之後就會生養更多小孩，但在十九世紀與二十世紀時卻剛好相反，那時許多國家的人口成長速度已經慢了下來。更可靠的避孕措施出現了，也更容易取得，多數人也不再認為避孕是錯的。即便是馬爾薩斯口中的貧窮大眾也開始減少生養數目，因為新類型工作（在工廠與辦公室）的薪資遠高於耕作。要養的小孩少了，他們就可以花更多錢讓孩子受教育，好讓孩子去從事新型的工作。

・陰鬱的預言並未成真

十九世紀還發生了一些馬爾薩斯或是倡導進步人士都無法預見的事。新科技提高了生活水準，人們得以長期賺得高於維持基本生存所需的薪資。英國是最早提高農業生產力的國家之一，因此可以養活更多人口。之後，蒸氣、鋼鐵與鐵路在工業革命中一同發威，讓人們能以更低廉的方式生產其他生活必需品，並供應給更多人。如果你畫出本書一開始講到的時代到現代的歐洲人口與平均所得圖表，你會看到這兩條線有好幾個世紀稍微上下波動，但是多數時候大致都是持平的。十八世紀之後，這兩條線都往上變動，而且持續成長趨勢：人口愈來愈多，他們賺到的所得也愈來愈高。想一想二十世紀中葉的英國人所擁有的，比方說大量的食物衣物，甚至還有輛車，再來與一七〇〇年時相比較：當時，人們只能吃一點點東西，要去別的地方還得在泥濘路上長途跋涉幾個小時。到了二十世紀中葉，歐洲的人口已經增為六倍！有史以來第一次，歐美各經濟體支撐起大城市與不斷擴張的人口。這是人類史上最不凡的轉型之一，當然也是最出色的經濟轉型。人類和環境的艱難困苦奮戰了這麼久之後，物質方面終於大幅加速進步。

但是，在起飛之前，各經濟體確實如馬爾薩斯所說，所得從來無法如人口一般快速成長，農民通常要費盡心力才能活下去。處境艱難時親戚或教會偶爾會出手相助，但收成不佳或爆發疾病可能意味著挨餓或死亡。很多母親在分娩時死去，很多孩子也活不過嬰兒時期。如果說馬爾薩斯的想法陰暗沉鬱，那麼，當時人們生活的環境也是如此。馬爾薩斯帶著憂鬱的慈悲，詳述了活在早期社會中的人們面對的限制。在我們現在這個時代，這仍是世上許多最貧窮國家的命運。

如今，當人們講到「人口爆炸」時，常會借用馬爾薩斯的想法。很多人相信世上人口太多了，這世界因此擁擠不堪。但在他所寫的論述中有一部分常被世人遺忘，那就是他說他完全不反對人口成長，而且他認為有很多人是好事，前提是社會要有方法餵養這些人。他很可能根本不是史谷基那種人，在朋友的記憶中，他是一個善心和藹的人，一點也不吝嗇小氣。現代很多研究長期經濟體成長的經濟學家認為，有健全的經濟體才會有大規模的人口。人會用掉資源，但也會創造新資源，有更多人就表示有更多智慧，因此就有更多新想法來創造社會的財富。

· 10 ·

工人世界
馬克思與共產主義

「有個幽靈正在糾纏歐洲——那正是共產主義的幽靈。」這是《共產黨宣言》(*The Communist Manifesto*)的第一句話;這本書寫於十九世紀中葉,很可能是有史以來最知名的政治宣傳品。這個幽靈(指其可怕且具威脅性)正威脅著歐洲現存的資本主義體系:威脅出自於接著的共產主義體制,正要將資本主義掃除殆盡。共產主義制度下沒有私有財,控制一切的是工人,而不是雇主。寫出這些話的是兩個德國人,其中卡爾・馬克思(一八一八到一八八三年)是哲學家、史學家、經濟學家,也是史上最知名的革命家;另一位是他的朋友佛德瑞克・恩格斯(Friedrich Engels,一八二〇到一八九五年)。有些人心目中的馬克思是一位社會倡導者,是可以預見他人無法看到的未來的偉大思想家,有些人則認為他是惡棍,在陰暗後巷耍了小手段打倒了經濟學。

一八四八年馬克思提出警告,預言資本主義將要結束,當時歐洲各國看來就要墜入懸崖。在法國,一七八九年發生革命後被推翻的君主體制復辟,如今,人民再度對國王感到憤怒。馬克思發表宣言時,巴黎正爆發示威行動。抗議者豎起路障,在街上和士兵打了起來。馬克思急著要加入奮戰。等他到達時,法國國王早已出逃,人民宣布成立共和國,興奮歡呼的革命群眾占滿了各處廣場。

在著名的開場白之後的幾句話,說明了馬克思的興奮所為何來。他寫道:「一切社會的歷史,都是階級鬥爭的歷史。」他的意思是,歷史的重點在於爭端和衝突,出現在富人和窮人之間、雇主和工人之間。馬克思相信,他在巴黎就看到了歷史上的鬥爭實際上演。他預言工人(即「無產階級」)將會推翻資本家雇主(即「資產階級」)。他希望這場起義是序幕,但是幾個月後歐洲的幾場革命失敗了。

看來，資本主義的滅亡將會是漫長拉鋸的過程。

馬克思避居英國，這是歐洲唯一沒有因為他惹麻煩的作品而驅逐他的國家。在倫敦，他成為一小群海外革命人士的領導者。他瞪人時眼神犀利，蓄著長長的鬍鬚，手毛濃密，善用非凡的學問凸顯別人的愚蠢。他常在公共場合斥責革命同志，也很喜歡嘲弄名人和掌權的人。他說，英國哲學家傑洛米・邊沁（Jeremy Bentham）枯燥乏味，他的舌頭一定是皮革製的；他也稱當時的英國首相羅素爵士（Lord Russell）為「扭曲的侏儒」。

・資本家剝削勞工，壓榨剩餘價值

馬克思開始大量研究經濟學，最後集結成一本大部頭的著作，他寫這本書的目的，是要提出一套完整的資本主義理論。他花了許多年才寫完這本書，他有無比的毅力，但也有推託延遲、把事情搞砸的傾向。常有店員敲他的門，要求他支付早已經過期的欠款。他的妻兒時常患病，當他的小女兒過世時，他還得向鄰居借兩英鎊才買得起棺木。他常常躲進大英博物館的閱讀室，在那裡大量閱讀歷史與經濟學方面的艱澀著作。回家時他會帶著一疊疊的筆記，熬夜寫作，抽完一支又一支的雪茄，哪管身邊散落著孩子們的玩具和損壞了的家具。他光是執筆好好在紙上寫東西就已經很困難了，因為他罹患了癰瘡，他得嘗試使用砒霜來治療這種可怕的瘡病。終於，在一八六〇年末期時，他寫完了這本書的第一冊（此時距離他開始動筆已經約二十年了），抱怨著他犧牲了健康、幸福和家庭，才能做個了結。由於膿瘡嚴重發炎，最後幾頁他是站在書桌旁邊寫完的。寫完時他說：「但願資產階級會記得我的癰瘡，直到他們臨終之日。」

我們之前介紹過烏托邦主義思想家，他們認為資本主義毒害了人類社會。馬克思也和他們一樣，他相信必須要有新的社會，人類才能真正繁榮昌盛，但他認為烏托邦主義者太過愚蠢，居然認為人的善意能實現這番願景，馬克思反而相信資本主義本身汙染了新社會的種子。他說，歷史就是以一系列的經濟體系發展下去。在資本主義之前，統治經濟體的是封建傳統。當時並無擁有工廠的資本家，只有小型的工匠、農民和貴族。有權有勢者接管土地、設立工廠之後才有資本主義，農民與工匠成為賺取資本家薪資的工人。資本主義最後會被取代，這是因為資本家賺取利潤的方式出了問題。

資本家買進原物料（布疋、鈕扣、絲線）以生產商品（襯衫），之後出售商品賺取利潤。利潤來自何處？要找到答案，你要先了解經濟價值從何而來。一如亞當．斯密和李嘉圖，馬克思也說，產品的價值是用來生產產品時所用到的勞力數量。這稱為「勞動價值理論」（labour theory of value）。如果要花三十分鐘的勞動力才能製造一件襯衫，那麼這件襯衫的價值就是這些勞動力的價值。同樣的，一如亞當．斯密和李嘉圖，馬克思亦認為勞工只賺到維持生存所需的薪資，僅得到最基本的溫飽。假設工人從事五個小時的苦工做出的襯衫，就能讓他們賺得溫飽。聘用他們工作的資本家，開出的薪資水準就是這樣。但資本家安排的是工人一班要做十二小時，那就比賺得基本生活必需的五個小時多了七個小時。這些「剩餘價值」（surplus value），也就是在多餘的七個小時內做出來的襯衫賣出去賺得的錢，會怎麼樣？這些錢進入資本家的口袋，變成利潤。剩餘讓資本家能買進更多的機器和資本，這也讓經濟體的規模愈來愈大。

資本家想要叫工人辛苦且長時工作，以便盡量壓榨出最多的剩餘價值，從這一點來說，資本家是在「剝削」工人。工人希望縮短工時、提高工資，但工人之間的競爭壓低了薪資，有工作的人總是面臨被人搶走飯碗的威脅。無產階級的未來看來無望：資本主義讓工人的人生僅剩苦工，「也把他的妻兒拉進資本主義的巨輪之下。」

• 資本主義終將崩潰

對馬克思來說，資產階級與無產階級的衝突，是資本主義中的深切衝突。資本家壓榨工人要他們努力、更努力，藉此保護自己的利潤，工人能分到的經濟益處愈來愈少，到最後，他們根本沒有錢去買工廠製造出來的產品，資本家也發現他們的東西根本賣不出去。在這個過程中，工人的處境愈來愈悲慘，他們也愈來愈不滿，整套體系終究崩潰。最後工人起義，掌控工廠與田地，建立共產主義社會，終結剝削。能做到這一點，是因為到那時不再有私有財：任何資本家都不能擁有鍋爐和吊車，這些都要由公社所擁有。人們會得到生活所需，而不是由資本主義雇主支付薪資。共產主義會消除社會的分化，不再分成不同階級不斷彼此鬥爭。

馬克思相信，資本主義只有混亂和壓力，沒有任何顯示透過亞當．斯密所說的「看不見的手」賺錢可以帶來和諧。在資本主義下，資本家擁有「生產工具」——製造商品所必要的資本。工人除了自己的勞動力之外，一無所有。封建社會下的佃農必須依附在一名地主之下，但工人不同，後者可以自由選擇為誰工作。但他們只有勞力，因此，唯一的選擇只有替資本家賣命，承受剝削。資本家之所以能累積資本、變得富有，是因為國家的法律政治體系容許他們擁有資本，並將工人創造出來的剩餘價值當成利潤據為己有。傳統經濟學認為資本主義體制中大致沒有衝突，將資本視為財物的統稱，比方說，資本指的是用來生產產品的建築物、輸送帶、鋸子和織布機。在馬克思眼中，資本不只如此；資本的重點在於權力。資本仰賴的是社會的分化，分成有些人有資產、有些人沒有，創造出資本主義便是讓有財產的人獲得所有權力。理解這一點對於檢視資本主義的現實來說非常重要，正因如此，馬克思言簡意賅地將他的書命名為《資本論》（*Capital*）。

馬克思的想法後來發展成一種世界觀，稱為馬克思主義（Marxism），是二十世紀影響力最大的政治運動之一。在他過世很久以後，俄羅斯、匈牙利、波蘭、中國以及其他地方紛紛創建了共產主義體系，國家接管經濟體，指導工廠與農地要生產什麼。一開始，工業快速發展，但是，共產國家的人民經常得承受日常生活的艱辛，運氣最差的人在勞改營拚死工作，有時候還要挨餓（請參見第十六章）。國家要管理眾多工廠，這項任務到頭來還是太過複雜了。生產者效率不彰，開發新產品與新方法的速度非常緩慢。在許多共產國家，比方說歐洲的那些，經濟完全崩潰，共產主義也隨之瓦解。

・全世界無產階級，聯合起來！

馬克思很多想法都遭到後世經濟學家反對。我們在下一章會看到，他們解構勞動價值論，以不同的理論取而代之。批評者也說，真實世界中共產主義社會的失敗，剛好證明了馬克思是錯的。但他的理論比較著重的是資本主義中的緊張，比較少細談共產主義的未來。也常有人說現實中的共產國家並未建立馬克思設想的體系。殘暴的共產國家領導人讓人民的生活陷入水深火熱，毫不遲疑殺掉任何質疑他們的人，這些人必會讓馬克思咋舌。而且馬克思也說，一個社會要能成功建立共產體制，前提條件是要先擁有發展得宜的資本主義經濟體。然而，第一場共產革命在二十世紀初出現於俄國，當時的俄國是貧窮的農業經濟體，並非馬克思所講的資本主義經濟體。

隨著十九世紀結束，很多人雖然關心窮人的苦境，但他們並不認為答案是推翻資本主義體系。他們認為可以把資本主義變得更可親。很多國家把投票權從富人身上擴大，授予勞動階級，後者也因此在社會中有了新的影響力。各國政府試著緩解資本主義對於窮人造成的無情結果。二十世紀初，法國、丹麥和其他國家引進失業救濟金。德國政府引領風潮，在十九世紀初時為一般大眾提供教育，之後美國、法國和英國也起而效尤。慢慢的，各國政府也立法規定不准用童工，從此很少有目不識丁、飢寒交迫的孩子被送進礦坑和工廠。

一般工人的生活水準最終獲得改善。我們可以基於這一點說馬克思的想法是無的放矢嗎？不，馬克思主義說，就算人們能供得起汽車和電視，資本主義還是在傷害人類。理由在於馬克思所說的「異化」（alienation）。他相信，在資本主義之下，工人會成為大機器裡的小齒輪。他們和自己製造出來、由雇主銷售出去以賺取利潤的商品之間並無任何實質聯繫。他們也將其他人視為生產工具，而非有血有淚的人。說到底，他們和自身的人性斷了關係；唯有人性，才能讓他們和其他人緊緊相連。高薪資無法打破沉重的異化鎖鏈。

異化的源頭是私有財，私有財把社會劃分成有資本的人和沒有資本的人。唯有透過工人革命消除私有財，人們才能完全永保人性。因此，《共產黨宣言》便以大聲疾呼的號召作結：「無產階級在革命中除了鎖鏈別無損失，他們將獲得全世界。全世界無產階級，聯合起來！」

11

完美平衡
新古典經濟學

為何香檳如此貴重？亞當・斯密和馬克思認為，價值出自於生產產品的成本，尤其是製造產品用到的勞力。但以一瓶叫價三百英鎊的香檳來說，製造成本絕對不可能這麼高。香檳貴重，是因為大家愛香檳，香檳為他們帶來極大的滿足感或幸福感。到目前為止，我們談了很多關於富裕資本家以及在工廠裡做苦工的疲倦工人的事，那麼購買產品的那些人呢？他們從產品當中得到滿足——不光是香檳，還有杯碗瓢盆、衣服鞋帽等等。當我們在思考經濟體時，這會很重要嗎？

英國經濟學家威廉・傑逢斯（William Jevons，一八三五到一八八二年）認為是。他是第一位研讀經濟學學位的著名經濟學家，他並未遵循思想家的傳統路徑，先研讀過拉丁文和古希臘文之後才挑中經濟學。傑逢斯發展出「邊際效用」（marginal utility）的概念。假設你正在吃一顆太妃糖，你很愛，這顆糖為你帶來很大的滿足，或者，用經濟學家的術語來說，帶來很高的「效用」。但如果你吃下更多糖，你多吃一顆糖多得到的歡愉就沒這麼高了。第十顆還不錯，但不像第一顆這麼甜美。吃完第十五顆太妃糖之後，你開始厭倦。第二十顆可能完全沒有給你任何愉悅。額外的太妃糖帶來的歡愉就是它的邊際效用。「邊際」，指的是某種事物的「邊緣」，因此，你從太妃糖當中得到的「邊緣」效用，就是指最後一顆糖給你的效用。當你消費愈多，邊際效用會遞減，這種傾向稱為「邊際效用遞減法則」（principle of diminishing marginal utility）。

邊際效用是經濟學上最重要的概念之一，傑逢斯用此來說明人們如何花錢。假設你在一家咖啡店，你有十英鎊可花，可以買熱狗，也可以買可樂。假設你要一次就把這筆錢花掉，你要買多少支熱狗、多少罐可樂？你很餓，所以你拿了十支熱狗放進餐盤中。但你很快發現，就算真的很餓，把錢全拿來買熱狗好像有點笨。如果你買了十支熱狗，第十支的邊際效用將會極低（這是經濟學家喜歡用來表達你吃了十支熱狗之後會不舒服的說法）。你的餐盤裡連半罐可樂都沒有，因此加一罐的邊際效用極高。你應該買一罐可樂、而不要買第十支熱狗，因為這罐可樂增添的效用會高於這支熱狗。因此你從餐盤上拿掉一支熱狗、放進一罐可樂。但在你去結帳前，請再想想。第二罐可樂增添的效用很可能高於第九支熱狗。所以你又拿掉一支熱狗、補進一罐可樂。在你多拿可樂、少拿熱狗的同時，可樂的邊際效用也在下降（因為你拿的可樂愈來愈多）、熱狗的邊際效用則提高（因為愈來愈少）。你應該停在哪一點？什麼時候，多一罐可樂的邊際效用會剛剛好等於多一支熱狗？你很餓，而且你很愛熱狗，最佳組合可能是七支熱狗配三罐可樂（如果是我，我比較渴但沒這麼餓，組合很可能相反）。重點是，要完全平衡這些邊際效用。一旦你找出最適當的區分方法，就去結帳吧。

・找出邊際效用的平衡點

現在你可能會想：等等，我買東西的時候才沒有這樣一步步深思熟慮，我根本到現在才聽過邊際效用這個概念！如果你看到有人在咖啡店用這種方式去決定要買多少熱狗和可樂，你可能會認為這種人有點怪，而經濟學家也不相信人的實際行為是這樣。我們現在談的是經濟模型，一種用來簡化世界的圖像。比方說，我們假設你一次就要把十英鎊花掉，而且你只能用來買熱狗和可樂，但現實中你能買的東西種類成百上千。模型把重點放在欲解釋的關鍵因素上。在這裡，關鍵是稀少性的問題。在現實生活中你知道你能花的錢是有限的，但你要買的東西很多，你無法全買下來。沒錯，你不會站在店裡像機器人一樣計算邊際效用，但是某種程度上，你會確定你用讓自己開心的方式把有限的金錢花在不同的物品上。邊際效用是一種套進模型裡的工具，讓模型能精準解釋你的行為。

十九世紀末，這種使用邊際原則論理的方法成為基礎，建立起一整套研究經濟學的新方法。現在，這是經濟學家時時刻刻在使用的基本模型之一。傑逢斯過世時，他的想法還未發展完全，而英國經濟學家阿佛瑞德・馬歇爾（Alfred Marshall，一八四二到一九二四年）繼續引領這樣的思維向前邁進。他在阿爾卑斯山健行時得出自己的理論，當時他帶著滿滿一背包的書，走了好幾天。在冰河邊休息時，他總是一書在手，從中發展出許多想法，其中很多都是現代經濟系學生在第一堂課會學到的東西。

其一是需求法則（law of demand）。在前述熱狗範例中我們並未真正去考慮價格，而需求法則要討論的就是價格如何影響決定。價格高會導致產品的需求低，價格低則需求高，邊際效用遞減可以告訴我們這條法則背後的道理。你無時無刻都在見證這條法則。舉例來說，假設有家店要舉辦清倉大拍賣，用大減價鼓勵購物者把店內所有湯匙買回家。如果你家裡沒有湯匙，有一支湯匙會為你帶來很高的效用。你可能願意付出一把四英鎊的價格。第二把湯匙給你的效用比第一把低，因此你可能僅願付出三英鎊。第十把又如何？你可能僅願意支付一英鎊。湯匙很便宜時你會買很多，很貴的時候你只會買一、兩把。你會拿你的邊際效用和必須支付的金額相比較。

邊際效用不僅可用來說明人們如何花錢，也可用來解釋企業的行為。如果多賣一把湯匙的額外營收（邊際營收）高於製造這把湯匙的成本（邊際成本），這家企業就會多做。隨著企業生產湯匙的數量增加，增產的成本會愈來愈高。這是因為此時如果工廠要多聘工人，每多聘一名能增加的產能都會低於最後一個人。（假設一家工廠裡只有一工人，多聘用一位，會大幅提高產量。但等到工廠已經聘用一千名工人，多一名工人能提高的產量就沒這麼高了。）如果價格足以支應高成本，工廠就會生產很多湯匙。高價格會帶動工廠提高供給量，價格低則供給量也會減少。

・當需求剛好等於供給

供需理論是經濟學裡最著名的概念之一，馬歇爾在供需理論中將消費者和企業結合在一起。「需求曲線」（demand curve）把價格和消費者想要的數量串聯起來。把這條曲線想成是圖上的一條線，把湯匙的數量畫在下方，價格則畫在側邊。需求曲線的斜率是負的：價格下跌時，人們想要的數量就會增加。「供給曲線」（supply curve）則把產品價格和企業生產的數量串聯起來。供給曲線的斜率是正的：價格愈高，工廠願意生產的湯匙數量愈多，因為高價格足以支應增加的生產成本。哪一方決定湯匙的價格？供給，還是需求？這個問題就好像在問剪開紙張的是剪刀哪一邊的刀刃一樣。兩方一起決定價格。當人們對湯匙的需求剛好等於供給時，市場達成平衡（稱為「均衡」〔equilibrium〕），此時需求曲線與供給曲線會相交。均衡是市場最後的歸向，發生在特定的價格水準上：在這個價格上，企業想要生產的湯匙數量剛好等於消費者想購買的量。

均衡有時候會改變。假設有著精美雕花的湯匙蔚為時尚，人們對於這種湯匙的需求大增，均衡價格也隨著水漲船高，這是因為如果要企業提高供給量，他們需要能賣到更高的價格，以支應額外的生產成本。長期下來，高價可能會鼓勵企業家興建新的湯匙工廠，供給提高了，價格也就拉下來了。供給和需求幾乎適用於每一個市場，涵蓋了小麥、鑽石以及房市。這是經濟學最基本的工具之一。

競爭是另一個經濟學家不時掛在嘴上的概念。亞當・斯密對於競爭非常著迷，馬歇爾與他的同僚則把競爭納入模型。假設有幾十位賣青花魚的漁夫在碼頭賣魚，青花魚的價格（假設一尾兩英鎊）由供需決定。競爭的重點，是任何買方和賣方在市場上都沒有影響力。假設有一名漁夫拿一尾跟別人一模一樣的青花魚說要賣你三英鎊，你會轉頭跟別人買。任何單一買方或賣方都無法改變價格，經濟學家將這稱之為「完全競爭」（perfect competition）。誰都賺不了暴利，因為競爭會把價格往下壓，消費者會以最低價格買到他們想要的產品。

・理性的經濟人

在傑逢斯和馬歇爾之前，經濟學家把人想成具備形形色色特質的角色。在亞當．斯密的競爭版本中，商人忙著討價還價、吹噓兜售以做成最好的交易，馬爾薩斯所說的窮人，像兔子一樣熱愛繁衍後代，如今的經濟學家則把一種新的人格放在中心位置：「理性的經濟人」；這個人在做決策時會權衡邊際成本與邊際利益，比方說，拿湯匙的價格和其效用來做比較。他們認為經濟體裡都是這種頭腦冷靜的人，這些人可以完美地去做各種計算。

這種經濟體看來平靜又和諧，和早期經濟學家眼中的世界大不相同。在馬克思眼中，資本主義的要旨就只是由資本家剝削工人而已。工人創造經濟價值，但大部分由資本家以利潤之名納入囊中。在「理性經濟人」的世界裡，有很多人買東西、賣東西，沒有剝削這種事。你可以利用邊際原則決定要工作多久，你檢視多一小時休閒（去踢足球或看電影）帶來的邊際效用，然後和應徵職務的薪資相比較。如果多一小時踢足球為你帶來的效用極高，那麼除非職務的薪資極高，否則你會選擇不去工作。無情的資本家再也無法主宰你的工時。

馬歇爾的經濟學被稱為「新古典」（neoclassical）經濟學，這是亞當．斯密和李嘉圖的「古典」（classical）經濟學更新版。古典經濟學著重的是市場力量如何影響經濟體、引領經濟體繁榮昌盛，新古典經濟學看的則是理性的個人如何帶動市場。新古典經濟學已經不再尋找最終的價值衡量標準，比方說勞力和黃金；價值只是某些出自於供給和需求的事物的價格。稀有的酒很值錢，是因為供給很少，需求很大。

這番新思維的出現，因應的是十九世紀的壓力漸漸緩和。工業革命讓一般老百姓也可以擁有蕾絲童帽和骨瓷杯，暗藏在經濟體表面之下的緊張（這是馬克思向來擔憂的部分）也被放到一邊去。也因此，能精準平衡這個邊際、那個邊際的「理性經濟人」成為經濟學家解釋人類行為的主要理論。批評者問道，這些經濟學家真的見過有血有肉的人嗎？所有的理論都必須簡化，但問題是，要簡化到哪種程度？之後我們會看到，有些經濟學家也覺得「理性經濟人」太過頭了。

· 12 ·

擋住太陽

自由貿易與保護政策

一八四〇年代，有一位經濟學家假託蠟燭製造商的名義，開玩笑地寫了一封信給法國國會，在這封信中，蠟燭製造商抱怨他們被對手的競爭手段給毀了，這名競爭對手以低到不能再低的價格提供光源，席捲市場。這個造成威脅、欲把所有蠟燭製造商趕出市場的可怕對手是誰？是太陽。蠟燭製造商聯合起來要求議會通過法案，把所有窗戶封起來，拉上窗簾，擋住所有讓日光流瀉進室內的孔洞。他們說，這條法律將可拯救蠟燭工廠，並幫助法國富起來。

這封信的執筆人在嘲弄總是抱怨海外產品競爭的商人。他們提出主張時或許努力從對國家整體有益的觀點出發，但實際上他們在乎的不過是為自家企業爭取優勢。現代的我們也常聽到很多對海外競爭的抱怨，舉例來說，英美兩國鋼鐵業者就曾經滿腹牢騷，說廉價的中國鋼鐵在他們的國家大拍賣。

在亞當·斯密之後，經濟學家體會到讓各國彼此自由貿易的重要性。自由貿易代表貨物在他國可以獲得如製造國的待遇：英國不應該禁止或用任何方法限制廉價的印度成衣，英國消費者可以自由購買他們想要的衣服，如果印度製的衣服比較便宜，那他們就捨英國製而改買印度製。精通自由貿易經濟論述的人，正是英國的經濟學家李嘉圖。他說，各國應該專業分工，生產他們能以相對便宜方式生產的產品，然後與其他國家貿易。這樣一來，所有國家都受惠。

十九世紀有些經濟學家雖然不會設法擋住陽光，但很可能會同情這些蠟燭製造商。對他們來說，自由貿易讓各國富裕的論點，不必然永遠成立，有時候情況可能完全相反。這些經濟學家當中有一位是德國人弗里德里希·李斯特（Friedrich List，一七八九到一八四六年）。他最初是自由貿易的信徒，但在一八二〇年代訪問美國後有所改變。當時許多美國人都不認同英國古典經濟學家的自由貿易論點，他們說，美國新社會需要不同於英國舊社會的新經濟學。美國獨立宣言起草人湯瑪斯．傑佛遜（Thomas Jefferson）甚至設法禁止美國出版李嘉圖的作品。另一位美國開國元老亞歷山大．漢米爾頓（Alexander Hamilton）提出他自己的貿易觀點，和英國經濟學家的看法大相逕庭。漢米爾頓是《聯邦黨人文集》（*Federalist Papers*）的作者之一，這一系列的論文在美國脫離英國獨立之後發表，闡述美國這個新國家應有的運作方式。他談到要建立一套美國專用的經濟系統，並主張政府應該協助美國發展工業。外國政府努力支援自家的工業，導致美國企業難以在別人的土地上銷售產品，漢米爾頓認為，美國也應該用同樣方式對待本國工業。李嘉圖的自由貿易概念，並不適用於美國。

・國家應保護新興產業免受外國競爭

在《國家的政治經濟體系統》（*National System of Political Economy*）一書中，李斯特根據漢米爾頓的想法發展出一套體系，讓他因此有別於英國的經濟學家。亞當．斯密和李嘉圖就和如今多數的經濟學家一樣，相信國與國之間的貿易和人與人之間的交易沒有太大的不同：這就是不同的人之間再從事商品買賣而已，只不過雙方剛好分屬不同國家。如果你是在本地的蔬果店買洋蔥，那你和店家都受惠。向海外供應商購買洋蔥會有什麼問題？李斯特說，把國與國之間的貿易想成等同人與人之間的貿易是錯的，因為不同的國家並不只是一群群持有不同護照的國民而已。各國自有歷史、文化與自己的管理統治方式。每個國家都處於不同階段：有些是先進的工業社會，有些則以農業為主。在李斯特的時代，英國已經起飛，工業革命如火如荼進展中，在經濟上搶在美國、法國和德國前面。李斯特說，對於其他有機會複製英國成就的國家來說，他們必須有別的作為，而不是採行自由貿易。

他相信，經濟要進步，重點是要建立以工業和工廠為基礎的經濟體，而非以農業為本。然而，在發展初期，新工業就像小孩一樣，小孩得要有人撫育照料，我們不會期待孩子為了工作賺錢而競爭。還在成長階段時，必須要把競爭壓力擋開，要有時間學習技能，等有一天長大成人後才能獨立面對世界。李斯特說，「幼稚工業」（infant industry）要能成長茁壯，需要先得到滋養。假設德國想要培育鋼鐵與化學等新式工業（德國在十九世紀時也確實這麼做），由英國這類經濟先進的國家生產的鋼鐵和化學品，必定會阻礙其發展而難以成功。領先國家的生產者已經學會如何用比其他人更便宜的方式生產，因為他們已經累積大量的實務經驗了。他們已經排除了生產方法中的缺失，他們的勞工效率也更高。現在的問題就是，當外國有更先進的競爭對手時，本國又如何能建立新工業？德國的買方一定會想要更便宜的英國產品，自家的新工業全無機會。

・自由貿易的原則並非永遠成立

李斯特提議保護新產業免受外國競爭，方法之一就是針對外國產品加稅，或者說「課徵關稅」。德國對英國鋼鐵課徵關稅，會使得德國人要支付更高價格購買英國鋼鐵。如果關稅夠高，英國鋼鐵的價格便會高於德國產品，那麼，德國人民就會購買德國鋼鐵，德國的幼稚產業就可以生存。經濟學家說這叫政策「保護」。小孩要學會做木工，不是透過了解製造木箱和木架的理論，而是一次又一次練習鋸木與下釘。當新產業獲得扶持得以留在業內，就有機會練習，一直到產品線運作順暢、有機會和外國製造商一較高下，這時，就可以撤除關稅，進行自由貿易。

創造一個新產業後，在其他產業重複同樣的做法，整個經濟體便能工業化。對海外產品課徵關稅代價高昂，因為人民到頭來要付出更多錢才能買到產品，但李斯特認為這樣的代價非常值得：當幼稚產業成熟，經濟體就進步了。他把這比喻成父母先費盡心力幫助孩子學習技能（比方說木工），期待的是有朝一日能夠歡呼收穫。

因此，對李斯特來說，自由貿易的原則並非永遠成立，也不適用於每個地方。自由貿易對於處於同一發展階段的國家或地區有益，比方說，十九世紀時德國各個不同區域。但是，對於處於不同階段的國家來說就不是好主意：先進國家的產業只會把其他國家的產業一掃而空。他批評英國經濟學家的「大都會主義」（cosmopolitanism）。他的意思是，他們相信適用於英國經濟的理論，也適用於法國、德國或俄羅斯，因此如果自由貿易對英國是好事，那麼對其他國家來說也是好事。自由貿易真正的意義，是讓英國能自由主導他國的經濟。

十九世紀常又稱為自由貿易的世紀，那個時代證明古典經濟學家是對的。一八四〇年代英國廢止了《穀物法》，這些法律禁止外國穀物進口到英國，因此保護英國農業免於海外競爭。廢止這些法律，是走向自由貿易的一大步。在十九世紀期間，國與國之間的聯繫倍增，創造出全球經濟體，人們經常買賣各種跨越邊境的產品，例如小麥、棉花和茶。但有時候自由貿易很難說是「自由」，因為促成貿易的因素是武力。十九世紀中，英法與中國交戰，部分理由是中國試著阻止英國的貿易商把鴉片賣到中國。中國戰敗，英國強迫中國開放市場接受英國商品。這和李嘉圖的自由貿易世界大不相同，他設想的是國與國之間完全自主的交易。還有，雖然十九世紀有很多朝向自由貿易的做法，但也留有相當程度的保護。李斯特主張，保護對於歐洲先進經濟體的發展很重要，連英國也不例外。

雖然如此。現代多數經濟學家選擇和亞當．斯密、李嘉圖同一陣線，質疑李斯特的保護幼稚產業主張。他們相信，保護是在鼓勵無能與浪費。企業之間的競爭之所以有用，是因為生產劣質品的企業會倒閉，他們的員工和辦公室會交由其他能生產更優質產品的商家利用。經濟學家擔心，保護會阻止前述的機制運作，因為這會幫忙效率不彰的企業，讓他們能留在業內。二十世紀時，亞非兩洲有許多國家保護自家工業免於海外競爭，其結果就是出現許多無效率且無能獲利的企業。

・經濟學的方法之戰

李斯特和古典經濟學家相左之處，還有對經濟學基本方法的看法：經濟學家應該問哪些問題，以及他們應該如何回答。經濟學家提出各式各樣的主張：貿易讓國家富有，人口多代表食物變少等等，但他們通常意見分歧。經濟學家如何想出自己對於經濟體運作的看法？這很重要，因為這關乎經濟學家如何能說服對方同意自己的想法。李斯特說，經濟學必須始於事實和歷史。一個國家有哪些產業？產業擁有多少勞工、使用哪些技術以生產產品？有了這些資訊，你才有可能得出結論，理解一個經濟體如何運作並提出該採行哪些政策以推動發展。另一種研究經濟學的方法是像李嘉圖一樣，使用抽象的論理。他從基本原理出發，論理推出結論。他的主張邏輯成分比較多，歷史和事實成分比較少。李斯特反對光從邏輯就可以推論出廣泛經濟學原理的想法。你如何知道不同的地方如何運作？落後的俄羅斯就和先進的英國一樣嗎？

一八八〇年代，這場辯證成為德語系經濟學家間的戰爭，探討經濟學的靈魂究竟是什麼，這也就是大家所知的「方法之戰」（battle of the methods）。一邊的經濟學家就像李斯特這樣，相信經濟學最基本上應該以歷史和紮實的事實為基礎，另一邊則認為應該追尋抽象理論。說到底，顯然兩邊都有道理。理論需要以歷史經驗驗證，另一方面，沒有理論抽絲剝繭，一大團的事實很快也毫無意義。從那時候開始，經濟學便同時擁抱了事實的世界與理論的世界。即便如此，隨著經濟學不斷發展，得到最多讚譽的還是提出新理論的經濟學家，而不是爬梳歷史數據與統計資料的那些學者。經濟學家愛上了數學，他們利用數學來創造各種精密理論，憑藉的是一般性的概念，而不是和經濟體相關的具體事實。

但並非所有人都同意這樣的重心。到如今，批評經濟學的人抱怨這門學科已經遠離現實，變成數學遊戲而不是研究和經濟體相關的實際事實——那些會影響人們生活的事實。

· 13 ·

戰爭的利潤

帝國主義

一九一四年第一次世界大戰爆發，俄國的革命家佛拉迪米爾．伊里奇．列寧（Vladimir Ilyich Lenin，一八七〇到一九二四年）窩在波蘭塔特拉山脈（Tatra mountains）的偏遠小旅館裡。這是他最近一次遭到驅逐出境——他被本國驅逐好幾次，害得他得跨越歐洲，躲避警察與政府機構，還必須使用化名與假護照。在俄羅斯，他在自辦的《火星報》（*The Spark*）上鼓吹革命，他的同志拿著報紙從劇院廉價的頂層座位往下撒，丟到樓下的富裕人士身上。入獄時，他用麵包製成墨水瓶，設法撰寫祕密訊息。如果獄卒發現，他會用極快的速度把墨水瓶吞下肚；他曾有一天吞掉六個的紀錄。

對列寧來說，戰爭代表了互相敵對的兩國統治階級派出勞動階層，叫他們彼此殘殺；後面這一群人原本應該團結起來對抗共同的敵人：歐洲的資本家雇主。社會主義者不會認同戰爭這種事，列寧和他在歐洲各處的革命同志一直以來也同意堅定反戰。

八月五日列寧受到嚴重的槍傷，幾天前，德國才剛剛對俄羅斯宣戰。當地有一位運動人士陪著列寧一起留在小旅館，並給了他一份波蘭報紙。報紙報導德國議會裡的社會主義者同意開戰。一開始，列寧以為這位波蘭同志誤譯了整篇報導，但是新聞沒錯：社會主義者對國家的忠誠度贏過了他們的政治信念。英法的社會主義者也做了同樣的事，列寧氣憤難平。

列寧反戰，不只因為大規模殺戮很可怕，背後的理由來自於一套資本主義理論。列寧是思想家，也是實務革命家，是馬克思的後繼，而馬克思說過，資本主義當中就蘊藏著衝突，時間到了，自會導向崩解。列寧發揚馬克思的想法，他說，資本主義體系才會引發國與國之間的衝突，最終導向戰爭。

・資本主義必走上貪婪與侵略之路

列寧點出三大趨勢。馬克思基本上檢視的是單一國家內的狀況，但到了二十世紀初，各國之間的聯繫愈趨緊密，國與國之間貿易量愈來愈大，投資人也把自己的錢投資在外國企業上。另一股趨勢是大型企業與銀行興起；會出現這樣的變化，是因為資本主義時代早期企業規模很小，而且多半都是由業主出資，到了此時則是由大型銀行融資給大型企業。列寧將這稱為「壟斷資本主義」（monopoly capitalism），大型企業取得壟斷地位，控制整個市場。

第三項則是帝國主義的趨勢：歐洲國家控制了外國領土，建立範圍涵蓋全球的帝國。擴張的手段透過軍事侵略，之後，侵略者在海外的土地上成立自己的政府，同時建立殖民地。幾百年前早已有了帝國主義，十五世紀時，西班牙和葡萄牙就征服了南美。歐洲國家為了搶奪海外土地的控制權彼此征戰，這些土地上有的是黃金以及其他金銀財寶，更有可以供他們為奴為僕的人民。十九世紀末，又爆發了新的帝國主義，各國交戰對立，歐洲國家爭奪世上尚未被人入侵的地區，其中很多都在非洲未經探索之地。一九一四年第一次世界大戰爆發之前，歐洲各帝國已經控制了全球三分之一的土地。

列寧認為，經濟上的彼此牽連、壟斷資本主義和帝國主義這三股趨勢彼此有關。在他那個時代，傳統上認為帝國主義是一種英雄行徑，是偉大領導者展現探險精神與勇氣的管道。此外，奉行帝國主義的國家為窮國帶來了文明，把亞非的人民拉進現代世界。列寧的想法，和前述看事情的觀點可以說是天差地遠。他認為，帝國主義的重點是賺錢，簡單純粹。影響他的想法的，是英國經濟學家約翰·霍布森（John Hobson，一八五八到一九四〇年）所發表的文章——此人是一介平凡書生，和列寧充滿祕密會議與獄中密謀的世界完全不同。霍布森不是馬克思主義者，但卻是個異類：他是正統思想中的反骨。（他寫了很多書，其中一本書名叫《一名經濟學異類的告白》〔*Confessions of an Economic Heretic*〕。）一位倫敦大學的經濟學教授讀過他寫的其中一本書之後，校方就禁止他在此講學。這本書裡的想法（構成了列寧主張的基礎）對很多人來說純為無稽之談。

霍布森的理論與當時經濟學家奉為福音真理的概念相悖，當時一般相信儲蓄是好事，霍布森則認為有時候國家的儲蓄會多到過了頭。工人和資本家從生產產品當中賺得收入，可以今天就把錢花掉，也可以審慎處理、把錢存起來。所得平平的人把大部分的錢花在基本的食衣住行上，然而富有的人賺得太多，根本花不完。比領平均水準薪資的工人多五十倍收入的富人，基本生活花費不可能多花五十倍；這些人雖然可能會買些古董花瓶之類的，但最後他們還會剩下很多錢，於是就把錢存起來。霍布森和列寧說，在壟斷帝國主義之下，經濟體中有更多的所得會流入富裕且大權在握的少數金融家手中，這意味著存起來的國民所得比消費掉的更多。存起來的錢若花在新的機器與工廠上，將有利於生產更多產品。經濟學家把這種支出稱為「投資」：商人買進新的製香腸機器，他們所做的事叫投資，未來能生產更多香腸。（如果他們把香腸吃掉，則是消費而非投資。）

問題是，投資多了，願意或能夠購買製成產品的人卻沒這麼多。富人不買，因為他們的所得高，早就已經買夠他們想要的東西了，這也就是他們把多餘的錢存起來的理由。另一方面，工人沒有錢去多買東西，故而利用儲蓄興建的工廠能為業主創造的利潤愈來愈少。儲蓄愈多，能投入的優質投資標的就愈少，但外國還沒有發生儲蓄爆滿的情形，那裡有很多優質投資標的。為了讓儲蓄流入海外，帝國強權侵入外國，建立殖民地。歐洲資本家嗣後在殖民地興建工廠，把他們在本國賣不掉的產品賣給殖民地人民。入侵國的軍隊幫忙保護這些建在殖民地的外國工廠，不讓當地人民接管。十九、二十世紀之交英國和南非戰爭期間，霍布森擔任記者，他親眼見證這些事情發生。一八八〇年代中期南非發現黃金，一八九九年英國就和南非開戰。霍布森相信，這場戰爭的目的是讓資本家控制南非的金礦，成千上萬的男女老少死於這場戰爭，很多都命喪可怕的集中營。霍布森說，帝國主義的起因是貪婪，各個奉行帝國主義的國家用軍隊鎮壓當地人民，幫助資本家富上加富。當其他資本主義國家在尋找新市場時，會踩進彼此的領域，因此在十九世紀即將告終之際才會發生這麼多為了土地而起的爭端，幾年後更爆發第一次世界大戰。

• 勞動階級站起來，推翻資本家！

霍布森將超額儲蓄稱為帝國主義的「經濟主根」（economic taproot），是其最根本的經濟理由。這個概念有助於解釋一個疑問：資本主義為何未如馬克思預測，到最後走向崩解，理由在於，帝國主義的擴張為資本主義注入了新的生命。十九世紀時，很多人歡迎帝國主義，把這當成協助國家推展貿易的手段。霍布森的理論真正的意思是不是要說帝國主義是一件好事，因為這是投資儲蓄的重要管道？霍布森說不是。存款太多，是因為所得集中在少數人之手；解決方案是重新分配所得，而非派遣軍隊到國外。當所得分配比較平均時，國內即可消耗多餘的存款，這麼一來，就完全沒有理由去採行帝國主義。霍布森說，說到底，帝國主義只有利於一小群人：金融壟斷業者以及銀行。這無助於國家整體，國家必須花錢養軍隊，軍隊才能出去打仗占得新土地，之後還必須捍衛新土地。帝國主義還讓殖民地人民受罪，他們被迫要接受外國軍隊與政府的統治。

而列寧則認為，除了財富分配不公之外還有更深沉的問題。一九一六年，當千百萬勞動階級在戰場上彼此屠殺時，他出版了一本小冊子《帝國主義：資本主義的最高階段》（*Imperialism: The Highest Stage of Capitalism*）。馬克思對於資本主義和私有財制度剝削勞工備感憤怒，如今列寧又加入了另一個訴求點，認為資本主義和私有財使得戰爭無可避免。他的解決方案很激進：「將帝國主義戰爭變成內戰。」各國的勞動階級應該停止彼此爭鬥，轉而奮起推翻各自國內的資本家，唯有到那時，國與國之間的戰爭才能終了。

但歐洲的勞動階級並未掀起革命，反而是以滿滿的熱情參與戰爭。列寧說，帝國主義說明了其中的道理。企業透過壟斷力量與帝國主義賺得的高額利潤，代表他們可以支付高薪給工人，這些工人成為「勞動貴族」，接受資本主義與戰爭。他們樂見用薪資買來的家庭安穩，希望保有工作，根本不想發動革命。

• 資本主義並未滅亡

列寧和霍布森相信，帝國主義是資本主義即將滅亡的信號。但從現在往他們那個時代回頭看，這可差得遠了。即將進入二十世紀時，歐洲各個領先的經濟體紛紛成長，資本主義比過去更興盛。英國的資金湧入海外，並非因為資本家要逃離產品賣不出去、正在即將沉淪的英國經濟體，反而是因為此地蓬勃昌盛。新技術創造了財富，使得企業家得以投資全球。舉例來說，英國的鐵路成長創造出來的利潤，讓鐵路業的企業家有能力投資海外。還有，雖然戰爭和殖民主義確實和經濟息息相關，汲汲營營是為了貿易與原物料，但這也和其他渴望有關，比方說權力與地位。

二十世紀時，「帝國主義」一詞轉為貶義，是社會主義者用來指控腐敗資本家所作所為的代名詞。經濟學家通常樂於捍衛資本主義，因此，對他們來說，帝國主義也是一個髒字眼，不屬於可接受的詞彙。之後，有一群非傳統的經濟學家修正了這個想法，變成資本主義新理論的一部分（請參見第二十六章）。

在第一次世界大戰開戰幾年後，列寧以偽裝的身分潛回俄羅斯，領導了一場革命，建立了全世界第一個以馬克思想法為靈感的共產國家。新國家名為蘇維埃聯邦，是世界上最大的國家，並自稱為帝國主義的頭號敵人。在二十世紀稍後，亞非等地的被殖民人民群起，反抗帝國主義的統治。他們籌畫起義與叛變，最後奪回國家的政治控制權。這些國家被稱為「開發中」國家，因為他們仍處於發展經濟的早期階段（請參見第二十二章）。隨著重新拿回控制權，他們也試著建立有益於本國人民而非外國資本家的經濟體。

· 14 ·

製造噪音的喇叭手

福利經濟學

第二次世界大戰爆發不久後，某天夜晚，劍橋大學國王學院（King's College, Cambridge）有一群教授擠進防空洞以防德軍轟炸。黎明時他們收到消息得知一切平安，於是從防空洞裡出來，人是安全了，但疲憊不堪，睡眼惺忪。他們很驚訝地發現，在眼前的草皮上有一位同僚獨坐在折疊躺椅上，毫不在意危險，埋頭看報紙。此人是英國的經濟學家亞瑟・賽斯爾・庇古（Arthur Cecil Pigou，一八七七到一九五九年）。他是一位非常古怪的教授，去哪裡都穿著邋遢、老舊的西裝，把全副心思放在思考上。庇古的老師是維多利亞時代偉大的經濟學家阿佛瑞德・馬歇爾——現代的經濟學家仍在運用他提出的某些市場相關基本理論。馬歇爾稱他這位學生是天才。

庇古將老師發展出來的理論繼續往前推，特別是，他證明市場並非永遠運作順暢。多數經濟學家，即便是最大力支持資本主義的那些人，都相信市場會失靈，這是指有時候市場並未以最好的方式善用經濟資源。「失靈」（fail）不必然代表經濟體出現重大災難或危機。有時候，特定市場（比方說魚貨市場或汽油市場）會在整個經濟體並未崩潰的情況下失靈。庇古詳細說明前述這段話是什麼意思，如此一來，他也開拓了名為「福利經濟學」（welfare economics）的經濟學新領域。福利經濟學檢驗所有決策為社會帶來的整體福利，包括人們所做的購買、出售與工作決定，以及企業所做的生產與雇用決定。這是「規範經濟學」的一部分，這一派的經濟學讓你去判斷經濟情境，在這裡，看的是市場運作狀況的好壞。

庇古主張，在市場體制之下，常會導引人們做出有利於己、但對其他人造成有害副作用的選擇。

想要了解他這番話的意思，讓我們假設你的鄰居拿起了小喇叭吹奏。你不喜歡他製造出來的噪音，在他連續吹了好幾個鐘頭以後尤其難以忍受。你鄰居的閒暇愛好有一種非故意的副作用，他的演奏讓你覺得很討厭。我們應該如何平衡鄰居的喜好與你的厭煩？下判斷時，我們想的是對整體社會最好的方式是什麼，而不是考慮單一個人。以我們的簡單範例來說，「整體社會」代表你和你的鄰居，要找到最好的方式。如果只是暫時，你不太在乎噪音，演奏的益處（鄰居的享受）要大於成本（你感到的中等程度厭煩）。因此，對於整體社會來說，最好的方式就是讓你的鄰居繼續演奏。但在三個小時之後，小喇叭的聲音開始讓你覺得要瘋掉了。假設到了第三個小時，鄰居練習小喇叭的聲音導致你的不悅，已經超越他從中得到的享受，從整體社會的觀點來看，他最好是在兩個小時之後就把小喇叭收起來。問題是，他通常還會繼續吹下去，因為，在決定要練習多久的時候，他只權衡直接影響到他的成本與益處（他的「私人」成本與益處）。他要考慮的是他從演奏中得到的樂趣，以及他連續吹奏幾小時後嘴唇痠痛的程度。他忽略了更廣泛的成本（也就是「社會」成本）：他害你犯頭痛。

・私人生產成本與社會成本

市場裡無時無刻都有這類問題。由於市場裡所有成本和效益都以金錢衡量，所以我們更可以精準檢視。比方說，且讓我們思考一下油漆工廠以及鄰近漁場的利潤。油漆工廠生產的油漆數量，是要讓工廠能創造最大利益，他們要平衡的是生產油漆的成本與他們可以賣出的油漆數量。假設生產油漆會產生一種化學副產品，這種產品對於工廠無利可圖，工廠直接丟棄這種副產品，排入附近的河道中。漁場位在較下游處，當化學物質排入河道，有些魚就會死亡，這麼一來就拉低漁場的利潤。這就是製造噪音的小喇叭手害鄰人頭痛的油漆工廠版。當油漆工廠生產大量的油漆，就會排放大量的化學物質到河裡面，許多魚兒因此死亡，漁場損失慘重。在某個時候，工廠多生產幾罐油漆導致漁場損失的利潤，會超過油漆工廠生產銷售這些油漆的收入。若從整體社會的角度出發來思考，不要生產這麼多油漆會好一點。但就像小喇叭手的情況一樣，工廠只看自身的私人生產成本，這些都是直接的影響，比方說生產油漆必須用到的顏料價格。他們忽略掉的，是更廣泛的社會成本，也就是化學廢棄物對漁場造成的影響。從整體社會觀點來看，市場機制導致生產出「過多」的油漆。

然而，有時候這類無意的副作用也可能是有益的。假設包裝公司發明新型塑膠，可以壓低食物容器的成本，讓公司從中獲利，但使用這項知識製造出更廉價儀表板的汽車製造商也可受惠。包裝公司的研究創造出新型塑膠，對整體社會的益處可能遠高於該公司賺得的額外利潤。但在決定要花多少研發費用時，公司不會考量更廣泛的社會利益，也就是對其他公司的正面影響。因此，公司的研發支出遠低於對整體社會最有益的水準。這裡的問題和油漆工廠導致的問題剛好相反，現在，市場機制導致對社會有益的事物「過少」。

經濟學家將油漆工廠的汙染與包裝工廠的研發成果稱為「外部性」（externality），因為這些事物會對其他人或企業造成外來影響，而非影響創造出這些事物的當事者。庇古證明，當「社會」效果（對每個人造成的整體效果）和「私人」效果（僅影響製造出外部性的當事人）有差異時，就會發生市場失靈。人們會支付轉換成貨幣價值的私人成本與效益：油漆工廠付錢買顏料，他們的客戶則付錢買油漆。當私人成本效益沒有其他影響時，市場運作順暢，此時社會與私人是一樣的，人們支付的金額當中已經內含所有社會衝擊。若出現外部性，私人成本與效益就沒有包含所有的社會影響。人們支付的金額當中不會算到外部性，比方說工廠產生的汙染。在以上我們所舉的這些案例中，私人影響都有別於社會影響，也因此，我們才說油漆工廠生產了「過多」的油漆。工廠沒有支付汙染的成本，因此，最終的油漆產量高於對整體社會最有益的水準。包裝工廠得到的經濟收益，不足以涵蓋研究成果的整體影響，因此研發程度會低於最佳水準。

・不付費就能享用的「公共財」

以人們不付錢卻享用的產品來說，最極端的範例是經濟學家口中的「公共財」（public goods），街燈就是一個例子。我利用路燈光線辨別方位，這不會影響到你用路燈的光照亮去向，我使用路燈不會排擠你從中獲得的利益。這一點和大多數的產品並不相同：如果我吃掉某個三明治，你就沒得吃了，只要我不給你，你就無法消費這個三明治。那麼，你幹嘛要分擔路燈的成本？你可以說，你根本不在乎有沒有裝路燈，但不介意有人付錢裝路燈時也順便享受明亮的街道。倘若每個人都抱持這種論點，最後就會變成所有人都在黑暗的街道上跌跌撞撞。經濟學家稱這種行為叫「搭便車」（free-riding），可套用到許多重要的產品與服務上。舉例來說，你又何必分攤供養保家衛國軍隊的成本？只要有軍隊捍衛邊境，任何人都可以受益。如果某種產品容許搭便車的行為，那麼，市場的供給量就有可能太少，更有甚者，根本就沒有供給。

因此，當有人製造出外部性或想要公共財時，亞當．斯密的「看不見的手」就出錯了，此時市場無法以最佳的方式運用社會的資源：會產生負面效益的產品產量過高，產生正面效益的產品產量不足。庇古說，此時，政府就需要推市場一把，往正確的方向進行，應鼓勵「正面」的外部性、遏止「負面」的外部性。

舉例來說，由政府付錢給企業從事研發（稱為「補貼」），可以鼓勵包裝公司開發更多有用的技術，勝過沒有補貼時的水準。政府可以對油漆工廠徵稅，促成工廠減產，達到對整體社會最佳的水準。在庇古寫作之時，政府對各式各樣的貨物課稅，其中包括酒精和汽油，這兩種都會對消費者本身以外的人造成影響。（喝醉會干擾清醒的人，開車的人會磨耗我們共有的道路。）

至於公共財，則需要更強力的行動。政府可能必須徵稅，之後再用於提供公共財。路燈和軍隊幾乎都是由政府提供，其中的道理就在這裡。從經濟論據上來說，政府必須存在的主要理由之一，就是少了政府就沒有公共財。

・政府的反托拉斯手段

到了庇古寫作的時代，經濟學家也了解，當市場僅被少數或單一企業（這就叫壟斷）主導時，市場也會失靈。二十世紀之初，一家超大型企業「標準石油公司」（Standard Oil）幾乎控制整個美國石油市場，而「美國鋼鐵公司」（United States Steel Corporation）則控制大部分鋼鐵。由於壟斷者沒有競爭對手，因此可以自行選擇產品定價：這種廠商擁有「市場力量」。壟斷者多半會把價格推高以拉高利潤；價格愈高，代表消費者購買的數量就少了，企業的產量也隨之減少。這樣有損整體社會，因為消費者渴望更多且更便宜的產品，但壟斷者僅根據自己的利潤決定生產量。當有更多企業構成競爭市場時，產品的產量會提高，而且以更低的價格販售。經濟學家認為競爭市場對社會而言優於壟斷，便是基於這個理由。

政府的「反托拉斯」（antitrust）政策是禁止壟斷或將大型壟斷者分拆成小型企業，藉此設法讓市場更具競爭性。二十世紀之初，美國政府便把標準石油公司拆分成十幾家不同企業。時至今日，各國政府仍擔心壟斷的經濟影響。二十世紀末，有法院發現微軟（Microsoft）試圖讓自己成為壟斷方，為了促進競爭，法院針對微軟如何銷售產品發出限制令。

庇古的研究有一段時間乏人問津。他寫作之時（一九二〇、三〇年代）有一場激辯風起雲湧，討論資本主義還是共產主義才是最好的經濟制度（請參見第十六章）。庇古談的是規模比較小的問題，和個別市場的運作有關。但在二次大戰後，至少對經濟學家來說，前述的大哉問大致底定，他們很多都相信資本主義是最好的系統，惟需要有強力的政府行動以保健全。庇古的研究指出，可以使用某些政策來強化特定市場的運作，比方說油漆市場、魚貨市場、石油市場等等。到了現代，經濟學家仍使用這些理論，來思考政府要如何使用徵稅和補貼，以利更有效運用社會的資源。

· 15 ·

可口可樂還是百事可樂？

不完全競爭經濟學

假設你覺得口渴，走進超市想買一瓶飲料，你發現裡面有各式各樣的選擇。如果你喜歡氣泡飲料，裡面可能有可口可樂（Coke）、百事可樂（Pepsi）、芬達（Fanta）、七喜（7Up）以及其他幾十種品牌，在你面前的貨架上一字排開。如果你想要買包洋芋片或是需要一管新牙膏，情形也相同。之前我們提過英國經濟學家馬歇爾，他琢磨出完整的供需理論。我們也檢視了大分類產品的供需狀況，比方說帽子、麵包和煤炭。當經濟體不斷進步，也開始針對基本產品生產各種不同的次分類：不同風格的帽子，不同類型的麵包，十幾種不同品牌的洗手乳。二十世紀初，企業愈來愈成熟，開發出各式新產品以滿足消費者的需求。經濟學家的市場和企業理論也需要與時俱進，以符合新現實。

一九三〇年代又有了新進展，源出於讓人意想不到的源頭，幕後的推手是一位劍橋大學教授的妻子，名為瓊安．羅蘋森（Joan Robinson，一九〇三到一九八三年）。身為女性的她，可算是經濟學世界的圈外人。一九二〇年代時她在劍橋大學求學，當時劍橋不授予女性學位，就算她們通過考試亦然。為了有機會突圍闖入經濟學領域，她必須提出讓別人挺直身子、豎起耳朵的想法。她出第一本書《不完全競爭經濟學》（*The Economics of Imperfect Competition*）時就辦到了，這本書針對企業的行為提出了新解釋。在一場花園派對上，馬歇爾的遺孀過來恭賀羅蘋森出書，她對羅蘋森說，她會樂於告訴馬歇爾（他九年前已經過世）他錯了，因為他曾說女性無法對經濟學做出任何突破性的貢獻，羅蘋森的書證明了她們做得到。

羅蘋森出版此書的時間，和另一本也探討相似主題的著作《壟斷性競爭理論》（*The Theory of*

Monopolistic Competition）相距短短幾個月，後者的作者是美國經濟學家愛德華・張伯林（Edward Chamberlin，一八九九到一九六七年）。這兩本書激起兩邊劍橋代表人物的對立，代表英國劍橋的是羅蘋森，代表美國麻州劍橋的則是張伯林（哈佛大學就位在麻州劍橋市）。張伯林將大部分的事業生涯都花在堅持他的理論和羅蘋森不同，但實際上兩人的想法極其相似，兩人都檢視同是基本產品、但有多種不同類型的市場。

・結合了壟斷與競爭的灰色地帶

在羅蘋森和張伯林的時代，經濟學家想的都是我們之前談過的完全競爭理論。這套理論的起點，是市場裡有很多買方和企業，每一家企業都銷售同樣的產品，他們彼此競爭，與整體市場相比之下，每一家的規模都很小。企業想要追求最高利潤，但是他們沒有辦法提高價格。如果哪一家企業試著抬價，原本的顧客全都會跑到別家公司去。工業革命之初，企業規模通常很小，多半都由家族經營，並且只有一個人負責管理。然而，隨著企業日趨成熟精密，這個世界也愈來愈不像完全競爭模式所描述的那樣。

用來替代完全競爭理論的選項是壟斷理論，這兩者恰恰相反，壟斷理論檢視市場在僅有單一企業供給產品時如何運作。但是壟斷理論又極端過頭了，因為現實中很難找到純粹的壟斷，比方說，番茄醫市場裡很難會只有一家企業包辦全部生產活動，完全沒有任何其他企業要與之競爭。實務上，市場並不是非黑即白。羅蘋森和張柏林試著把現實中的灰色陰影帶入經濟學中。在比較類似真實場景的環境下，企業會如何運作？

他們的概念結合了壟斷和競爭。如果你在一九三〇年代走進一家藥房，你會看到各種不同品牌的肥皂，一如今日。每一種品牌清潔肌膚的功效都和他種一樣好，但每一種都有細微差異。梨牌（Pears）香皂是透明的，佳霜帝王皂（Cussons Imperial Leather）則加入了俄國宮廷的香氣，寶僑（Proctor and Gamble）的象牙皂（Ivory Soap）廣告標語是「會浮起來喔！」（It Floats!），藉此告訴消費者這款產品不同於其他肥皂的特色所在（這很有用，你不用在浴缸裡到處撈肥皂在哪裡）。寶僑是漂浮象牙皂的壟斷商，佳霜則壟斷了氣味香甜的帝王皂。佳霜就算提高價格，也不會像完全競爭市場裡的廠商一樣失去所有顧客。帝王皂的買家喜歡這種產品勝於他牌，因此，就算佳霜賣稍微貴一點，他們也不一定就不買了。

但佳霜並非所有類型肥皂的壟斷商，假設這家公司大幅抬價，原本的消費者可能就會決定不買帝王皂，而改買梨牌了。銷售其他類型肥皂的企業可以發揮競爭對手的作用，阻止佳霜成為純粹的壟斷者。而且，一如完全競爭市場，市場裡也會有新廠商開業，與現有企業相競爭，從而壓低價格。

張柏林說，廣告可以幫助企業區隔自家產品，在競爭對手公司銷售的類似產品當中獨樹一格。有時候，廣告根本也懶得告知消費者待售商品的實際特色是什麼。一九二〇年代，美國企業惠特曼

（Whitman's）替旗下的巧克力做廣告，完全沒有提到口味，反而是描繪一位高爾夫球手和幾位時尚女子正在分享一盒巧克力，旁邊還有一輛閃閃發亮的新車。這支廣告將惠特曼牌的巧克力和時髦生活風格連在一起，把產品變成大家想要的東西。現代的香水或汽車廣告也一樣，廣告很少告訴你香水的氣味或是汽車的耐用性。藉由營造「品牌形象」，廣告讓企業的產品在買方的眼中不同於競爭對手的其他產品。透過這樣的差異化，企業在面對類似品牌競爭的同時，可以贏得少許的壟斷力量。

羅蘋森和張柏林的理論稱為「壟斷性競爭」（monopolistic competition），因為當中結合了競爭和壟斷。它還有另外一個名稱「不完全競爭」；所謂「不完全」，是指企業之間雖有競爭，但激烈程度遠遠不如完全競爭產業。

經濟學家常說，競爭市場善用了社會資源，因為這些市場以低價提供人們想要的產品，但壟斷則不然，因為壟斷商索取的價格高、生產的產量少。他們提出的立論非黑即白，但羅蘋森和張柏林提出的概念則比較屬於灰色地帶，要評估也比較麻煩。一方面，消費者在壟斷性競爭產業裡提供的多種品牌中衡量：比方說，他們樂於能從可口可樂、百事可樂以及軟性飲料廠商提供的其他飲料中選擇。另一方面，這些產業擠滿了不同公司，想藉由推出新品牌把競爭對手的顧客引誘過來　我們真的需要另一種香水，差別只在於它比競爭對手用了稍微時髦的瓶子裝，並透過昂貴的廣告活動銷售？有人可能會說不需要，從這一點來看，壟斷性競爭產業並未以最佳的方式善用社會資源。

・顛覆傳統經濟學的激進觀點

後來，羅蘋森開始批評起孕育她成長的傳統經濟學。她說：「研究經濟學的目的在於……學習如何避免被經濟學家欺騙。」她痛恨仰賴複雜數學以了解經濟理論邏輯的趨勢，這一點在美國經濟學家身上尤其明顯。她更說了：「由於我從未研究過數學，所以我必須思考。」（她處在失勢的這一邊：如今，運用高等數學已是經濟學的常態了。）

她熱愛提出奇怪的問題，有時候把早已為人熟知的概念完全改頭換面。比方說，除了壟斷性競爭這個主題之外，她也很想知道如果反轉壟斷理論會怎樣；壟斷理論討論的情況，是整個市場裡只有一家企業從事銷售，如果把這套理論套在產品的買方而非賣方身上，那會怎麼樣？「獨買者」（monopsonist）一詞，是用來指稱購買產品的壟斷方。比方說，把當地漁夫的漁獲完全掃光的餐廳，就是漁獲的獨買者。假設某個小鎮隔壁有一家地毯倉儲公司，是這個地區唯一一家雇主，所以，在購買勞力、也就是聘用工人時享有壟斷力量。由於倉儲公司是勞動力的獨買者，因此可以控制薪資水準以強化自身優勢，在這裡，他們的做法就是壓低薪資。標準經濟學裡有一項重要原則，那就是勞工可以賺得的薪資要等於他們為生產增添的效益，但由於工廠具備獨買地位，得以支付低於此水準的薪資。這裡就呼應了馬克思——馬克思曾說過，雇主剝削了勞工。（但馬克思提出的理由不同：剝削是來自於資本家延長工時，並驅使工人更辛苦工作。）羅蘋森運用傳統的經濟學方法，得出的結論卻讓傳統經濟學家覺得離經叛道。她用這一點來主張要運用某些措施拉高薪資，比方說設定最低工資以及成立強大的勞工組織（工會），迫使雇主提高薪資水準。有很多經濟學家對這種事深表憂慮，擔心這些措施會妨礙市場運作。

年紀漸長的羅蘋森更不拘於傳統，她讚揚共產國家——一位在馬歇爾理論中成長的經濟學家不太可能展現這樣的立場，馬歇爾的理論談的都是資本主義、市場與利潤的益處。一九七五年是國際婦女年（International Women's Year），當年《商業週刊》（*Business Week*）預測她將贏得諾貝爾經濟學獎。但她終究沒戴上桂冠，可能是因為她的激進觀點嚇到了評審。（後來終於有女性獲獎，但要等到二〇〇九年了。）

在羅蘋森與張柏林之後，經濟學家忙著從事「寡占」（oligopoly）的相關研究，這是指由一小群大企業提供服務的市場。到了二十世紀初，大企業控制了整個市場，舉例來說，德國的重工業就由五家公司瓜分天下，其中一家叫克虜伯公司（Krupp），擁有煤礦、鐵業和鋼鐵廠，聘用成千上萬的員工，一次世界大戰期間更為德國軍隊提供軍備。英國的帝國菸草公司（Imperial Tobacco）是另一個範例，由十三家小型公司整併而成。像克虜伯和帝國菸草這類公司並不符合完全競爭或壟斷模型，但也不適用於羅蘋森的理論。這類大企業追求利潤時並不像壟斷性競爭下的企業那樣，僅推出彼此密切競爭的產品線，有時候他們會建立公司公會，然後一起合作彼此瓜分市場，以提高利潤。有時候他們會在「價格戰」中攻擊對方，砍價逼迫對方退出市場。羅蘋森的理論並沒有觸及這類戰略。

針對極端案例提出理論會比較容易，比方說有很多一模一樣企業的完全競爭，或是只有一家的壟斷。中間的情況就比較複雜了。一個市場要成為完全競爭或是壟斷，只有一種方式，但是介於兩者之間的（也就是不完全競爭）可就五花八門了，因此很難找到一套可以涵蓋所有可能性的理論。如今，經濟學家使用的是「賽局理論」（game theory）這個領域，這套方法讓他們得以檢驗諸多不同情況下的企業行為。我們在第二十章中將會看到，賽局理論研究的是一方的行為確實會影響他人結果的各種情境，這對於研究寡占行為特別有用。現在的經濟學家隨時都在檢視企業之間為了分出勝負、爭取市場主導地位而發生的各種複雜互動。

· 16 ·

有計畫的人

蘇聯的經濟問題

在共產蘇聯時代，有一家製造開挖機具的工廠不再把機器送到急需使用這些工具的煤礦場。有一位督察員去訪視工廠，他很困惑地發現到處都是只做到一半的半成品。工廠廠長解釋，他已經接獲命令，要用紅色亮光漆為這些機器上色，但問題是工廠倉庫裡僅有綠色亮光漆，如果他交出的機器顏色不對，他會被送入監牢。因此他對自己說，把尚未完工的機器放著，也好過承擔風險。督察發電報給他的部門，請求許可讓工廠把機器漆成綠色。這些機器終於能上漆、拋光然後運送出去，礦場也得以再度開工。

那是一九三〇年代，當時，蘇聯正在從事歷史上最大型的經濟實驗。這裡成立了一個馬克思期待的共產社會，和資本主義制度截然不同。開礦機器的故事算是匆匆一瞥，讓我們看到正常的經濟學規則如何被翻轉。對於英國或美國的工廠廠長來說，就連用哪種油漆顏色這種小事也要聽從政府指引的這個想法，看起來就有悖常理。如果他們想要，英國的工廠大可把機器漆上粉紅點點，他們也會仔細拋光，就好像已經認定客戶會向他們買機器。如果客戶到頭來不喜歡粉紅點點，他們會得到的懲罰是退出市場，而不是鋃鐺入獄。

蘇聯政府負責經濟決策，鉅細靡遺：要做什麼、要怎麼做以及誰做什麼。政府提出計畫，告訴工廠要生產多少牽引機、多少雙鞋子以及尺寸各為多少。這種運用資源的決策方法稱為「中央計畫」（central planning），工廠看的不是市場需要什麼，而是遵循政府的命令。老百姓也要受計畫約束。如果你想要找個新的居住地方，你必須向政府申請。不管是麵包或肥皂，你都要去政府開設的商店購買，在這裡，價格由官員制定，而不是靠市場的供需作用。

另一項和資本主義的差異，是決定人民所得的機制。在資本主義體制下，如果你很努力，而且真正擅長做你所從事的工作，就能賺很多錢。你賺到的錢可能高於所需，因此你可以享受、揮霍。在共產主義制度下就不一樣了。無論生產力高低，每個人都得到政府發給的相同所得；他們得到「生活所需」，而不是自己創造的收入。你是否比別人強壯或聰明因而產出水準比別人高，這一點也不重要，你賺的錢還是跟別人一樣。

• 共產主義創造出錯誤的誘因

蘇聯的領導者承諾，共產主義將會創造極豐富的物質生活。這套系統比邪惡的資本主義更理性、更符合人性，共產主義者痛恨資本主義，因為後者是讓資本家老闆踩著勞工致富。俄羅斯有一則民間故事說到一張神奇的桌布，只要攤開這張桌布，就會變出一桌美食。蘇聯政府的五年計畫意在實現這則傳說，但是並未做到。食物、電力與石油常常無法達成生產目標，人們必須在酷寒天氣中排一整天的隊買食物。一家工廠牆上被畫滿了塗鴉，寫著：「請用空腹迎接五年計畫」。一九三〇年代初期，在五年計畫即將結束之際，有數百萬人挨餓。

為何蘇聯經濟出現這麼嚴重的問題？很可能是因為共產主義系統本身有錯誤。在共產制度之下，人的所得並未和他所做的事連動，因為他們都由政府發給同額所得，那麼誰會想去清理豬圈？誰會想要去做讓手痠或頭痛的工作？事實上，應該說，為什麼會有人想去工作？共產主義無法運作，因為它創造出錯誤的誘因，因此後面的論證也錯了。共產主義的捍衛者不同意，他們說共產主義會讓人展現不同於在資本主義制度下的行為：在共產社會中，人會變得服從且不自私，他們會全心投入、認真工作，這麼做不是為了自己，而是為了整個國家。

路德維希・馮・米塞斯（Ludwig von Mises，一八八一到一九七三年）在這場辯證中丟下一顆手榴彈。米塞斯是猶太人，他是一流的奧地利經濟學家，一九四〇年時，因為納粹的影響力漸大而深受困擾，移居美國。一九二〇年他發表了一篇文章，名為〈社會主義共和國之經濟計算〉（Economic Calculation in the Socialist Commonwealth）。他所說的「經濟計算」，指的是經濟學上的一個基本問題：如何算出誰應該得到什麼。至於「社會主義共和國」，則是指社會主義制度下的社會，與蘇聯非常相似。社會主義的意涵可以不同於共產主義，但這個詞有時也用來指稱共產主義，重點是，這樣的經濟體不像資本主義制度下的經濟體，不再由私人利潤規範，而且通常會涉及某種類型的中央計畫。共產主義是比較純粹的中央計畫形式，所有財產都由公社所有，不再屬於私人。

米塞斯的論文主旨在於討論以中央計畫取代市場是否行得通，而不論是在社會主義之下還是在純粹的共產主義社會裡。他的論證暗指無論人是否自私，這個問題不重要，他相信，就算每一個人在收到政府命令之後都樂於收取微薄報酬清理全國的廁所，像蘇聯這種共產主義經濟體也注定要失敗。

・工作量超載的中央計畫經濟

請想一想，就算是一個最小型的國家，每天要做的經濟決策可以說是多到讓人頭昏眼花。要銷售的產品有成千上萬種，不同的工作要制定不同的薪資，有新公司成立，做不起來的企業則要倒閉。僅有漂流到荒島上的魯賓遜才會覺得事情很簡單。他知道自己愛吃魚更勝過豬肉，因此他會努力去計算下午的時間應該花在修理定置網比較好，還是磨尖魚叉。當另一個名叫「星期五」的人出現，情況就麻煩多了，因為要考慮到第二個人的渴望。而在一個人口以百萬計的國家，問題可大了。

在資本主義體制下，安排人們滿足渴望的機制是價格。如果人們突然想要更多咕咕鐘，那咕咕鐘的價格就會往上飆。這鼓勵製作咕咕鐘的商家提高產量，而在高價的吸引之下，長期下來，連家具製造商都會跳進來生產咕咕鐘，價格將回落。消費者想要咕咕鐘的渴望得到了滿足，市場也導引原物料投入最佳用途。買進木料時，咕咕鐘製造商就剝奪了其他潛在使用者的使用，比方說椅子製造商。這是因為咕咕鐘製造商從木料當中能賺到更多錢，因此他們願意支付更多錢取得原料。因此，價格將資源配置到獲利能力最佳的用途上，生產人們最想要的產品。

在中央計畫之下，這一切都要由政府負責。在蘇聯，許多決策都要靠最上位的人決定，那就是喬瑟夫・史達林（Joseph Stalin）。他時時刻刻都在開會，發出命令。很多決策是多數國家領導者必須面對的工作，比方說設立新的政府部門以及和外國政府簽署合約。（由於史達林是殘忍的獨裁者，他下的命令也常常是為了處分讓他不悅的人。）但他也要決定經濟體中的很多細節：新橋梁是一線道還是兩線道，莫斯科應該在哪個地區種植蔬菜。他和官員開會時要討論的事項成千上百，也難怪他在壓力之下大爆發，對著官員咆哮：「你們要我簽的文件已經堆到我的胸口了！」

然而，米塞斯看到的問題，還不只是資訊超載而已。在市場經濟下，價格顯示木料的最佳用途在哪裡，沒有價格，就無法適切決定如何使用木料，或是要生產多少雙鞋子或多少條麵包，也沒有好方法可以決定人們應該花多少錢買麵包或肥皂，完全就是沒有標準可循。政府自訂的價格，從來無法順利運作。麵包和肥皂的價格常常訂得太低，導致人們想買的量超過產量。正因如此，店門外才會有長長的隊伍。所以，米塞斯表示，史達林針對價格和產量所下的命令都是「在黑暗中摸索」。米塞斯說，「史達林主義代表了理性經濟體的滅亡」。蘇聯經濟問題的原因，在於社會主義體系本身並不理性。

・資本主義是唯一的理性經濟制度

米塞斯的論文是助燃劑，更加助長「資本主義與共產主義孰優孰劣」這場早已白熱化的辯證：如果共產主義不理性，那必定要由資本主義勝出。隨著共產主義到一九五〇年代時統治了全球三分之一的人口，這個問題愈發急迫。即便問題重重，蘇聯仍有大幅進展，新城市如雨後春筍般冒出來，整個國家也快速工業化。很多思想家（其中包括為數不少的經濟學家）認同共產主義的目標：創造不剝削工人的平等社會。他們認為，共產主義是資本主義的進步，蘇聯經濟將會超越美國，只是時間早晚而已。

共產主義支持者認為，由於經濟體極為複雜，讓市場決定一切實不明智。抱持這種想法的其中一人是波蘭的經濟學家奧斯卡・蘭格（Oskar Lange），他在二次大戰後成為共產波蘭的第一位駐波士頓大使。另外還有一位阿巴・勒納（Abba Lerner，一九〇三到一九八二年），他是一名猶太移民，從東歐遷往英國，十幾歲時曾在倫敦貧窮的東區擔任裁縫，後來成為希伯來文教師與排字工人。他的印刷廠在一九三〇年代大蕭條（Great Depression）時倒閉，當時歐美各國的經濟體狀況極糟。為了找出原因，他去上夜校攻讀經濟學，最後在倫敦政經學院（London School of Economics）完成學業並在此任教。

蘭格和勒納不同意米塞斯認為社會主義不理性的說法。他們認同他說經濟體需要價格作為衡量指標，但他們認為中央規劃者可以制定自己的指標，並以理性的方式妥善管理經濟體。規劃者要做的事，就是解決一個數學問題。你可以把供需想成一條等式，當鞋子的供給等於需求時，價格就會來到正確的水準。經濟體裡有成千上萬個彼此互動的市場。十九世紀時，法國經濟學家里昂・瓦拉斯（Léon Walras）檢視所有市場，每一個市場都用一條顯示處於均衡的等式代表。瓦拉斯以及後繼者證明各個市場可以同時達成均衡。（我們在第二十五章中會看到他們是怎麼辦到的。）而且，他們也找到了讓市場導引經濟體的資源投入最佳用途的條件。

蘭格和勒納說，何不解出瓦拉斯的各條等式就好了？得出的解決方案將會讓中央規劃者知道價格，讓他們能以理性的方式善用資源。因此，在他們的社會主義制度下會有理性的價格，但又不是來自於市場，而中央規劃者就能在市場的基礎上繼續改進；如果不這麼做，那社會主義又有何意義？中央規劃者可以計算出最好的價格，然後這邊調調、那邊調調，好讓整個經濟體比在資本主義制度下更加公平。

米塞斯認為，這是不可能的任務。就像大富翁遊戲一般，官員坐在辦公室扶手椅上算出的價格，永遠都不切實際。當人們知道自己的錢很重要時，市場才會運作。具有實質意義的價格來自商人努力要賺得利潤的行動，而不是來自玩弄等式的經濟學家。因此，米塞斯說，資本主義是唯一的理性經濟制度。

· 17 ·

亮出你的財富

有閒階級與炫耀性消費

在美國威斯康辛州一處小農場，一個小男孩長大後成為美國有史以來孕育出最為非傳統的經濟學思想家，也是想法最接近馬克思的美國經濟學家。托斯丹・范伯倫（Thorstein Veblen，一八五七到一九二九年）和馬克思不同，他並沒有引來一群革命同志；而他和馬克思一樣，同樣也是局外人。范伯倫在美國這個瞬息萬變社會是批評觀察家，他發現，自己生活在這裡，但又無法完全融入。馬克思是德國籍的猶太後裔，他在維多利亞時代的倫敦觀察工業革命的進展，他寫的文章，就像是對著有錢人家豪宅投擲的火球。范伯倫出身於一個由挪威裔農民組成的小社區，和他所見身邊俗艷的美國文化大不相同，他在研究中嘲弄美國有權有勢者的浮華。

范伯倫成長於美國工業化時期，一八六五年南北戰爭結束，之後美國的工業化開始起飛。廣大的平原上有新鐵道縱橫阡陌，工廠裡不斷產出鋼鐵、木材和靴子。豐富的煤、石油和大片土地，再加上龐大的消費市場，以及從一船一船走下、前來淘金的數百萬移民提供的勞動力，在在促長了美國經濟。到十九世紀末，美國經濟已經從英國手上奪下冠軍寶座。

美國最初是由新移民組成的國家，處處都是小農場、小企業，和歐洲的舊社會大不相同。歐洲劃分成貴族、富有工業家以及一般貧苦大眾等階級。然而隨著美國工業繁榮起來，小公司也成長為大企業，企業主的財富也隨之大增。財富大幅提高一些人的生活水準，令一般美國人遙不可及。作家馬克・吐溫（Mark Twain）說這是「鍍金時代」（Gilded Age）：新財富散發著黃金的光澤，但這只是表面，深入內部，美國是一個浪費且無良的社會。

范伯倫以嘲弄的眼光來看美國社會，從小他就特意要打破傳統，讓人不安。小時候他曾在一場爭吵中射殺鄰人的狗，並在鄰人的圍籬上塗寫侮辱字眼——而且是寫希臘文。大學時，他發表一篇題為「為同類相食行為請願」（A Plea for Cannibalism）的演說，嚇壞一群備受尊敬的師長 在耶魯大學取得博士學位之後，他反而回到父母的農場，做了好幾年的體力活，讀遍各種語言寫的書，涵蓋領域從生物學到古代神話。廣泛的閱讀涵養出他從中年前期開始大量發表的非主流寫作內容。他在許多臨時湊合的家裡寫作，其中一處是一位朋友家中的地下室，他還得從窗戶爬進去。在那裡，夜晚時分，他便用自製的筆蘸著藍紫色的墨水寫書。

・消費未必是理性的行為

傳統經濟學理論絕少談到美國新富階級的崛起。說起來，經濟學的經濟體裡會有的都是「理性經濟人」，這些理性的人能精準權衡任何經濟決策的成本與效益，之後據以行動。理性的人永遠追求最大效用（或者說福祉），如果這表示他們要用財富去購買金錶和大理石雕像，那就這樣吧。

在他知名的著作《有閒階級論》（*The Theory of the Leisure Class*）裡，范伯倫就傳統對於經濟行為的思維提出反論。理性經濟人慣於權衡自己對於各種事物的欲望，之後買下他們想要的。但他們的渴望從何而來？渴望來自這個人的過去與文化，這是多數經濟學理論都不討論的領域。范伯倫認為，人們並非透過理性計算來決定要買什麼、要怎麼花錢。要真正理解人的選擇，你必須檢視他們的直覺和習慣，而這些都是由他們成長的社會塑造而成。

表面上，資本主義看來和古代部落人民社會的祈雨舞、奉獻神祇的牲禮祭祀以及給予鄰近村莊的貝殼禮物毫不相干。資本主義社會裡的理性人從事的是買賣逐利等活動。但范伯倫說，事實上如果你貼近檢視，將會看到原始習俗活生生出現在現代經濟體裡。我們會買東西，並不是像一個完全理性的人純粹是為了滿足本身的渴望，而是為了要獲得別人的認可。想一想你上一次買的T恤，就算你是因為喜歡才買，但你難道沒有想過這是你的朋友們也會喜歡的選擇嗎？你會選一件你喜歡、但你知道朋友們會嘲笑你的衣服嗎？

早期社會人們要得到他人的認可，辦法是擁有不用工作的權力。從歷史上來看，到了某個時間點以後，人們愈來愈善於農耕和製作產品，就有了剩餘。有了剩餘，才能讓不用工作的祭司、國王和戰士能夠生存下去。他們擁有的寶物，比方說銀製高腳杯、精巧頭飾和鑲嵌寶石的劍，為他們帶來榮耀。從事普通的工作被視為有失尊嚴。范伯倫告訴我們，某些玻里尼西亞的酋長很習慣由僕人替他們打理一切，他們寧願挨餓，也不想讓別人看到他們自己動手把食物從餐盤送進嘴裡。

・富人藉著炫耀性消費展現自己

范伯倫在當代美國社會也看到同樣的本性。新富靠著股票或遺產的收益過日子，不太需要做什麼。他們和玻里尼西亞的酋長一樣，為了爭取社會名聲，他們透過從事休閒活動與購買奢侈品，展現自己無須工作。范伯倫把他們購買豪宅、毛皮大衣以及前往法國里維耶拉（Riviera）度假等活動稱為「炫耀性消費」（conspicuous consumption），購買這些東西是為了炫富。他把這些少數特權階級命名為「有閒階級」（leisure class）。

有閒階級穿著燕尾服配上絲質領結，強調他們不需要做任何生產性的工作，比方說掘土或開公車，他們的穿著打扮因此受到更高的評價，人們認為這些勝過農民樸質的棉衫。但對范伯倫來說，有錢人的漆皮鞋發出的閃閃光芒，不比窮人外套上磨得發亮的袖子更美。

女性的衣著更是要做到非常不實用，以顯示她們從來不需要洗馬鈴薯或擦窗戶。「我們對於裙子如此執著，最大的理由是裙裝昂貴，而且會讓穿的人在每次轉身時都受阻，讓她無法做出任何有用處的動作。」富裕人士之妻的用處，是為了展現丈夫的財富。在極端情況下，由於這些人太渴望想要讓人印象深刻，絲綢洋裝價格高漲時需求不減反增。價高時，負擔得起的人更少了，這樣的衣服更適合用來展現地位，因此會有更多的富人也想買下一件。

范伯倫說，炫耀性消費由上而下，流入希望向富人看齊的較低階級。中產階級買下象牙握把的湯匙；珍貴的握把無法提升湯匙的功能，但可以讓使用者在朋友面前更顯尊榮。就連最貧窮的人，可能也會放著不買食物，先去搶即將售罄的最後一只花瓶或最後一條項鍊。

范伯倫還說，炫耀性消費是浪費，將經濟能量從生產人們真正需要之物轉向讓他們能炫耀之物，結果是陷入不滿足的輪迴：一般人仿效富人提高消費，富裕的人則購買更高價的物品以求領先，每一個人都必須更加努力才能維持下去。范伯倫顯然身體力行他的批評，他自己的消費相當樸實。他的衣服太大，看起來像可以裹在衣服裡睡覺了，他也隨便地用一支安全別針把表別在背心上就算了。他建議完全揚棄絲綢軟呢，改用紙做衣服。

現代美國的部落酋長，是像康內留斯・范德彼特（Cornelius Vanderbilt）這類人。他在十九世紀發跡，從一個沒有受過教育的渡輪小弟搖身一變，成為光鮮亮麗的富有鐵路業主，他的遺產以今日的幣值計算達幾十億美元。范德彼特家族大興土木蓋了廣袤豪宅與度假別墅，其中一棟在羅德島（Rhode Island）的大理石屋（Marble House），是他送給妻子的生日禮物，為了蓋這棟奢華的宮殿，用掉了五十萬立方英尺的白色大理石。

在范德彼特這等人的炫耀性消費之下，蘊藏著一種范伯倫說的「掠奪」天性。蠻族皇帝以矛互相攻擊，現代的有閒階級則用金融花招攻擊對手。就讓我們來看看范德彼特和另一位商界人士丹尼爾・德魯（Daniel Drew）之間的戰爭。德魯控制往來芝加哥與紐約的鐵路路線，他為了騙過范德彼特，想出了一項計謀，設法影響鐵路公司的股價。要成功，他需要讓股價飆到天價。他去紐約一家股票經紀人常去的酒吧，和某些人聊天時，他抽出一條手帕擦額頭，掉出一張紙在地上，但他假裝沒看到。等他離開，股票經紀人撿起了這張紙。裡面有一個「小道消息」——意欲讓這些人相信鐵路公司股票即將一飛沖天的假消息。經紀商趕忙買進，期待上漲後能賺一筆，而大家急著買進也確實產生了效果，股價因此大漲。德魯的把戲，就只不過是比賽中的求勝行動而已（實際上，范伯倫把富裕階級流行競賽的現象同樣歸諸於掠奪本性），差別在於這替德魯贏得鐵路控制權。

范德彼特、德魯以及其他這類人幫忙打造出美國經濟，但他們創作出來的成果是割喉式的資本主義。如果能賺錢，他們會不惜行騙耍詐。他們的無情，為他們帶來了「強盜大亨」（robber baron）的別名。范德彼特就說過：「我何苦在乎法律？難道我沒有權力嗎？」

・用工作本能取代掠奪本能

范伯倫說，掠奪本性和人類的實際需求無關。但人還有一種本性：工作。這種天性，是指從事有生產的工作來滿足整體社群的需求，比方說維修鐵道以及確認火車準點。范伯倫不像馬克思，他並沒有呼喊著要革命，他認為，如果是以工作本能而非掠奪本能來規範社會，將可以消除炫耀性消費造成的浪費。到了那時，社會將可拋下野蠻社會最後的餘孽。這代表著為了和他人比肩而買個沒完沒了的行為將會消失。像是能發明與改進機械的工程師和技師這類具備工作天性的人，應該由他們這些人幫忙導引出更好的社會，讓經濟體達成滿足人類實際需求的目標。

雖然他的非傳統經濟學從不曾蔚為風潮，但在一九二五年、他年近七十時，這位古怪的挪威人得到同僚某種程度上的認同，有人請他擔任美國經濟學會（American Economic Association）的會長。范伯倫拒絕出任，並避居加州帕拉奧圖（Palo Alto）一處屋外長滿了雜草的山頂小屋。他在這裡只有一個房間，家具都是自己做的。一九二九年十月，就在遙遠的紐約市超高摩天大樓之間，股市崩盤，經濟蕭條的強風，吹走了美國這座經濟轉輪上的鍍金。范伯倫沒能活到親見這個結局，在金融風暴衝擊之前幾個月他就過世了。他到最後過著如同隱士一般的生活，實際上，在他的小屋裡，僅有老鼠和臭鼬陪著他。

· 18 ·

一路下沖

凱因斯主義

一九三二年美國一首膾炙人口的歌曲中有一句歌詞是這樣說的：「我曾經蓋過鐵路，但現在完蛋了。兄弟，能施捨一點小錢嗎？」歌裡說的是美國財富的其中一個來源：運送貨物與乘客往來於各港口、工廠和城市的數萬里長鐵路。一九二〇年代末期，美國民生豐裕，很多人都擁有自己的房子，一般美國人也能擁有諸如洗衣機等家電幫忙做家務。但就像這首歌說的，短短幾年後，幫忙累積出這些財富的人淪落到要乞討的處境。

到了一九三三年，有一千三百萬美國人失業，約占所有勞動人口的四分之一，某些城市失業人口達到一半。鐵路如今運載著新貨物：千百萬的人偷偷蹲在貨車廂裡，穿越國土尋找新工作。美國作家約翰・史坦貝克（John Steinbeck）的小說《憤怒的葡萄》（*The Grapes of Wrath*）說的是裘德（Joad）一家人的故事，他們是奧克拉荷馬州的貧農，長途跋涉前往加州，希望生活能過得好一點。在美國這些城市裡，無家可歸的人用木頭和錫罐拼出簡陋的小屋。曾經是舉世聞名最富裕國家的美國，如何會淪落到這步田地？

當美國辛苦掙扎時，英國的經濟學家約翰・梅納德・凱因斯（John Maynard Keynes，一八八三到一九四六年）試著回答這個問題。當時他已是世界知名的經濟學家了，而眾所皆知，他也是布倫斯貝利集團（Bloomsbury Group）的一分子——這群人是非傳統的作家與藝術家，以倫敦市中心的布倫斯貝利為基地。其中一人是小說家維吉妮亞・吳爾芙（Virginia Woolf），她說凱因斯就像一隻「吃得飽飽的海豹」，有著「雙下巴、突出的紅唇」和「一雙小眼睛」，並盛讚他的聰明才智。凱因斯對自己的能力深具信心，用閒暇時光研讀經濟學，但他在考公務人員資格考時這一科卻考出了最低分，讓他甚為光火。「我顯然比考試委員更懂經濟學。」他如是說。

·為何富裕的國家會衰敗？

凱因斯相信，當時的傳統經濟學（以十九世紀經濟學家的研究為基礎，繼續成長茁壯而成）無法解釋一九三〇年代的危機，無法解釋為何富裕的國家會失敗。像美國這樣的國家，通常會一年比一年更富有，生產出的產品與服務更高於過去。長期來看，就是因為這樣，人們才能享有更高的生活水準。有時候，經濟體的發展速度減緩，產出量低於前一年，經濟學家稱之為衰退，而美國在一九二〇年代末期時就步入了一次衰退。在衰退期，企業產出量減少，也會辭退員工，很多企業更會就此退出業界。美國的情況是，發生了一次後來大家稱之為「大蕭條」的衰退，名稱的由來是因為這次衰退期間很長，而且幅度很深。這也影響全世界其他經濟體，加拿大、德國、英國、法國和其他國家全被波及。有些人認為，這次的蕭條可能預示著資本主義的盡頭。

凱因斯說，會發生衰退，並不是因為政府無能，也不是因為企業家虐待勞工，想把他們丟到大街上自生自滅。衰退並不是因為有人做錯事，而是出於某種理由，導致整個經濟體出了差錯。經濟體可能舉步維艱，之後完全停頓，完全是系統自身的問題。凱因斯說明背後的理由何在。

傳統經濟學把重點放在如何使用稀少的資源。靴子很稀有，因為靴子就這麼多，但是社會對於靴子的渴望是無限的。如果整個社會想要更多的靴子，那就必須減少其他產品的產量，比方說帽子。那麼，接下來，經濟學的重點就放在市場如何調整，以鼓勵多生產靴子、少生產帽子。在傳統經濟學領域裡，一國的所得，是加總該國的工廠與工人可以生產的產量。背後的假設是所有工廠都以完全的產能運作，所有的勞工都能就業。由於經濟體的運作方式總是竭盡所能善用所有稀少性資源以創造最大產出，因此，如果要製造更多靴子，就必須將原本生產帽子的員工調過來。

一九三〇年代，凱因斯看到全世界移動到另一種平行時空。到了一九三三年，美國工業的產出比一九二〇年代末期少了一半，因此有幾百萬人失業。有這麼多閒置的勞動力，經濟體原本可以在不減少帽子產量的前提下把這些人挪去生產更多靴子，但並沒有。在那個十年期間，損失的產能相當於每一個四口之家都少了一棟新房子。這也就是說，問題和稀少性的相關性不高，重點反而在於該如何善用已經有的資源。過去，人民想要更多靴子、帽子和車子，工人和工廠就想辦法做出來，但人們的渴望和經濟體的生產成果兩者之間的關聯性，如今卻不知怎麼斷裂了。

在凱因斯的理論裡，一國的所得並非用該國經濟體可以達成的最高產出來計算。當閒置的工廠和工人這麼多，經濟體的產出低於其完全產能時，怎麼能這麼計算呢？反之，所得應該是人們花掉的錢，是他們的「需求」。當我買了你的帽子，我就給了你一筆所得。當所有人都少花錢，買的產品就少了，連帶的產出也就減少了。國家的所得因此減少。從這裡開始，凱因斯提出了對於衰退和失業的新解釋。

・經濟體無法自行校正

凱因斯首先要回答的問題是，為何傳統經濟學認為一國的工廠與員工永遠都是在滿載狀態。他說，這樣的信念是來自於「賽伊法則」（Say's Law），這條法則是以一位十九世紀的法國經濟學家賽伊為名。凱因斯不認同賽伊法則。在我們理解它的原因之前，必須先來看看法則本身說什麼。賽伊法則說，東西做得出來就賣得出去，有供給就會有需求。因為人們在乎的，是他們自己擁有多少可用的東西。靴子製造商賣掉靴子，就能換錢去買外套和帽子。帽子製造商賣掉帽子，就能換錢去買靴子和外套。賣掉生產出來的產品賺到的錢，會用來買別的東西，任何企業都不會有東西賣不掉、必須解僱員工並關門大吉的情況。也因此，不可能出現衰退和失業。

這也就是說，賽伊法則認為，經濟體的支出恆處於一定水準，讓工廠以完全的產能運作，而且讓每個人都有工作。想像支出水準是浴缸裡的水面。賽伊法則之所以成立，是因為假設每一個人都把賺來的錢拿去買東西。但如果大家不把所有的錢花掉，反而是存一些起來呢？把這想成是水從浴缸的排水口漏了下去（你的塞子不見了）。存起來的錢，就好比是本該花在經濟體中的錢從經濟體中「漏掉了」。你可以想像，現在水面下降了，因此經濟體的支出水準下降了。這代表企業產出減少，並辭退了一些員工。有些作為可以阻止這種情況發生。如果排水口處有一條水管接回到小龍頭，讓漏掉的部分流回浴缸裡，儲蓄就不會一直流進下水道了。經過排水口漏出去的水，最後又流回浴缸裡。想要用錢投資新工廠與企業的人，借走了存款。這些投資（比方說購買辦公大樓、機器設備等等），是將支出「挹注」回到經濟體裡。拿存款去買東西，漏掉的等於挹注的，流出的金額等同於流入的金額。因此，水面會保持在原本的水準，經濟體持續在工廠以及勞工充分就業的狀態下運作。

但如果投資人對於新建工廠興致缺缺，那將如何？此時，儲蓄就不會回流到浴缸，反而會進入排水管裡。看起來，水面好像又要下降了。然而，還有辦法可以挽救局面。如果把水龍頭稍微打開一點，鼓勵水管裡的水快一點流進浴缸裡，那會怎樣？打開到一定程度，讓漏掉的量剛好再度等於挹注的量，那麼，水面（代表了經濟體的支出）就不會下降。在這裡，水龍頭就是利率，利率是貸款的價格。當利率下降（打開水龍頭）時，貸款就比較便宜了，因此會有更多人想要。要怎樣促成這樣的結果呢？當投資人不再投資，他們就不會利用申請貸款借走他人的存款，這表示，可供貸款的存款供給量大，但需求量極小。不管標的是什麼，當供給大於人們的需求時，價格就會下降。這樣一來，貸款的價格、也就是利率，就要下降。低利率鼓勵投資人借錢，花在購買新的機器與工廠。這麼做的結果，超額儲蓄（也就是塞在水管裡的水）一定會變成新的投資流，水面又再一次得以維持在原來水準。

凱因斯拿賽伊法則開刀，問道：為何假設超額儲蓄一定會拿來投資新建工廠與添購機器？這個世界充滿不確定，你不一定想把你的存款花在辦公大樓與工廠上面，你可能會想把一些現金藏在床底下，以備不時之需。按照凱因斯的說法，調降利率無法幫忙把超額存款轉換成投資，事實上，兩者之間並無關聯。水管並沒有連到再度回到浴缸的水龍頭，而是連到下水道，存款就這麼沖下去消失了（比方說，有人把錢藏在床下），而不會回到浴缸裡。

・當大家都只存錢，不花錢……

凱因斯說，當流出浴缸的水比流進來的多，就發生衰退。這個時候的情況是，企業家開始對未來感到無望，不再投資。這表示，以投資形式注入經濟體的金額，少於以儲蓄形式流出的金額。浴缸裡的水位開始下沉，企業產出減少，並開始裁員，經濟體陷入衰退。凱因斯認為，這就是一九三〇年代美國的遭遇。會發生這種事，並不是因為有人愚蠢行事或草率作為。事實上，導致衰退的因素是因為大家都在存錢不花錢——我們通常認為存錢是理智的事。這麼一來，問題點就在於大家太過理智了！凱因斯說：「每當你存下五先令，就會害一個人一天沒工作。」

凱因斯要說的重點是，一旦經濟體陷入衰退，就無法逃脫。堅守賽伊法則的經濟學家認為，就算企業家停止投資，經濟體也會快速進行調整。這就好像不倒翁玩偶一樣，就算推離中心，永遠都會自行回到原本的站立位置。但凱因斯認為經濟體會倒在地板上，就此起不來。由於大蕭條持續多年，凱因斯的看法好像是對的。如果經濟體真的像是會自動校正的玩具一樣，那就不會有這麼多人渴求一份工作，任何失業的人都應該是選擇自願失業，他們失業只是因為不願意以目前的薪資接下工作。但是，所有離開奧克拉荷馬、前往加州找尋工作機會的人，真的都是自己選擇失業的嗎？凱因斯攻擊傳統理論，證明為何他們都是迫不得已。

由於凱因斯之故，經濟學家很快達成了一項共識：大蕭條以及之後多次衰退期間幾百萬的失業者，都是支出水準下降的受害者。凱因斯的想法還有另一項重大影響，在他之後，經濟學分成「總體經濟學」（研究整個經濟體，例如就業水準，這是在他的推助之下發展出來的領域）以及「個體經濟學」（研究個別消費者以及企業如何做選擇）。

凱因斯不想只為了推陳出新而提出新理論，他希望用理論來改善世界。在一九三〇年代，這表示要想辦法消除失業的困境。漏水的浴缸點出了他對問題提出的診斷，我們會在第二十七章中再來看解決方案。重點是，由於經濟體無法自行校正，就必須由政府出手。政府在經濟體當中必須扮演比過去更重要的角色，期望像大蕭條這樣的災難永不再發生。資本主義撐過這場風暴，但再也不同了。

· 19 ·

創造性破壞

資本主義的騎士熊彼得

奧地利經濟學家約瑟夫・熊彼得（Joseph Schumpeter，一八八三到一九五〇年）樂於炫耀他的聰明才情、機智過人。他說過他有三大抱負：成為全世界最偉大的經濟學家、奧地利最出色的馬術師以及維也納最棒的情人。他說，他很遺憾只有兩件事成功了，然後補充說明：可惜近來馬術之事不太順利。

這個笑話指出了熊彼得此人的矛盾之處。一方面，他上最好的學校並融入上流社會，這讓他養成了老式風範，讓人回想起勇士在馬背上馳騁、向少女求愛的時代。另一方面，他的目標是要在最摩登的經濟學領域中成為出色的科學家。與其他古老的哲學與數學等學門相比，經濟學是一門相當嶄新的知識學科。

熊彼得的老式浮誇虛華以及他對於尖端經濟理論的熱愛，讓他的學生們大為驚嘆。在奧匈帝國邊界一處小城的大學裡，他為了讓學生更能順利讀到最新的經濟學相關書籍，不惜和圖書館員決鬥。（他贏了，用劍劃傷圖書館員的肩膀。）之後，在哈佛大學，大家都知道他會表演戲劇性的出場秀，如一陣風似地闖進教室，脫掉外套、帽子，最後是手套（而且是一隻手指、一隻手指脫），之後，他帶著維也納貴族口音講述經濟學的奧義，讓學生們的心思不停運轉，目眩神迷。

他在《資本主義、社會主義與民主》（*Capitalism, Socialism and Democracy*）一書中提出了自己的資本主義理論，從中也可看出他融入了新舊對比。熊彼得說，創造現代資本主義的成果（可供選擇的各式各樣產品以及用來生產這些產品的新科技）的人，是現代版的古代冒險犯難騎士英雄。這些人叫企業家，比方說鐵路公司的業主范德彼特或是安德魯・卡內基（Andrew Carnegie）這等人物（卡內基壯大了美國鋼鐵業，並從中累積了大量財富）。范伯倫把范德彼特這類人視為古代野蠻人的復刻版，這些「強盜大亨」處心積慮為自己賺得財富，卻對整體社會無益。但熊彼得說，由於他們將自己多餘的精力投入產業、而不是戰爭，因此，他們是社會財富的創造者。

熊彼得認為，正因為企業家憑藉著大膽與決心，才創造出必要的創新以推進經濟發展，幫忙提高長期生活水準。他們利用創新製造出新產品（比方說，利用新發現的電力照明的燈泡），或是利用新科技簡化產品生產（發明了挖掘機器之後，煤炭變得更便宜了）。熊彼得說，他們的動機不僅是為了賺錢而已，他們想要征服、對抗，證明自己是優越的人。熊彼得家族中也有一位這種人，那就是他的曾祖父，他購置了一部蒸汽引擎，運來熊彼得出生的小鎮，為此地第一家紡織廠提供動力。

・壟斷才能帶來高額獎賞，鼓勵創新

為了實現願景（比方說，興建工廠製造新型的冰箱和收音機），企業家必須要取得磚瓦、鋼鐵和勞工。其他商界人士利用這些投入要素製造消費者馬上就想要的產品，創業家如何與之競爭，取得必要資源創造出人們現在還不知道自己會想要的新產品？當銀行貸款給他們的話，他們就可以做到，有了貸款他們就能購買需要的東西。因此，錢不只是促成買賣的工具，也是經濟有機體的心臟以及在各

處奔流的血液，負責指揮的則是經濟體的大腦，也就是企業家。熊彼得在這方面有實務經驗，一九二〇年代時，他在一家奧地利銀行擔任董事。他利用職務之便，將資金分配到各種商業計畫上。（他的經驗也證明了創業的風險：一九二四年，奧地利的經濟狀況轉劣，他承擔了大筆負債，花了很多年才清償。）

企業家一旦成功，便能富裕。當人們終於了解他們想要留聲機或電視並且出門去選購，企業家創造出來的新產品就會在經濟體內逐步擴大規模。亨利．福特（Henry Ford）找到方法為一般大眾製造廉價的汽車因而賺了大錢，卡內基則是因為引進新的鋼鐵製造方法而富可敵國。

很快地，模仿者會仿效具原創性的企業家，製造出和他們引進的汽車、鍋爐或染料一樣的產品。新的產品會革新整體產業，經濟體也隨之成長擴張。到最後，某些企業會倒閉，經濟體開始收縮，一直到啟動下一輪的創新。資本主義經濟體的繁榮與衰退、起飛與跌落，都來自於一波又一波的創新潮，來自創業與仿效的高潮迭起。新技術會扼殺舊技術：馬車讓道給汽車，蠟燭輸給了燈泡。底片製造商柯達（Kodak）樓起樓塌，新的產業領導者出現，比方說三星（Samsung），將數位相機整合到手機裡面。熊彼得將此稱之為「創造性破壞」（creative destruction）。在熊彼得的觀點中，資本主義就是孜孜不倦的企業家發動的持續變革。

熊彼得和多數經濟學家不同，他認為壟斷有助於經濟體進步。經濟學家通常認為壟斷無效率，因為壟斷廠商收取的價格過高而且產量太少。但他們也承認有些情況例外，在某些產業，需要大筆投資才能開始生產產品，比方說，供水廠商必須先鋪設管線才能供水。由單一廠商供應整個市場，可以用大量的產出分攤管線成本，才能用低成本供應用水。如果由十家水公司分別鋪設管線，為十分之一的市場供應用水，價格將十分高昂。熊彼得相信，壟斷對於帶動創新來說特別重要，因為壟斷地位能為企業家提供高額獎賞，讓他們去嘗試創新這等高風險的活動。當企業家發明新引擎閥門，他們就成為這種閥門的獨家供應商：他們是這種產品的壟斷廠商，因此可以賺得高額利潤。賺到高利的機會，鼓勵企業家創造出各式各樣新產品。少了壟斷，就比較難發明出新科技。壟斷推進科技進步，讓經濟體轉型，最後帶來了更多、更廉價的產品。

・資本主義的黑暗面

熊彼得的資本主義觀點，也和我們之前談過的馬歇爾與傑逢斯抱持的傳統看法不同，後者的經濟體觀點是靜態的，是現況快照；熊彼得則認為經濟體不斷變化，比較像一部電影。在標準現況快照中，每個人都知道有哪些產品可供買賣，大部分時候供需都能達成平衡。企業無法賺得高利，因為有很多企業在競爭，搶著要為消費者提供產品，這樣的經濟體稱之為處於「均衡」。傳統經濟學把經濟體中的資源視為既定因素，之後再看如何讓資源全部達成平衡。這裡沒有發明新東西的創業家，只有為了追求自身最大效用買賣他們所知產品的人。熊彼得告訴我們，均衡只不過是被定格的經濟體，他說：

「總是忙著追求均衡的經濟行為者是一個可悲的角色，他沒有企圖心也沒有進取心，簡而言之，他沒有力量也沒有人生。」對熊彼得來說，資本主義最重要的一點，是創業家不斷地吹皺一池春水。創造性破壞一波接一波，永不休止。在馬歇爾的經濟體裡，企業根據油燈的價格從事競爭；在熊彼得的經濟體裡，成功的創業家靠著發明燈泡把競爭對手逐出業界。

事實上，資本主義和熊彼得這個人有點相似之處：大膽且充滿活力，到處都有新想法冒出來，從來不靜下來。然而，在熊彼得光鮮亮麗、聰明機智的外表之下，是一顆備受困擾的心，他也感受到在他試圖理解的資本主義有著黑暗面。「資本主義能存活嗎？」熊彼得問道。「我認為不能。」

在資本主義的活力當中，藏著會摧毀它的毀滅種子。在解釋其中的道理時，熊彼得做了一般經濟學家不太會做的事：他提出和資本主義社會政治經濟相關的論述，而不是從經濟學下手。馬克思曾從經濟學的角度來解釋為何資本主義注定滅亡：資本家以利潤之名奪取更多的產出，工人得到的則愈來愈少，直到整個體系四分五裂。但是，對熊彼得來說，資本主義經濟體沒有問題，問題在於資本主義對於人們在更廣泛層面上造成的影響，企業規模更加擴大時尤其明顯。創業家成功了，企業也跟著成長，到最後會出現大規模的公司，這類企業使用先進的技術將新產品散播出去。此時，便可以使用理性的方式進行創新，通常由專業化的公司研發部門負責。以現今的大公司為例，比方說蘋果公司（Apple）。蘋果公司裡有各種研究團隊，有些創作新軟體，有些開發更快更輕的 iPhone，有些則製造更強大的筆記型電腦。過去創業家靈光一現所看到的構想，如今則以不斷嘗試與測試的流程推演。經濟的進步，在公司政策與各種委員會會議中自動進行。

從經濟觀點來看，這都是好事，新產品的誕生可以在事先規劃，而且變得可預測　但問題就在於這樣很乏味！企業變成由穿著灰色套裝的人們（或者，如果是蘋果公司的話，搭配的服裝則是T恤）組成的大型組織。熊彼得所說的企業家一開始是無畏的英雄，到頭來卻變得像討厭學校、拒做功課的無聊青少年。他們痛恨工作時必須打上領帶，還得坐下來開冗長乏味的會議。他們憎惡生活在資本主義之下變得如此枯燥乏味，因此，他們開始普遍地不相信企業與賺錢這些事，有些人到頭來變成反資本主義「知識分子」，在大學教書並出書批評資本主義。他們主張政府應從商業人士手中接掌經濟體，創造一個社會主義的社會。熊彼得認為，一九三〇年與一九四〇年代已經開始出現這種情況，當時很多知識分子對資本主義抱有敵意，政府也開始在經濟體的運作當中扮演更吃重的角色（請參見第二十一章）。

・經濟體不斷變動，改變將沒有終點

熊彼得對於資本主義將終結的預言並未成真，直至今日，即便政府高度介入，資本主義仍持續運作（這稱為「混合式經濟體」〔mixed economy〕），系統看來並沒有終點。但熊彼得還是教會了我們一件很重要的事：經濟體會不斷變動。在這方面，他呼應了馬克思。而且，亦如馬克思，他也說社會主義無可避免。（他住在一座城堡裡，對百萬富翁的態度是讚賞而非譴責，因此，他也被稱為富人的馬克思。）熊彼得說，資本主義的終結，是因為社會上層人士，也就是那些心生不滿的知識分子滿心挫折；馬克思的說法，則認為推翻體系的是不快樂的勞工。馬克思的社會主義來自資本主義的失敗，熊彼得的則因為資本主義成功、企業規模愈來愈大。但熊彼得與馬克思不同，前者是資本主義的捍衛者，並不樂見這個世界走向社會主義。

凱因斯說，政府可以阻止經濟淪落，不要陷入如一九三〇年代大蕭條那樣的深度衰退，但熊彼得的論調和凱因斯提出的新理論相反。如果說，資本主義就代表了改變，改變將沒有終點。你只能著眼於長期，看著人們從騎馬的信差到智慧型手機的歷史過程，認同資本主義的成就。某些人要求政府整頓經濟體，是因為他們以短期的眼光來看資本主義，樂見萬靈丹出現。熊彼得認為，這些解方只會遏止創業，讓資本主義靠著維生器維持一段時間，然後毀了它。

‧ 20 ‧

囚犯的兩難

納許與賽局理論

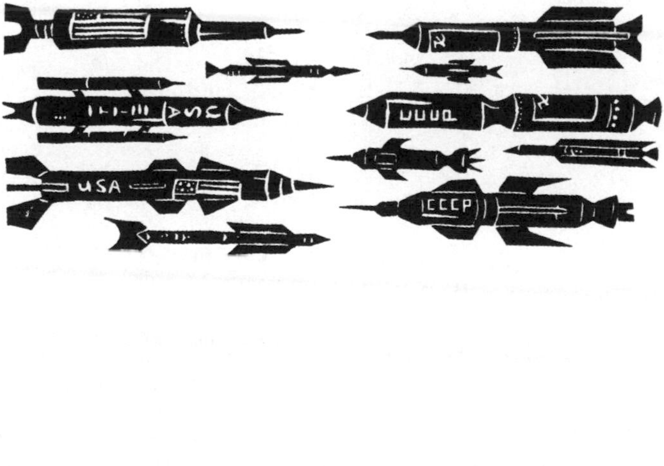

想像一下，有兩個國家互相威脅要把對方夷為平地。其中一個國家整備武裝購置飛彈，瞄準敵國，而另一國就因為對方這樣做而跟著效尤。兩個國家各自試著添購武裝以取得優勢，這麼做的結果就是進行一場「軍備競賽」，兩國都有大量瞄準敵國的飛彈。軍備競賽是「賽局理論」的範例之一，這個結合數學與經濟學的領域，興起於一九四〇、五〇年代。賽局領域要看的是國家、企業與人在一方行動會影響另一方結果的情境下如何行事。當你的敵人購置飛彈，你的國家就居於劣勢，處於險境；當你買下飛彈，你就是對敵國以牙還牙。兩邊都需要決定該做什麼，同時要考慮到敵方可能會怎麼做。賽局理論學家將這稱之為「策略性互動」（strategic interaction）：我們影響彼此（我們「互動」），因此，我們要在考量敵方的行動之下決定要怎麼做（我們「有策略」）。賽局理論研究的是處處可見的策略性互動，從簡單的剪刀石頭布賽局，到企業競逐利潤以及兩國之間的對戰，無所不包。

二次大戰後，美國與蘇聯變成彼此的頭號敵人，此時稱為「冷戰」（Cold War）時代，兩邊都跳入了大型的軍備競賽，並用致命的核子武器威脅對方。一九六四年嘲弄美俄對立的電影《奇愛博士》（*Dr. Strangelove*），是一個引人入勝的故事，更是賽局理論與某些基本概念的絕佳簡介。冷戰期間，美國軍方拿出經費資助有助於國家安全領域的研究，賽局理論便是其中之一。很多賽局理論學家都任職於蘭德公司（RAND Corporation），這是一家軍方的研究機構，其名稱中的「RAND」便代表了「research and development」（研發）。在前述的電影裡，奇愛博士是美國總統的武器研究總監，他是特立獨行的天才，戴著黑色眼鏡，口音很有趣，為軍事戰略提供建議。據說這個角色有所本，原型是一位現實生活中的天才：生於匈牙利的數學家約翰·馮·紐曼（John von Neumann，一九〇三年到一九五七年），他是賽局理論的始祖之一，曾在蘭德公司任職，並成為艾森豪總統（President Eisenhower）的國防策略顧問。馮·紐曼很聰明，八歲的時候就能心算八位數除法。成年後，他寫了關於震波、空氣力學以及星體分布的科學論文。餘暇時，他還開創了賽局理論這個領域。

假設你是一名將軍，你必須決定要不要買進更多炸彈，你知道敵方的將軍也要做類似的決策。實際上你要如何決定怎麼做？決策中有一大部分是要了解你的對手可能怎麼做。一旦我們知道你會怎麼做以及你的對手會怎麼做，就可以判斷這場賽局的結果將會如何——可能是大家都加買炸彈、大家都不買或是其他。馮·紐曼跨出了一大步，推導出一套方法用於尋找賽局的結果。但是，這套方法僅適用於某些類型的賽局，比方說參與者可以彼此協商並訂下確定的協議。兩位敵對的將軍不能這麼做，因此，需要有其他方法用來分析其他類型的賽局，包括參與者不一定會堅守他們對彼此許下的承諾的這種賽局。

・多數賽局都有均衡

一九五〇年，一位名為約翰·納許（John Nash，一九二八到二〇一五年）的數學家提出了一個解決方案。納許還在普林斯頓大學就學時就有了相關的想法。他決定去拜訪當時在普林斯頓大學擔任教授的馮．紐曼，和他談談。雖然那時的馮．紐曼早已鼎鼎有名，但也嚇不倒納許。（在那之前，他也跑去找愛因斯坦，討論他對於宇宙擴張的新想法。）偉大的馮．紐曼打發納許離開，他說納許的想法不值一提。

事實上，納許提出的概念成為賽局理論中最重要的部分，直到今天大家都還一直在用。納許指出，一場賽局的結果（也就是其「均衡」），是當每一位參與者都設定了對方會有什麼行動，在此條件下為了自身的利益所做出的最佳行動。當每個人都這麼做時，任何人都沒有理由改變自身的行為，因此，賽局就達成了均衡。納許證明多數賽局都有均衡，這也就是後世所說的「納許均衡」（Nash equilibrium）。就以我和我的對手為例，假定我的對手買了飛彈，那麼，對我最有利的因應之道就是跟進：在全無防備之下面對敵人的攻擊，是最糟糕的情況。這番道理也適用於我的敵手：如果我增加軍備，那麼他們一定也要有防備。我們兩方都增加飛彈的庫存量，就是這場賽局的均衡。

軍備競賽是由一場非常有名的賽局「囚犯的兩難」（'prisoners' dilemma）變化而來。發明這場賽局的，是蘭德公司的數學家。在這場賽局中，有兩名幫派分子因為搶劫銀行而遭逮捕。警方沒有太多證據證明搶劫，但他們知道至少可以用逃稅的名義將這兩名幫派分子定罪。兩名幫派分子分開受審。兩人都可以承認搶劫，也可以否認。警方對這兩人說，如果其中一人認罪、另一人否認，那麼，警方就會把否認的人視為主謀，讓認罪的一方成為控告主謀的人證。他們會判否認者二十年的重刑，並用無罪釋放來獎勵認罪的人。如果兩人都否認搶劫，兩人都會因為逃稅入獄四年；如果兩人都認罪，各會因為搶劫而被判中度的十年徒刑。

這兩名幫派分子應該怎麼做？假設一人相信他的同夥會認罪，這樣的話，否認搶劫問題就大了，因為他會被判二十年徒刑，所以他應該也要認罪才是。另一方面，假設他相信同夥會否認犯罪，這個時候，他也應該要認罪，因為這會讓他得到自由。當兩邊都像這樣推理時，兩邊都會承認搶劫。囚犯的兩難有一個很明確的均衡：兩名幫派分子都會認罪。

但是，這樣的均衡有奇怪之處。兩名參與者都做出了對自己最有利的因應之道，但最後卻不是對兩人來說最好的結果。如果兩人都否認搶劫，對他們兩個人都會比較好，但這並不是均衡：任何一方只要占同夥的便宜，期望獲釋而認罪，他的處境都會變得比較好。這兩名幫派分子若都理性行事，結果卻比其他可選的選項糟糕。同樣的道理也適用於軍備競賽：這場賽局的結果，是兩國不斷地增加飛彈數量，但最後誰也沒有占到便宜，兩邊都花了大錢武裝自己。如果一開始兩方都不買飛彈，大家都會比較好。

・時而競爭，時而合作的複雜決策

經濟學裡時不時就出現囚犯的兩難。就讓我們以發電廠用的渦輪發電機這種大型產品為例。一九六〇年代，兩家美國的一流製造商奇異（General Electric）和西屋（Westinghouse）希望自家的發電機能賣個好價錢，方法之一，是兩家公司聯合起來，達成協議少賣點發電機，並把價格訂得高一點。問題是，市價拉高了之後，其中一家公司就很想占對方的便宜，比對手的價格訂低一點以多賣一點發電機，但風險是價格會崩盤，兩家公司到頭來能賺到的利潤就少了。這兩家公司就好像前述那兩名搶著認罪的幫派分子。產油國也面對相同的問題。一九六〇年代，他們彼此承諾要少賣一點原油，好把油價拉抬起來。但同樣的，一旦成功拉高價格，就會有些國家想著要多產點油拿出來賣。

在企業界、政治界與人生中，人們時而競爭，時而合作。賽局理論提出一套思路，讓大家去想想當中的複雜。人們何時可能試著合作，何時又會浴血奮戰？以囚犯的兩難為例，合作永遠都有破局的風險。

有些賽局可有極複雜的戰術，尤其是依序做出決策的時候：你會先看到對方做了什麼，之後才輪到你決定要怎麼做。你可以宣稱，如果對方做了你不樂見的事，你將會祭出懲罰手段。一九七〇年代，美國兩家咖啡公司麥斯威爾（Maxwell House）和佛格斯（Folgers）彼此競爭，搶著要控制美國市場。佛格斯向東擴展，踩進麥斯威爾身為主要供應商的區域，打算搶下那邊的生意。麥斯威爾啟動價格戰，把價格壓得很低，迫使佛格斯退出它的市場。決策的順序是，如果你踩進我的市場，我就會壓低我的價格；我的盤算是，這樣一來，一開始就能阻止你進入市場。威脅的問題在於威脅不必然可信。你可能會認為我絕對不會堅持到底，因為低價也會害我自己損失太多錢。但以麥斯威爾和佛格斯的範例來說，威脅有效，麥斯威爾成功遏止了佛格斯跨足紐約市。

但是，《奇愛博士》的劇情證明了要提出有效的威脅極其困難。為遏阻核武攻擊，你會告知敵人你一定會報復。然而萬一你的敵人真的發射飛彈，他們會知道你並不會動武，因為兩枚飛彈將讓這個地球寸草不生。在電影裡，一位兇殘的美國將軍下令要在蘇聯丟下一顆核彈，美國總統試圖取消攻擊，但將軍完全拒絕溝通。總統召來蘇聯大使，大使透露蘇聯安裝了一部「末日機器」，是一枚大型炸彈，一旦引爆就會摧毀所有生命。這設定為如果蘇聯遭到攻擊時就會自動啟動，而且無法取消。奇愛博士向總統解釋機器背後邏輯：將末日機器設定為自動操作且不可取消，就發出了可信的威脅，因此應可以遏止對手發動攻擊。本片的殘酷笑點是，只有在每個人都了解這件事時才有用。奇愛博士就口齒不清地對著大使大吼：「你『趕嘛』不告訴『圈』世界？」

・從完全競爭到策略性互動

末日機器點出了賽局理論的基本要旨：影響對手對你的看法非常重要。要能威脅到敵方你一定會報復，必須要證明這很強硬，沒得商量。在經濟上，和安裝末日機器相當的辦法，是興建規模大於市場需求的工廠。完工後，就算價格得低到不能再低，也值得針對競爭對手進行價格戰報復，因為席捲市場後可以拿回一些興建工廠的成本。一九四〇年代，掌控九成美國鋁產量的美國鋁業公司（Aluminum Company of America），就是用這種戰術驅逐競爭對手。

納許在他年輕時撰寫的一些數學論文中提出他的想法，之後他就消失了。他罹患嚴重的精神疾病，幾十年都在醫院進進出出，即便他人不在經濟學術圈內，但他的想法革新了這個學門。（二〇〇一年有一部電影《美麗境界》〔*A Beautiful Mind*〕，就在講述他傳奇的人生故事。）經濟體中極常見策略性互動，但在發展出賽局理論之前，經濟學家都忽視這一塊。市場的領導理論談的是完全競爭，在這裡，完全沒有策略性互動。市場裡有許多買家與賣家，沒有任何一個人可以影響價格。當市場裡有成千上萬賣蘋果的廠商服務成千上萬的顧客，賣方可以用市價賣出任何他們想要賣的數量，因此不用管競爭對手在做什麼或想什麼，他們無須比對方略勝一籌也能活下去。賽局理論容許經濟學家分析各種更複雜、實際的情境，在這些時候，人們或企業必須比對方更聰明。如今，經濟學的每個領域都廣泛應用納許分析各式情境的方法。納許的病後來逐漸康復，一九九四年他獲頒諾貝爾經濟學獎，表彰他提出真正具有突破性的想法。

· 21 ·

政府的專制

海耶克的警告

二戰期間某一夜，有兩個人坐在劍橋大學國王學院古老禮拜堂的屋頂。他們爬上屋頂，是為了保護禮拜堂不會被德國轟炸機投下的炸彈轟掉。這座禮拜堂歷經五位英王，歷時百年才建成。如今，這兩個人要捍衛它免遭敵軍轟炸，而他們用的工具是鏟子（他們的想法是，用鏟子鏟走落在屋頂上的炸彈）。

這對大無畏二人組是二十世紀兩位最知名的經濟學家之一，然而，他們兩人湊在一起卻是很奇怪的組合。其一，這兩人的經濟學思維恰好和對方完全相反。兩人當中年紀較大的，是我們在之前談過的凱因斯，當時他已經享有盛譽；他是聰明、具有說服力而且自信到極點的英國人。年輕的則是生於奧地利的弗里德里希·海耶克（Friedrich Hayek，一八九九到一九九二年），他比較沉靜，說起話來正式、精準。二戰爆發後，倫敦政經學院（海耶克在此擔任教授）撤退到劍橋，海耶克最後住進凱因斯的學院。這兩位比鄰而居的學者對於一九三〇與一九四〇年代的大災難反應大不相同；當時全世界都出現嚴重失業問題，納粹在德國興起，更引發了嚴重的衝突，而這也是當晚他們跑到禮拜堂屋頂的理由。

納粹主義當然是集結了殘暴謀殺的可怕體系，我們很容易就認為納粹是不折不扣的惡魔，反納粹的國家則完全相反，全是良善正義的社會。這樣想就夠了嗎？海耶克認為不是。事實上，他說了一些話讓人很不安，甚至讓人震驚。是的，英美兩國都是納粹的死對頭，他們勇敢和納粹奮戰也打贏了，但這兩國和納粹的共同之處比他們敢於承認的更多。德國經濟由納粹政府嚴密控制，在英國，也有很多人認為政府應該負責運作。海耶克說，這樣的想法最後會導致政府全面掌權，不僅掌控經濟體，還控制了一般的生活層面。終極的結果是出現「極權主義」（Totalitarianism），變成政府全能、要求每個人完全服從政府的社會，如果違背，就要面臨牢獄之災甚至死刑。德國的情況就是如此，如果大家不謹慎，英國也會變成這樣。

海耶克怎麼可以把納粹德國拿來和英美等自由民主國家相比？這樣的比較不是非常荒謬嗎？若要理解他的想法，我們需要先檢視二戰期間以及之後歐洲各經濟體怎麼了。二戰爆發時，各國政府接手運作。在英國，政府命令工廠多替軍隊生產槍枝與飛機，減少衣服鞋子等民生用品的產量。這表示，人們能買的東西減少了。買東西的人只能分配到固定量的基本產品，比方說奶油、雞蛋和糖，口袋裡的錢無法想買什麼就買什麼。

・政府的參與或不參與

這是常態自由市場體系的重大改變。在自由市場體系裡，政府會放任工廠製造他們想製造的，讓人們購買他們想購買的，去他們想去的地方工作。但是戰爭是非常時期，經濟生活不能一切如常。戰時有一張海報便說了：「增進英國生產，加速納粹毀滅。」政府控制經濟體有助於達成此目的。很多人覺得，政府在戰爭結束後也應在經濟體中扮演要角，到了一九四〇年代，經濟學家得出結論，認為無論是否有戰爭，政府都有很重要的地位。凱因斯主張，經濟體可能卡在高失業率的狀態下，而且無法自行脫困，唯有政府才能修正問題。

許多平民老百姓也開始接受類似的想法。你可以想像，躲在防空洞裡時，為了打發時間，人們會轉向閱讀讓人感到興奮的逃避現實小說，經濟學和政府財政這些主題，想當然耳是一般人的最後選擇吧？但是，戰火最猛烈的時候，英國有一本暢銷書就是政府針對這些事務提出的厚重報告，書名叫《社會保險與相關的服務》（*Social Insurance and Allied Services*），開賣前一晚還有很多人在街上排隊，希望能買一本回家。為什麼他們如此熱中於閱讀一本聽起來如此冷硬的書？因為他們都被一個想法迷住了，而這正是海耶克警告要大家小心的想法：政府應該大量參與經濟活動。

這份報告說明政府在戰後要做些什麼。撰寫本書的人是威廉·貝佛里奇（William Beveridge），他是知名的學者兼作家，年輕時曾經努力幫助倫敦東區的窮人。這本報告讓他成為英國的英雄，民眾蜂擁而來聽他講這本書。戰爭之前，英國政府也幫助窮人，但那是零散式的協助。貝佛里奇希望政府為這些人提供適當的保障，讓他們不用承受市場的不確定性，例如可能失去工作、沒有錢餵飽一家老小諸如此類的。政府必須和五大「巨魔」奮戰：欲望、疾病、貧窮、無知與懶惰。政府要建立一套「社會安全」體系，支援無業的人與生病的人，要提供醫院、學校和住宅，也要遵循有助於創造就業的經濟政策。

海耶克不認同這樣的經濟體願景。他的導師是我們在第十六章介紹過的奧地利經濟學家米塞斯，米塞斯說過，社會主義絕對無用。但是，貝佛里奇與凱因斯的提案並非創建社會主義經濟體。戰後的英國經濟是「混合式」經濟體，介於資本主義和社會主義之間。政府擁有煤礦與鐵路等重大工業，控制某些產品的價格，支付學校與醫院的成本，為經濟體添加了社會主義的味道，但強烈的資本主義特質仍在，經濟體裡仍有為數眾多以利潤為導向的私人企業。海耶克拒絕這樣的折衷。他說，政府控制經濟體將會剝奪人們的自由，就算是混合式經濟這種半吊子亦然。

‧政府掌控經濟，個人自由將會被踐踏

海耶克看到的問題是，過去幾百年來輝煌的經濟進步讓人們感受到了力量。帶來這些進步的，是構成經濟體的成千上萬市場，單一個人之力絕對無法成就一個經濟體。如今的人變得更沒有耐心，希望加速進步，政府期待能更快速發展經濟體，開始干預市場。這又為何會摧毀自由？特別是，如果這麼做的用意如同貝佛里奇的期盼，是為了讓人們在經濟上免受折磨？海耶克認為，這是因為人們有不同的渴望，對於什麼才重要也意見分歧。有些人想要多一點藝廊，有些人則想要多一點游泳池，單一計畫不可能反映出每一個人的渴望。如果政府掌控經濟體，到最後就會由政府替你做決定，你將再也無法做選擇，個人自由也會被踐踏。

海耶克說，失去自由的代價很可能會讓你也失去生命。「競爭性經濟體最終訴諸的是執法機構，」

他說，「但計畫性經濟最終的制裁是劊子手。」他的意思是，在自由市場經濟體裡，如果你很懶惰，你就是沒有錢而已（你會被炒魷魚或是面對損失）。如果情況真的很糟，最嚴重的情況就是執法人員可以把你的財產判給你的債主。但在國家控制的經濟體裡，如果你的表現不好，你損失的不是自己的錢，而是賠上整個國家的錢，整個社群都要為你的錯誤付出代價。你不能用你自己的財產賠償人民，因為一切都歸國家所有。你的補償方式是進監牢，或者，在極端的狀況下，拿自己的命來賠。最初意在消除資本主義不公的體制，到最後變成了專政獨裁。

海耶克認為，英國用坦克飛機（或是兩把鏟子）來對抗納粹還不夠，也必須用想法來抵抗。經濟自由的想法一定要勝出：政府要讓人民自行決定做什麼。沒有經濟自由，就沒有政治自由。少了政治自由，人就再也無法為自己思考，政府告訴你要做什麼、要想什麼、要怎麼活。二戰即將結束時，海耶克在他的《通往奴役之路》（*The Road to Serfdom*）書中提出警告。他覺得自己必須寫出來，警告世人危險所在，即便這本書會惹惱很多人也無所謂。海耶克說，若我們任憑政府掌控我們，最後將會像中世紀的農奴，淪落為被地主掌控的農夫，不得為自己做任何決定。海耶克說，現代西方文明本身是以個人自由為基礎，如果我們忘了這一點，文明可能會解體。

海耶克的書大為轟動（而且讀起來比貝佛里奇的書更有趣），也讓他成了名。英國戰時的首相兼保守黨（Conservative Party）黨魁是溫斯頓．邱吉爾（Winston Churchill），他在一九四五年大選時的一段廣播節目中提到這本書，他批評對手工黨（Labour Party）要求政府運作經濟體的政策，並把工黨比擬為希特勒無情的祕密警察，呼應了海耶克針對大政府提出的警告。但本書也確實觸怒了很多人。當經濟學家堅信政府參與經濟體運作極為重要時，批評聲音就出現了。赫曼．范納（Herman Finer）是海耶克在倫敦政經學院的同事，他說這本書「邪惡」且「褊狹」。當公眾的看法與他背道而馳，海耶克也放棄了經濟學。幾十年後，當自由市場經濟學再度蔚為風尚（參見第二十九章），他又再度聞名。

・政府越大，自由愈少？

到頭來，西方民主社會並未催生出另一個希特勒（雖然海耶克並沒說這是必然的結果，但這種說法會讓我們更接近重點）。如今，多數經濟體都結合了私人企業與政府行動，經濟學家許多的辯證重點在於要在哪裡畫上界線。海耶克畫的線比多數人都更偏向自由市場這一端。然而即便是他，也說了經濟體裡面必須要有某些政府支出：保證失業者能有基本的生活，並供應市場無法供應的產品。如果謹慎行事，不至於威脅到自由。這看似不夠堅定的立場，也引來了很多人的百般嘲弄。奉行自由市場的哲學家艾茵．蘭德（Ayn Rand），在她自己手上那本《通往奴役之路》的書緣草草寫下對海耶克的殘酷批評：他是個「渾蛋」，也是個「愚蠢的笨蛋」。

現今的多數經濟學家仍不同意海耶克認為「政府愈大代表自由愈少」的基本立場。當政府讓每個小孩都能上學，難道不必然會增進每個人的自由嗎？當人民能讀能寫，就能完整參與社會，還能找到好工作，也能了解自己選出的領導者提出的政策是什麼。二戰後，各國政府在醫療與教育上的支出，為女性與黑人等弱勢族群提供了前所未有的協助，讓他們能夠塑造自己的人生。說到底，很多相關的論證最根本都是在探討所謂自由到底是什麼意思。這是一個大哉問，經濟學家通常把這個問題留給別人。但對海耶克來說，這是要正面迎擊的問題。這是核心問題，不僅對於哲學家來說如此，對經濟學家來說亦若是。

· 22 ·

大推動

發展經濟學

一九五七年三月六日午夜之前，迦納（Ghana）總統夸梅・恩克魯瑪（Kwame Nkrumah）站在演講台上，凝視著台下歡呼的人民。過去八十年來，迦納一直都是殖民地，但是，當十二點的鐘聲響起時，恩克魯瑪宣布，迦納從此自由了。這一刻，他的迦納成為非洲被殖民黑人國中第一個獨立的國家。首都阿克拉市（Accra）的馬球場是官方舉行慶祝活動的地點，英國的米字旗（這是迦納過去的宗主國國旗）降了下來，新的紅、黃、綠三色旗升了起來，群眾大聲高唱：「迦納的子民奮起，堅守你的志業。」迦納是打頭陣的先鋒。幾年之後，英國當時的首相哈羅德・麥米倫（Harold Macmillan）說「改革的風吹過這片大陸」。一九六〇年代，非洲以及更遠處幾十個殖民地也紛紛獨立。

恩克魯瑪讓一個由各省與各種民族拼湊而成的國家成為一個單一、獨立的國家。阿克拉市有一座拱門，上面刻著「AD 1957 Freedom and Justice」，意為「西元一九五七年，自由與正義」，標記了新時代。恩克魯瑪知道，這些文字的意義不僅在於色彩鮮艷的國旗與新的國歌而已，唯有他的人民有足夠的食物可吃，身體健康並有地方住，而且有能力讀寫，才有自由與正義。獨立之前，迦納藉由銷售可可賺了很多錢，有一部分的財富就用於興建道路與鐵路。即便如此，迦納還是如同許多新生國家一般，十分貧窮。四分之一的小孩無法活到五歲，平均所得與歐洲水準根本不能相比。恩克魯瑪承諾，迦納將會在十年內成為一座天堂。

參與獨立慶典的其中一人是恩克魯瑪的經濟顧問亞瑟・路易斯（Arthur Lewis，一九一五到一九九一年），他成長於大英帝國中的貧窮落後區域：加勒比地區的聖露西亞島（Saint Lucia）。他在十幾歲時曾希望成為工程師，但他很快就明白，白人經營的甘蔗園裡絕對不會聘用黑人工程師。他在一九三〇年代自倫敦大學畢業後，《經濟學人》（*The Economist*）雜誌拒絕了他，理由是他必須和人訪談，但一般人不想和黑人記者講話。成功姍姍來遲：一九八三年，他成為倫敦政經學院任命的第一位非裔講師；一九七九年，他贏得諾貝爾經濟學獎，至今仍是唯一一位黑人得獎人。

路易斯觀察到，貧窮國家和富裕國家不同，前者的經濟體裡充滿著「現代」與「傳統」的對立，比方說，奢華商店門外有在街上兜售的街邊小販，兩者形成對比。組成現代的部分，是聘用勞工的資本主義農場與產業，靠著製造產品銷售獲利。組成傳統的部分則是家庭式農場與家族企業，由親戚好友分享收益，而不是追求最大利潤。在貧窮國家裡，經濟體中絕大部分是傳統面。路易斯稱這是一種「二元」經濟體（DualEconomy）：「蓬勃發展的區塊……被經濟上黯淡無光的區域包圍著。」

・發展經濟學的開端

傳統經濟體有豐沛的勞動力，但多數人在生產上的貢獻度微乎其微。裡頭有著為了家族陰謀而從事奇怪工作的婆婆媽媽，有提議要替旅人提行李的年輕人，也有在辦公室門外流連等候的年輕傳信人。路易斯說，如果把傳統部門裡的工作人數減少一半，很可能都無損於產量，從這一點來說，傳統部門裡的勞力供給可說是「無限量」。然而，這裡蘊藏著經濟進步的根源。現代部門可以用低薪聘用大量勞力，藉以賺取高利。利潤可用來投資機器和工廠。當經濟體中的現代部門擴張，傳統部門就收縮，經濟上黯淡無光的區域就消失了。

路易斯幫忙開啟了「發展經濟學」（Development Economics）這個領域。發展代表的意義是進步與改善，就像人從嬰兒長成幼兒，學會如何溝通，最終成為精於社會生活的成人。十九世紀時，英國從農業社會茁壯成充滿活力的工業經濟體，如今，亞非各國也嘗試複製同樣路線。發展經濟學另一位奠基者是生於波蘭的英國經濟學家保羅・羅森斯坦－羅丹（Paul Rosenstein-Rodan，一九〇二到一九八五年），二戰期間他遠離前線，住在位於倫敦某個安靜廣場上的典雅豪宅，召集了一群同僚，為了新國家的經濟前景集思廣益。他們相信，亞非地區的快速發展對於戰後創造更好的世界來說極為重要。

所有偉大的經濟思想家，比方說亞當・斯密和李嘉圖，都對於經濟如何能進步這個問題感到著迷。那麼，為何特別要另闢一門「發展經濟學」討論呢？不是所有經濟學都在處理發展這個面向嗎？從某方面來說，是的。但是迦納以及其他新近獨立國家如印度和埃及，誕生的環境和十九世紀時的曼徹斯特大不相同（英國鋪設的第一條鐵路就在曼徹斯特）。到了一九五〇年代，歐美已經遙遙領先世界其他地方。他們已經找到方法，知道如何用便宜的方法發電，建立長長的生產線以製造從收音機到方糖等一切產品。新興國家不用凡事從頭開始。恩克魯瑪說：「其他國家花了三百多年才獲得的成就，曾經仰賴宗主國的區域（殖民地）必須努力在一個世代內就達成。」

・政府必須協助點燃經濟

羅森斯坦－羅丹與路易斯相信，新國家根本還沒有發揮自身的經濟潛力，他們將這些國家稱為「未開發」或「開發中」國家。非常重要的是，他們相信，有些政策能讓這些國家更富有。發展經濟學家與開發中國家的領導者認為，重點是要建立工業。恩克魯瑪說，當工廠排放出來的煙霧讓他的子民無法看到沃爾特河（River Volta）的對岸時，這些人才是真正的幸福。因此，對於像迦納這種主要以小農場和零星散布村落組成社會的開發中國家來說，任務是要轉型成能大量製造出汽車與化學用品的工業社會。

在一九四〇年代之前，多數經濟學家相信有市場就夠了。市場是能賺得利潤的承諾，可以鼓勵企業家興建工廠與鋪設電話線路。但是新一派的發展經濟學家認為，市場無法在貧窮國家順暢運作。路易斯解釋，開發中經濟體需要把鄉下大量的勞力帶入工廠裡，而羅森斯坦－羅丹說，這種事不會自然而然就發生。

問題在於，一家工廠要能獲利，必須還要倚賴有其他工廠的存在。新的沙丁魚罐頭工廠要賺錢，前提是要賣掉這些罐頭沙丁魚。誰會買？經濟體中傳統區塊裡的人民收入不多，沒有錢去買罐頭沙丁魚。工廠裡的工人會花掉一部分收入去買這些罐頭食品，但不是全部，他們也會想要買鞋子。如果在此同時也蓋起了另一間製鞋工廠，那麼鞋廠工人會買一點沙丁魚罐頭，魚罐頭工廠的員工則會買鞋子。

兩方各自為對方的產品創造出了市場。要能促成工業化，必須將勞工帶離農耕，同時，要讓他們投入多種不同產業。僅有一家工廠無法獲利，有了兩家就可以，因此，如果你是想要蓋沙丁魚罐頭工廠的企業家，你會因為國內沒有其他產業而裹足不前。港口、金屬工廠以及造船廠彼此相依，必須三者俱足。開發中國家必須從無到有，羅森斯坦－羅丹主張，僅有政府才可以精準地安排這樣的大躍進；政府可以在經濟體內許多區塊進行大規模投資。他將這樣的做法稱為「大推動」（Big Push）。

迦納試行相關行動。政府興建發電廠、醫院、學校與現代港口。工廠與工業如雨後春筍般冒出來。最大型的計畫，是在沃爾特河興建水壩。八千人必須為此撤離以騰出空間，這項計畫也製造出全世界規模最大的人工湖。富裕的國家提供「援助」：拿出資金以支應專案費用。政府滿懷希望，但願不久後便能賺得財富。

・大推動的成與敗

大推動並非易事，對於少有經驗的新政府來說尤其如此。迦納確實為人民提供了醫院、電話和潔淨用水，但也創造出大量效率不彰的公司，很多根本完全無用。迦納根本少有芒果，卻興建了芒果加工廠。有一家玻璃工廠製造出來的產品量，甚至高於整個國家加起來的用量。這些工廠無助於推動國家起飛，徒然讓引擎空轉、經濟體崩潰。大推動在其他非洲、拉丁美洲與亞洲等許多國家也陷入困境。

原因之一，是因為這些國家的政治與經濟以有損發展的方式環環相扣。當政府注資發展新產業，企業家就想盡辦法確保資金源源不絕。他們會支持政府，好成為政府的寵兒，有些人則會把精力花在說服政府官員把錢撥給自己，而不是想辦法提高自家工廠的效率。

但還是有些國家成功了，南韓就是其中之一。二戰末期，韓國一分為二，一邊是奉行共產主義的北韓，一邊是資本主義的南韓，兩韓在一九五〇年代初期彼此交戰。南韓的諸多問題也在戰爭的混亂之中逐漸浮現。千百萬人民死亡，活下來的則落入貧窮的深淵，很多人失去了房子，必須去荒山野嶺裡找食物。一九六一年，朴正熙將軍掌權，啟動了南韓自己的大推進，目標是要把南韓變成工業重鎮。朴正熙透過「財閥」（chaebol）來執行南韓的大推動，「財閥」指的是和政府密切相關的企業。政府指示財閥踏入特定產業，然後貸給他們廉價資金。一開始，財閥獲得保護免於海外競爭，但南韓政府堅持這些企業要有競爭力，最終目的是要讓產品出口。

南韓的經濟起飛了，發展出自有的紡織、成衣產業，之後又邁向鋼鐵、汽車與造船業。一九五〇年代，北韓的經濟比較強健，但南韓沒多久就超越了，並把其他開發中國家遠遠拋在後面。朴正熙掌權幾十年後，南韓經濟體的規模擴大了十倍。電子業的三星（Samsung）以及汽車業的現代（Hyundai）是南韓其中兩家財閥，已經成為歐美家喻戶曉的品牌名稱。今日的南韓，享有與富裕國家比肩的生活水準，南韓人民說朴正熙創造出「漢江奇蹟」。南韓的出色之處，在於政府能阻止新產業怠惰偷懶。用優惠貸款獎勵企業家的同時，南韓政府也確保企業能有好表現，對於無力競爭、無法將產品銷往海外的企業，朴正熙甚至收回貸款。亞洲還有許多國家在戰後也同樣繁榮昌盛，比方說新加坡、台灣和香港。這些國家因為非凡的成就而贏得亞洲小龍的美名。

讓人難過的是，在某些國家的經濟體裡，政府的介入不僅僅讓大推動窒礙難行，還造成了更嚴重的問題。現已更名為剛果民主共和國（Democratic Republic of the Congo）的薩伊（Zaire），統治者蒙博托・塞塞・塞科（Mobutu Sese Seko）盜用幾百萬美元的公款，替自己蓋了十二座宮殿，還搭著大型遊艇暢遊薩伊河（Zaire River），遊艇裡配備了用粉紅色絲綢製成、外觀仿牡蠣的沙發。與此同時，他的人民卻得為了活下去而用盡氣力，國家的道路也殘破不堪。也因此，某些經濟學家開始抗拒大推動這個想法。一九八〇年代，他們要求窮國和富國的政府停止干預經濟。此時也制定出發展窮國經濟的新自由市場策略，比方說「民營化」，把國營企業轉賣給民間企業家。這些策略到頭來也還是讓人失望，經濟學家開始認為，不管何時，政府做選擇時都無法只靠按下單一的觸發鍵來點燃經濟，順利升空起飛。

· 23 ·

涵蓋一切的經濟學

生活中的經濟學

如果你擁有一家店，每當你要開店營業時，心裡就會不停地計算：雞蛋夠嗎？要不要再買一台冷藏櫃？再聘一位店員划算嗎？你一整天都在加總銷量和成本，想盡辦法賺到最高利潤。當天關門後，你回家準備晚餐，整理家裡，你可能會以為，自己那顆不停計算的心這個時候可以休息一下了，但是，烹飪、清理以及和孩子玩耍等家庭活動，真的和商業與經濟學無關嗎？生活的非經濟面向，叫「社會」面向，是其他社會科學家的研究範疇。人類學家檢視人們的慣例與文化，社會學家檢視廣義的社會運作情況，這兩類學者思考的問題，諸如婚姻與家庭，以及犯罪和種族歧視等比較黑暗的主題，你可能會假設經濟學家和他們不一樣：經濟學家處理的是絕對的經濟議題，關乎產業與企業、價格與利潤。

一九五〇年代，蓋瑞．貝克（Gary Becker，一九三〇到二〇一四年）打破了「經濟」與「社會」的分野。他是芝加哥大學一流的經濟學家——芝加哥大學的經濟系名聞遐邇，人們甚至專門以芝加哥學派經濟思維稱之。芝加哥學派的哲學是，市場與價格是社會運作的基礎，而貝克比多數人更勝一籌，把這一點發揚光大。貝克認為，工作時，店主會計算成本與收益，設法賺得最高利潤；回到家，他們還是忙著計算成本與效益。他們叫孩子關掉電視做功課，因為有做功課的孩子長大成人後能多賺點錢，而有錢的成人更能好好照顧年邁的父母。事實上，貝克看到的是經濟計算無所不在，他有一堂課的主題就叫「以經濟方式檢視人生」（The Economic Way Of Looking At Life）。貝克認為，經濟學基本上可以用來理解生活中的任何領域。

某天下午，貝克有一場重要會議要開，眼看就要遲到了。如果他把車子停在指定的停車場，那一定會錯過會議開場，違規停在街上會比較快。他注意到自己在權衡不同行動的成本效益。如果停在街上，他可以及時趕上會議，但是風險是收到停車罰單。對他而言，違規停車的成本，是根據被抓到的機率調整後的罰款金額。他認為，和及時趕上會議的效益相較之下，這個成本很低，因此他決定停在街上。他的違法行為是一個經濟計算的問題。

• 從經濟學看犯罪與種族歧視

這次經驗刺激貝克提出犯罪的經濟理論。他反對某些論調，像是罪犯和奉公守法的人民本質不同，罪犯會犯法是因為他們心智有病或是受到別人嚴重威脅，以及罪犯從某種意義上來說是環境的受害者。貝克指出，罪犯和其他人並無不同，他們不一定邪惡、生病或充滿野性，而是擁有理性、精於計算心智的人。貝克不否認犯罪的理由很複雜，他的重點是，成本效益對於罪犯而言，就像對於店主一樣具重要性，防制犯罪必須考慮這些問題。舉例來說，停車主管機關若想要省錢，提高罰金即可，不用花很多錢派出停車管理員尋找違規亂停的車輛，舉發這些亂停的人。當車主理性計算後可能會發現，高額罰金搭配舉發機率低的結果，和罰款低但舉發機率高一樣。消除犯罪的最好辦法，是讓犯罪無利可圖。以違規停車來說，這可能代表要提高罰金；對於強盜來說，則可能代表要延長刑期。

貝克使用標準的經濟原理來分析各種人類行為。原理之一是人們有一套不太會改變的明確偏好，今天你比較喜歡搖滾樂而不是爵士樂，下星期的你很可能還是維持原樣。另一條原理是人是理性的，他們會計算出最能滿足自身偏好的行動方針。在擁有的金錢以及物品成本都固定的條件下，他們會為自己做出最佳選擇，這也代表了取捨無處不在。經營者會比較開立新店面的成本與效益，偷車賊會評估偷竊一輛賓士車的價值以及因為偷車而入獄的風險。

學生時代的貝克，同樣也使用這些經濟原理來檢視種族歧視。他的同事對此感到十分震驚。種族歧視絕對和人們的態度以及社會正義有關吧？這是社會學要處理的議題，和經濟學到底有何干係？貝克相信，經濟學可以提供很多解釋。一九五〇年代，美國黑人在就業與薪資方面都遭受嚴重的歧視。看待懷有種族歧視的雇主時，貝克把他們對於黑人的厭惡看做是一種偏好。如果你喜歡搖滾樂勝過爵士樂，換句話說，與搖滾樂相較之下，你不喜歡爵士樂，你願意花在購買爵士樂唱片的錢，不會高於願意用來買搖滾樂唱片的錢。同理，帶有種族歧視的店主在針對同一個職務用人時，不願支付與白人員工同等的薪資給黑人員工。假設黑人員工必須接受比白人員工低五十美元的薪資，才有機會從店主手中獲得工作機會，貝克把這五十美元稱為「歧視係數」（Discrimination Coefficient）。種族歧視的店東願意多付五十元聘用白人員工，因此他們要比不帶種族歧視的雇主付出更高的人事成本，而後者可以用較低的成本找到一樣好用的員工。一般假設，白人對於黑人的歧視讓黑人窮困、白人富有，但貝克在這裡證明，種族歧視者也是輸家。

猶太人在就業上也備受歧視，但是他們在美國總人口中占比很低，所以較容易找到非種族歧視的雇主，因此受害較沒那麼深。黑人在美國總人口中的占比甚高，不可能讓所有黑人都找到不帶種族歧視的雇主，很多人別無選擇，只能替種族歧視的老闆賣命。因此貝克的理論指出，就算種族歧視的雇主討厭猶太人的程度和討厭黑人一樣，黑人的平均薪資也會低於猶太人。受歧視的族群規模愈大，就有愈多成員必須接受低薪條件，屈就於願意支付更高薪資聘用其偏好族裔成員的雇主。貝克說，正因如此，南非的種族隔離鎮壓占人口大多數的黑人，既不道德，也是一種經濟上的浪費。

・生兒育女的經濟學原理

貝克也把經濟學應用到人生的正面面向，例如婚姻、家庭和養兒育女。家務事不是靠金錢買賣交易，但貝克相信，經濟原理同樣也在家庭裡發揮作用。

家庭就好比一個小型的工廠，投入生產要素如麵粉、蔬菜以及烹飪技巧，用以生產出產品：全家圍繞在餐桌旁共享的餐點。對經濟學家來說，麵粉和蔬菜是稀少性資源：就算你能輕輕鬆鬆在店裡買到這些東西，但整體來說數量是有限的，因此我們每一個人能擁有的數量也有限。家庭生產活動中有一個很重要的生產要素是時間，這同樣也是稀少的資源。有些家庭產品需要花費大量的時間生產，貝克將這些稱為「時間密集」（Time-Intensive）產品。在家看《星際大戰》（*Star Wars*）電影是時間密集的活動，因為這會花掉你好幾個小時。從事這項活動的主要成本並非你支付的電費和吃掉的爆米花，而是你本來可以用這些時間去做的其他活動（比方說探訪朋友），也就是機會成本。對於高薪的人來說，看《星際大戰》電影的機會成本很高，因為花一整天的時間看電影而不去工作，他們會少賺很多錢。

貝克把時間密集的概念應用到生兒育女的決策上。他說，小孩就好像是你想擁有的產品。當你買下一部車，你得要支付成本，長期來說可以獲得一連串的益處，而養小孩也一樣（他第一次在一場大型研討會中打這個比方時，聽眾都嘲笑他）。小孩是時間密集產品，因為照顧小孩要花掉很多時間。那麼，就與花一整個下午看電影的邏輯一樣，生養孩子的成本是你留在家照顧孩子必須放棄的薪資所得，當你的薪資愈高，生養小孩的成本也跟著水漲船高。通常得放棄所得的都是女性，她們會放下工作以照顧子女，因此在二十世紀期間，隨著外出工作的女性增加，養育孩子的成本也就愈高。結果是，女性開始減少生育數目。

・經濟學方法的巧妙多變

十九世紀時，經濟學家馬歇爾說經濟學「不是由紮實事實組成的實體，而是用於發掘紮實事實的引擎」，這種觀點是將經濟學視為分析方法，將理性與選擇的原理應用到任何你想運用的情境。同樣的，對貝克來說，經濟學是一種「工具」，而非一種「實體事物」，內容不必然關乎「經濟體」（也就是指消費與生產產品的個人和企業），也可以討論生活中幾乎任何面向，包括過去向來被認為超乎經濟學家範疇的犯罪與育兒。經濟學家跟著貝克的腳步分析法律體系、恐怖主義，甚至刷牙和日本相撲！許多經濟學家認為，這樣的發展是好事。經濟學方法之所以強大，是因為其巧妙多變，可以應用到每個地方。這是一種威力無窮的方法，可用來解釋各種人類行為。

有人認為經濟學的發展過了頭。經濟學家忙著投注所有精力去學習應用這套方法，卻忽視了研究經濟體本身、日常如何運作以及長期下來如何發展（如果你在大學讀經濟學，你會花很多時間去學習如何應用各種理性與選擇原理，而不是去了解如美國或日本等經濟體實際上如何運作）。接著，下一個問題則是，經濟學的方法實際上到底多有威力？我們在第十七章談過經濟學家范伯倫，我們看到他拒絕了經濟學家標準的理性與選擇理論。像他這樣非傳統的經濟學家說，經濟學必須納入更豐富的人類行為模型，不只是計算成本效益而已。如今很多經濟學家相信，店主在管理存貨時根本不理性，更遑論人們在家煮飯時的行為了（請參見第三十六章）。

然而，貝克提出的很多觀念極具影響力，我們很容易就忘記這些想法曾經極具爭議性。現代經濟學家常常在講「人力資源」，認為人就像機器一樣對生產亦有貢獻，以及人可以藉由取得學歷資格來增進自己的人力資本，讓未來的就業前景更加光明。貝克最初提出這些想法的時候，人們怒不可遏，如今，學生上大學培養技能有助於畢業後找到高薪工作，這樣的想法幾乎沒有人質疑。

· 24 ·

成長

經濟成長理論

小時候，父母親可能會在你每年生日時在牆上做個記號，標示你長大了多少。記號愈來愈高，你也感到驕傲：你長大了、長高了，能做的事比小的時候更多了。如果你有弟妹，代表他們的記號會從你的記號下方開始，但日後慢慢追上。經濟學家認為，各經濟體也是如此。

經濟體就像不斷成長的人一樣：有些長得比較快（通常是比較「年輕」的那些），後來居上，追上成熟經濟體。而且經濟體也像孩子一樣，在成長的同時，能做的事也更多了：能生產更多產品供人們消費，有更多資源可以用來興建學校與對抗疾病。從某方面來說，「經濟體如何與為何成長」是經濟學的核心問題。經濟體成長，將更有能力供應人們所需。因此，就我們到目前為止談過的經濟思想家來說，就算他們沒有用到現代的「經濟成長」一詞，仍然有很多人關心這個問題。他們想要知道社會長期下來如何變得更富裕、更精緻，其中很重要的一部分就是經濟體的規模如何擴大，也就是經濟體如何成長。

二戰之後，經濟學家開始用新的思維來思考經濟成長。一九三〇年代大蕭條期間，各經濟體的狀況和成長完全扯不上邊，反而是逐漸收縮：各國的產出減少，企業退出業界，還有千百萬人失業。大蕭條是一種危機，經濟常態則是另一回事。一國經濟體處於常態時，該國會善用所有資源以生產產品，因此少有失業的人與閒置的工廠。長期下來，經濟體會成長，產能會提高，社會也變得更富裕。這就是在一場與另一場危機之間通常會出現的狀況。在第一次大戰之前，全球許多一流的國家穩定成長，沒有任何大型的經濟風暴；二戰結束後，又出現了另一段新的成長時期。

現存的經濟學家中少有人同時經歷過二戰後的經濟成長與之前的大蕭條，美國經濟學家羅伯．梭羅（Robert Solow，生於一九二四年）是其中之一。二戰結束時，他從軍中退役，回到哈佛大學完成中斷的學業——他之前在哈佛研讀社會學與人類學。因為一時興起（妻子建議他找個有趣的學科），他轉向經濟學。這是好建議。梭羅善用了數學和統計學，用現代的妙法來處理一些經濟學的老問題：哪些力量帶動經濟體成長、使得人們的長期生活水準得以提升？為何有些國家的成長速度比別人快？

• 人均所得是成長重要指標

梭羅（以及曾與他齊名、如今已經被忽略的澳洲經濟學家崔佛．史旺〔Trevor Swan，一九一八到一九八九年〕）設計出一套理論，解釋經濟體在可使用所有可得資源生產產品的承平時期如何成長。他們要我們想像一個簡化的世界，在這裡，製造產品的生產要素是資本（機器與工廠）和勞力。社會利用不同的資本與勞力組合來生產產品：如果任務是要挖掘火車用的隧道，可以用幾部挖土機加上很多人拿著鏟子挖，也可以用很多挖土機加上請一些人來駕駛機器。所謂富裕的國家，是指與人口相對之下，擁有很多資本的國家。這表示這些國家可以為每一位國民生產大量的產出，而人均產出是衡量一個社會富裕程度的適當指標。如果由十個人組成的社會可以創造出價值一百英鎊的產品，這就比二十個人產出等值產品的社會富裕兩倍。十人社會為每位成員提供的產品平均數量高了兩倍，他們的生活水準高於二十人的社會。梭羅的理論重點，是要以人均所得作為重要指標來解釋成長。

如果你投入了更多資本（比方說，拿錢多買一部麵包烤爐），就會增進經濟體的產出，因為你可以烘焙出更多麵包。在梭羅的理論裡，當勞工的人數不變，而你投入更多資本，能夠增加的額外產出會愈來愈少。這種效應稱為「報酬遞減法則」（Diminishing Returns To Capital）。想像一下，某個國家只有少數幾台麵包烤爐。多投資一台，會讓麵包師的產量大增。但是安裝愈多烤爐之後，會愈難找到人來操作烤爐，因此第一百台烤爐能提高的產量，將比第十部少很多。

資本報酬遞減，代表隨著一個經濟體多投入更多資本存量、提高生產量，成長的速度會慢下來。最後，額外的資本再也不能提高產量。如果資本是唯一能帶動經濟成長的因素，那麼這個經濟體到最後的人均所得將達到零成長的局面。事實上，長期來說，還有別的因素可以帶動人均所得成長：技術進步。用經濟學的術語來說，技術是指讓生產投入要素（例如布料、絲線和金屬）變成產出（例如牛仔褲）的方法訣竅，這種方法訣竅也就是知識（例如如何裁布、縫製等等）。如果有人發明了效率更高的縫製技巧，就代表知識進步了，這麼一來，就可以用更輕鬆的方法生產牛仔褲，而經濟體也將更具「生產力」。技術更進步，一個國家就可以用原有的資本和勞力生產出更多產品，也創造出全新的產品。所謂的社會進步，就是捨石板改用羊皮紙、捨羊皮紙改用紙張、捨紙張改用平板。梭羅說，技術進步才是真正的成長引擎，技術進步會帶動高產能。

・落後國家成長速度快過富裕國家

梭羅的理論很樂觀，認為貧窮國家的生活水準多半會追上富裕國家，就像小孩最後的身高會愈來愈接近年紀較大的兄姊一樣。資本很少的貧窮國家，成長速度會快過資本豐沛、因此多數額外好處均已消失殆盡的富裕國家。貧窮國家成長速度快，因此生活水準可以趕上富裕國家。兩類國家會愈來愈接近，來到只有技術進步能成為成長來源的階段；離這一點愈遠的國家，成長速度愈快，會往這個點匯聚。

二戰過後，美國是世界上經濟最進步的國家。歐洲後來追了上來，就像梭羅說的一樣。歐洲國家使用電晶體和電腦等新科技，並打造出像美國一樣的大型自動化工廠。二戰結束時，歐洲人均所得不到美國的一半，但到了一九七〇年代中期，已經接近美國的四分之三。在歐洲之外，日本也有長足的進步。

穩定的進展持續幾十年，大蕭條也沒有捲土重來。經濟學家把這些年頭看成是成長與生活水準的「黃金年代」。一九五〇年代時，僅有兩成的法國家庭擁有汽車，到了一九七〇年代初期，則增至六成。二戰後法國甚為少見的冰箱和電視，很快也變得稀鬆平常。當人們增加消費的同時，工時卻縮短了。就連本來的歐洲龍頭英國（但鄰國後來居上，英國就再也不是經濟領導者了）也有收穫，休假和看電影成了常態。一九六三年有一部賣座的英國電影《夏日假期》（Summer Holiday），劇情描述一群技工在午餐休息時借來一部公車，開車往南方走，最後到達希臘的一處海灘。在這些年頭，技工與公車司機也希望能在陽光下享受夏日假期，這不再是富裕人士的專屬特權。一九五七年，當時的英國首相哈羅德．麥米倫就嗅到了這股氣氛：「多數人從來沒有過過這種好日子。到英國各處逛逛……你會看到一幅蓬勃富裕的景象，這是我一生中前所未有的，事實上，也是英國史上的第一次。」

・仍然貧窮的國家

但這只是某些國家的黃金年代。歐洲欣欣向榮，世界上多數國家卻仍貧窮。某些國家，例如南韓，確實急起直追，就如梭羅的理論預言，但多數亞非國家仍遠遠落後。在梭羅之前，經濟學家認為，只要窮國開始大量興建工廠、道路和港口就會富裕起來，我們在前一章看到開發中國家也很努力這麼做。梭羅指出，就算投資更多資本（興建工廠與購買機器），在最好的情況下也只能暫時刺激成長。經濟體長期要能成長，必須要有更好的技術。但梭羅的理論並未說明新技術要從哪裡來，理論將技術設為「外生因素」：這是來自經濟體以外的事物，無法控制，就像讓花園枝繁葉茂的陽光一樣。理論假設，無論是馬拉威還是瑞士，所有經濟體都同樣能得到技術，全部平等。當馬拉威開始運用新科技，就會和瑞士愈來愈相像。實際上，窮國要採用最新的科技方法會遭遇各式各樣的障礙，這些國家可能缺乏適當運用科技所必要的技能，或者這些技術在該國的企業中並不具備成本效益。

此外，技術也不是外生的，而是由一個社會裡的投資人與工程師這類人才合力創造出來的。一九九〇年代，美國經濟學家保羅．羅默（Paul Romer，一九五五年生）啟動了另一波新的成長理論潮，將技術視為「內生因素」，亦即由經濟體內產生。羅默的重點是，技術進步和陽光是兩回事。人會發明更好的汽車引擎，是因為銷售新引擎能讓他們賺錢。技術很特別，因為一旦發展出某種技術之後，就可以一用再用。一家航太企業花錢研究某種金屬的燃點，它可以利用這項知識做出更輕盈的機翼，然後銷售輕型機翼賺錢。之後，廚房家電製造商也可以使用同樣的知識，做出更好的烤箱，不需要再花錢從事研究。因為這一點，使得知識和人們會買賣的多數其他東西大不相同。經濟學家說這叫「非抗對性」（non-rival，也稱無敵對性）產品。我們可以拿技術和鑽子相比：如果你在使用某一支鑽子，我就不能用，而鑽子會磨耗，最後一定要汰舊換新。但是一旦找到某種金屬的燃點之後，這項知識就是永遠已知了，新發現會不斷往上加，拓展我們的知識，沒有極限。

知識具備非抗對性且可以持續拓展，能帶來的財富可以不斷增加。但這裡有個問題：新知識的部分益處會落入原發明人之外的人手上，因此如果以對整體經濟最佳的水準相比，研發總是太少（這是市場失靈的範例，我們在第十四章介紹庇古教授時談過市場失靈的概念）。羅默的技術與成長理論暗示了政府有著力點，透過支付研發經費可以催生出更多新構想，遠勝過交由私人市場獨立運作。

在梭羅理論裡，成長會慢下來；但在羅默的理論裡，只要新構想在經濟體裡傳播，成長就得以繼續。這代表大型的經濟體（這些經濟體善於創造新想法）可以繼續擴大，成長速度不會減緩，小型經濟體無法自動跟上。遺憾的是，全世界許多最貧窮國家的命運確實如此。說到底，這代表他們沒有足夠的資源，無法餵飽人民、讓人民受教育並替人民遮風擋雨。這也正是成長如此重要的理由，美國經濟學家小勞勃．盧卡斯（Robert Lucas）因此也說，一旦你開始思考成長的問題，「就很難去想別的事了。」

· 25 ·

協調融洽

部分均衡與全面均衡

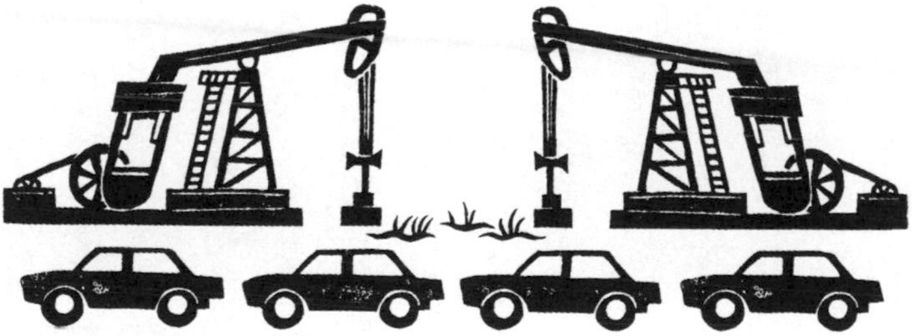

從開學日起，數學系的學生就準時來到十五號教室，準備花一個小時學習分數，學地理的學生則去了第十二號教室。到了下一堂課時，又有學生魚貫進入第十二號教室上歷史課，有些則要去第三號教室上英文課。每天都是這樣，日復一日。學生怎麼知道要去哪裡？顯然是因為有某個人坐下來替他們排好了課表。如果排程有問題的話，將會變成一場混亂：教法文的老師要替上物理的學生上課，要上不同課程的學生在同一間教室裡搶座位。但如果順利，每一天的課程都可和諧進行。

課表可以協調各懷目標的人們，讓學習不同科目的學生各得其所。設計課表的人必須要讓每個人的目標能對應上現有的教室數目和老師。經濟體也是一個大型的協調問題。此時此刻，你想要一副新耳機，你的朋友想要電玩遊戲，而我想要一杯咖啡，外面還有很多人想要我們可能絕對不想要的東西，比方說肉丸口味的泡泡糖（沒錯，真的有）。如果你和你的朋友跑到大街上，會看到賣耳機和賣電腦遊戲的商店，而如果我暫時把寫作工作放下來，走到外面去，一定能找到願意賣我一杯咖啡的人。就算是想要奇怪口味泡泡糖的人，也可以在對的地方找到他們喜歡的東西。

從經濟運作上來說，誰是要在正確的教室裡現身的學生？是企業。他們要為人們提供大家想要的各種東西，而且數量要正確。當人們想要買一百萬副耳機時，耳機製造商就製造一百萬副；換成咖啡和電腦遊戲供應商，情況也一樣。那麼，誰替經濟體設定時程表？誰告訴耳機製造商要製造一百萬副？在資本主義經濟體中，沒有人這麼做。我們已經習慣了，事實上，我們根本不會去多想。通常只有在事情出錯時，我們才會發現經濟協調的問題：某家製造電腦零件的廠商退出市場，你發現想買的筆記型電腦沒貨了。神奇的事就在我們的眼前運作，日復一日。經濟體多數時候都在不需任何人訂出時程表的狀況下順利運作，那麼為何不會出現一團亂？

・從「部分均衡」發展到「全面均衡」

一九五〇年代，在美國的肯尼斯・阿羅（Kenneth Arrow，一九二一到二〇一七年）與生於法國的傑拉德・德布魯（Gérard Debreu，一九二一到二〇〇四年，又譯羅拉爾・德布魯）領軍之下，一群經濟學家試著回答這個問題。十九世紀由馬歇爾琢磨出來的基本市場理論，檢視單一市場的供需。耳機市場的供需由耳機的價格決定，石油市場的供需則以油價決定。當石油的需求高於供給，油價就被往上推高，刺激人們減少需求並鼓勵石油公司增加供給，最終供需會回到平衡，進入均衡。均衡時，油價會導引石油生產者供給的數量剛好等於買方想要的數量。如果供需是翹翹板的兩端，均衡就是完全平衡、整個平靜下來不再晃動的翹翹板。

問題是，油價不光影響石油市場。阿羅指出，當一九三〇年代德州與波斯灣發現新油田時，低油價造成了各種效應。一般人家中的暖氣系統開始捨煤炭改用石油，煤礦的就業水準也隨之下降。煉油廠不斷壯大，推升了鋼鐵需求。低油價鼓勵人們多買車，導致鐵路衰退。一個市場的動向會在多個市場激起漣漪。馬歇爾的供需理論是「部分均衡」（Partial Equilibrium）理論：這裡忽略了漣漪效應。

要掌握漣漪很困難。在部分均衡理論下，我們將石油市場的起起伏伏僅歸於油價這個因素。我們如何考量同市場之間的互動？想像一下，石油市場的波動和汽車市場的波動相關。當一邊開始動，另一邊也會有反應，每一種波動都會和幾十種、甚至幾百種波動有關。

「全面均衡」（General Equilibrium）分析各種波動之間的連動，這套理論始於十九世紀，始祖是法國經濟學家里昂．瓦爾拉斯（Léon Walras，一八三四到一九一〇年）。單一市場的均衡可以寫成一條簡單的方程式：供給等於需求。在瓦爾拉斯的理論裡，石油的供給與需求由經濟體中的每一個價格決定，耳機、咖啡以及其他所有產品的供需亦然。如果市場裡有一百萬種產品，到最後你會有一百萬條方程式，每一條都由一百萬種價格決定。當每一個單一市場的供給都等於需求時，所有的起伏都會停下來。用瓦爾拉斯的數學術語來說，當所有方程式同時解出來時，就會出現均衡。瓦爾拉斯並未設法找出他這個數學問題的解答，動手的是阿羅和德布魯。

一九四〇年代，阿羅和德布魯正在修習經濟學，當時這門學科的數學成分還不強。打開任何一本當時的經濟學書籍，你會發現大部分都是文字。阿羅和德布魯是闖入經濟學領域的數學家。一九五〇年代，他們任職於芝加哥大學裡的一個研究機構「考爾斯經濟學研究委員會」（Cowles Commission），這裡後來成為數理經濟學的重鎮。在他們寫出的論文當中，有很多數學符號在文字之間穿梭（事實上，跟今日經濟學家所寫的論文很像）。阿羅在一九五〇年代因為自己的研究而獲獎，他的一位同事甚至建議，在他領獎之後要致謝詞時，用「數學符號毀了我」作為開場白（譯註：阿羅擅長用數學來表達經濟學，此種做法當時並不風行，致使他在專業職涯上遭受許多挫折。

阿羅與德布魯從對人類行為的假設出發，之後使用絕對的數學論理，看看這些假設對於經濟體來說有何意義。有些假設講述人是理性的，或是人做選擇時是一致的。比方說，假設你喜歡香蕉勝過梨、喜歡梨勝過桃子，那麼，你一定喜歡香蕉勝過桃子。他們發現，如果人的偏好是理性的，那麼，經濟體中的所有市場就可能平靜下來，不再波動。以經濟學家的術語來說，全面均衡確實存在。發現這一點很重要，因為如果不可能存在均衡，經濟體中的企業就不會出現能滿足每個人需求的一組價格。用數學術語來說，這個經濟體就「不一致」，一群互相牽連的波動將永遠不會平靜下來，會撞向地面、互相衝撞或全部糾結在一起，這樣會導致混亂。

・柏拉圖效率：沒有資源被浪費掉

但是，各個市場有沒有用，除了和它們之間是不是「一致」有關之外，還有其他因素。假設我們知道此時此刻經濟體處於均衡。「均衡」是在描述一種情境，但同時經濟學家也在想，從滿足整體社會的需求來看，「均衡」有多大用處。且假設我們去了當地市場採買了一個早上，之後各自帶了一袋水果回家。我有這麼多梨子、你有那麼多香蕉，這是好事嗎？二十世紀初，一位義大利經濟學家維弗雷多・柏拉圖（Vilfredo Pareto，一八四八到一九二三年）提出了一種判斷方法。他說，如果改變某個經濟結果可以在不傷害任何人的條件下，至少讓一個人變得更好，那麼，這就是不受歡迎或「無效率」的結果。假設我有四顆梨而你有四條香蕉，你對梨和香蕉一視同仁，但我對香蕉的喜愛是對梨子的兩倍。如果我們用你的香蕉換我的梨子，那麼我的開心會變成兩倍，而你則是和之前一樣。這種變化稱為「柏拉圖改善」（Pareto Improvement）。如果我們不做交換，那麼，經濟體的資源就沒有用在最佳用途上：給我多一點香蕉可以增加我的幸福程度。但現在卻非如此，因此從某種程度上來說，這些香蕉被浪費掉了。完成所有這類交換的經濟結果，就是具備「柏拉圖效率」（Pareto Efficient）的結果。在這時候，不可能在不傷害他人的情況下讓某個人變得更好。這個概念是經濟體裡不應該有「被浪費」的資源，比方說你手上的香蕉。

阿羅和德布魯證明，如果經濟體中存在全面均衡，那必定具備了柏拉圖效率。這在經濟學上是一項讓人珍視的結論，在經濟學上有一個特別的名稱：第一福利定理（First Welfare Theorem）。這表示，當經濟體處於均衡時，不會有任何資源像你的香蕉一樣，被浪費掉了。在促成均衡的價格上，我可以把我的梨子賣掉，然後用這筆錢去買香蕉，你可以把你的香蕉賣掉去買別的東西。事實上，千百萬人都用這種方法來處理各種不同的產品。一旦所有交易都完成，任何人都無法再獲得任何好處時，也代表再也沒有任何被浪費掉的資源。因此，阿羅和德布魯證明，即使沒有專人負責協調，市場經濟體也像是安排得宜的學校一樣，可以走向融洽協調：人們的渴望可以達成平衡，不會有資源被浪費掉。

‧一切都環環相扣

但要小心，不要太過陶醉於其中了。首先，柏拉圖效率只是「什麼對社會來說是好事」的基本概念，這個概念只是排除了資源被浪費的情況而已，但是，具備柏拉圖效率的結果有百百種，其中一種是一個富裕的人擁有一切，其他人則一無所有。把物資從這個富人手上轉給其他人，會讓其他人的處境轉佳，卻減損了富人的福利。即便我們認為這是很多人樂見的行動，但也無法導引出柏拉圖改善。這樣的市場結果就算具備效率，卻也非常不公平。

其次，阿羅與德布魯的理論假設和真實市場的運作相去甚遠。這些假設的成立前提是市場為競爭市場，並無任何可影響價格的單一買方或賣方。實務上，有很多強大的公司都可以影響市場價格，其影響力通常都是來自於「規模經濟」（Economies of Scale）。比方說，一家飛機製造商要先投資昂貴的設備，才能生產飛機。當這家公司的產量提高時，就能有更多銷售出去的飛機來分攤一開始投資的成本。這樣的企業通常會擴張到占得高市場占有率為止；到了這個時候，市場就不再是完全競爭，第一福利定理也就不成立了。當一個人的消費或生產可以影響他人的消費和生產，卻並未反映在價格上時，同樣也不成立，例如發電廠產生的汙染會害附近農田的收穫量減少。

阿羅和德布魯用現代的妙法來處理一個古老的經濟學問題：為何千百萬人各行其是，卻能導引出經濟體的和諧？亞當．斯密說這是「看不見的手」，有些經濟學家把第一福利定理視為證明了亞當．

斯密的想法。但是，由於證明公理所必要的假設和現實情況天差地遠，你也可以把這條公理當成實際運作的市場不可能具備效率的證據。因此，政府或許必須介入，幫助經濟體朝向有效率的方向發展。舉例來說，政府有時會想辦法拆解壟斷廠商，好讓市場更有競爭性，或是對汙染課稅，好讓經濟體能更精準反映社會對於潔淨空氣的渴望。然而，除了先進的數學之外，全面均衡理論蘊藏著一個基本且重要的訊息：獨立檢視單一市場是很危險的事。一個市場的變化也可能在其他市場引起變動。從經濟上來說，一切環環相扣。

· 26 ·

一分為二的世界

富裕國家與貧困國家

一九五六年十一月，八十二個人搭乘一艘規定僅能搭載二十人的老舊船隻，從墨西哥揚帆啟航，船上裝滿了食物、來福槍和反坦克炮。乘客暈船暈得厲害，船也漏水了，甚至還有一人落水，但七天後這一群人都到了古巴。船上有兩名年輕人，後來會在二十世紀最知名的革命家榜上有名。菲德爾·卡斯楚（Fidel Castro）是這一群人的領導人，曾經試圖推翻古巴政府。船醫是一名阿根廷人恩內斯特·切·格瓦拉（Ernesto 'Che' Guevara），他在學生時代騎著機車遊遍拉丁美洲各地，旅途中所見的貧窮和苦難，讓他備感憤怒。

切·格瓦拉和卡斯楚痛恨古巴政府，他們說，山裡窮人的孩子只能打著赤腳，也無法接受教育，但古巴政府根本不在乎。政府只關心在古巴賺錢的美國企業，以及在哈瓦納賭場享樂的有錢人。切·格瓦拉和卡斯楚希望永遠消滅這個政府，他們會踏上這趟危險的旅程，就是為了這個理由。他們的船在一處茂密的沼澤地靠了岸，同船中有很多人在這裡遭到古巴軍人殺害。切·格瓦拉、卡斯楚以及一些人想辦法逃脫，躲進山裡，並在山裡啟動一場對抗政府的戰爭。

切·格瓦拉和卡斯楚相信，導致古巴以及拉丁美洲其他國家貧窮的原因，是富裕國家的貪婪，尤其是美國。他們說，富裕的國家「剝削」了貧窮的國家。馬克思說資本家剝削工人，要工人長時間工作、輪作辛苦的班別，然後以利潤之名把多數工人生產出來的價值納入囊中。「剝削」一詞暗指了不公與錯誤，但是這個概念要如何套用到整體國與國之間的層次？像美國這樣由千百萬的工人和企業組成的國家，如何剝削像古巴這樣的窮國？

經濟學家安德烈・岡德・法蘭克（Andre Gunder Frank，一九二九到二〇〇五年）提出了一套理論，說明如何套用。法蘭克生於德國，一九六〇年代在拉丁美洲安頓下來。南行之前，他已經先在著名的自由市場經濟學大本營芝加哥大學取得博士學位。對法蘭克的諸位老師來說，馬克思的想法危險又充滿錯誤，不要展讀他寫的書或許還比較好。剝削這個概念，無論是用在老闆和工人之間還是不同的國家之間，完全沒有道理（當工人接受一份工作，他們是自由地接受對方開出的薪資。沒有誰剝削誰）。但是法蘭克拒絕了老師們的訓示。一如切・格瓦拉，他也說他是在路邊才受到真正的教育，在美洲靠著搭便車走了幾千英里的路。之後，他從一個拉丁美洲國家搬到另一個，利用他的理論為當時掌握權力的激進新領袖們提供建議。

・依賴理論：翻不了身的窮國

標準經濟學認為，和富裕國家貿易會讓窮國富起來；法蘭克則持相反意見，貿易實際上會傷害窮國。法蘭克說，問題在於窮國出口貨物（比方說香蕉與咖啡）賺得的利潤並沒有用於真正的經濟發展，例如興建學校或發展新產業。窮國經濟由大型外國企業主導。以古巴為例，這些公司經營農園與礦場，從貿易中賺得利潤的是他們。有些當地人確實富了起來，比方說有權有勢的地主，以及少數有幸在外國大企業任職的幸運兒，他們把賺來的錢花在進口的汽車以及華麗衣飾上。

在法蘭克眼中，外國企業就像是十五、十六世紀歐洲探險家的現代版本，那些人發現了南美，然後強取豪奪，帶著大量的黃金回到歐洲。現代征服者中有一家是美國的聯合水果公司（United Fruit Company），二十世紀初，該公司已經在拉丁美洲各地經營起一個大型的商業帝國。聯合水果公司在其擁有的各處香蕉園旁邊造鎮，興建鐵路以運輸水果，公司甚至自有警力。該公司素有剝削員工、控制政府官員甚至整個國家的名聲，拉丁美洲的報紙稱其為「八爪章魚」。一九二八年，該公司的哥倫比亞員工罷工，軍隊掃射了罷工者。公司的觸角無所不在，吸乾了南美大陸上的有錢人，也扼住了一般人民。

法蘭克認為，長期下來，窮國和富國之間的差距會漸漸擴大，而不是縮小。世界資本主義一分為二，體系中心是歐洲和北美的富裕國家組成的「核心」，在體系邊緣（也就是所謂的「邊陲」），則是拉丁美洲、亞洲和非洲的貧窮國家。核心能夠勝出，是因為占了邊陲的便宜。貧窮國家的命運（就是變得更貧窮），「依賴」的是富裕國家的作為，而富裕國家所做的一切用意都在於讓自己更加富有。法蘭克的理論稱為「依賴理論」（Dependency Theory），理由就在這裡。法蘭克相信，世界資本主義並不像傳統經濟學鼓吹的會帶來發展與進步，走向反而是剛好相反。他寫過一本書叫《未開發的發展》（*The Development of Underdevelopment*），正好摘要說明了他的理論。

另一位阿根廷經濟學家勞爾．普雷維什（Raúl Prebisch）提出另一套理論，說明貧窮國家面對的貿易陷阱，以及富裕國家最後如何主導貧窮國家。普雷維什後來成為阿根廷央行總裁，日後更成為聯合國重要官員。普雷維什不像法蘭克那麼激進，但是他的想法仍和傳統經濟學迭有衝突。這套理論和窮國能賣出產品的價格有關。傳統的貿易觀點以十九世紀英國經濟學家李嘉圖的理論為基礎。李嘉圖說，如果各國專業分工，生產他們相對比較擅長的產品（換言之，發揮他們的比較利益）並與他國貿易，那麼，所有國家都會變得更好。如果古巴發現自己種甘蔗比製造汽車輕鬆，那麼，古巴就應該賣糖給美國並向美國買汽車。理論說，自由貿易會協助像古巴這樣的窮國提高生活水準，更接近富國的程度。

普雷維什說這錯了。像古巴這樣的窮國多半出口「初級」產品，如糖、咖啡和香蕉，富國則多半出口製成品，如電視和汽車。人們富起來之後，會花更多錢去買電視和汽車，但幾乎不會多花錢去買糖和咖啡（假設你的所得提高十倍，你可能會在汽車和珠寶上多花十倍的錢。但另一方面，雖然你每天可能會多買一杯咖啡，但卻不會比以前多買十倍）。

・窮國的出路在哪裡？

普雷維什認為，這對窮國來說代表著麻煩。當窮國經濟體成長，對於要從富國進口的汽車需求也隨之成長。但是，富國成長時，對於要從窮國進口的糖需求成長速度卻慢很多。結果是，汽車價格成長的速度比糖更快，讓窮國的「貿易條件」（Terms of Trade）惡化。因此，當窮國人民對於汽車的需求大增，該國必須出口更多的糖才付得起。這造成了惡性循環：窮國愈是專門生產糖、用糖來交換汽車，長期下來，等量的糖能買到的汽車卻變少了。到最後，窮國無法如富國一般快速成長。高成長率會拉高對汽車的需求，但是窮國無法用糖的收入來滿足需求。

這和十九世紀經濟學家的樂觀看法是多大的對比！現在看起來，窮國和富國之間的貿易反而害窮國陷入困境，只能不斷出口廉價的糖和咖啡，而且永遠落後於富裕世界。

窮國的出路在哪裡？普雷維什說，這些國家不應專業化，應該分散發展，也就是說，製造多種不同產品。他們要生產糖和咖啡，也要生產汽車和電視。窮國不要用出口糖的收入來買外國汽車，反之，他們應該關閉邊境不許外國的汽車進口，用外匯收入建立自己的汽車廠。一九五〇、一九六〇年代很多國家都這麼做，包括拉丁美洲、非洲和亞洲各國（請參見第二十二章）。

普雷維什並不是革命分子，他相信，利用正確的經濟策略，資本主義可以協助貧窮國家。反之，法蘭克就跟切．格瓦拉和卡斯楚一樣，相信資本主義無法修補，革命是唯一的答案。人民必須掌權，建立終止剝削的社會主義體系。卡斯楚和切．格瓦拉在打贏和古巴政府之間的戰爭之後，便這麼做了。他們在山丘上建立一支由八百人組成的隊伍，打敗古巴的三萬軍隊，在一九五九年的前幾天就以勝利之姿跨進哈瓦納。卡斯楚組成政府，掌控那些受人痛恨的外國企業。

到了一九七〇年代，芝加哥的自由市場經濟學家興起，依賴理論退了流行（但是法蘭克提出的剝削概念仍是許多人批評資本主義時的重點）。暴力的軍隊發動政變，攻擊拉丁美洲各個尚未穩定的社會主義政府。法蘭克住在智利時，軍方控制了政府，他急急出逃，在逃離納粹四十年後再度飛抵德國。

在芝加哥大學訓練出來的智利經濟學家領軍之下，智利開始回歸資本主義。這些被稱為「芝加哥男孩」（Chicago Boys）的人和法蘭克不同，他們把老師傳達的自由市場訊息謹記在心。只有古巴的卡斯楚堅持社會主義革命。此時切．格瓦拉已經過世，他之前試著掀起另一場革命，一九六七年時遭到玻利維亞軍隊執行死刑（美國人也幫了忙）。今天，你會看到他的照片被印製在T恤和海報上，而通常人們記得的都是他的小名：「切」。他飛揚的頭髮和貝雷帽，成為革命決不罷手的戰鬥者象徵。

• 資本主義必然不公不義嗎？

駁斥法蘭克理論的人不僅有自由市場經濟學者，連某些馬克思主義者亦然。馬克思說，僅在社會發展到高度資本主義時，才可以跳入社會主義。真正的社會主義必須建立在資本主義之上。拉丁美洲國家離這樣的程度還遠得很。批評者說，法蘭克接受馬克思所說資本家剝削的概念，但忘了資本主義是邁向社會主義道路上的必經階段。

依賴理論某種程度上確實指出了全球政經體系當中的不義。富裕國家施行的系統，通常是讓他們的出口品能快速順暢地賣到窮國，但核可窮國出口品也能自由進口的相關行動則慢如牛步。另一種不義，是美國介入拉丁美洲與其他地方獨立國家的商業與政治。美國政府支持軍隊突襲智利的社會主義政府，因為美國要和敵人共產蘇聯爭奪影響力，而蘇聯正是社會主義政府的盟友。美國入侵其他國家

（格拉那達和多明尼加共和國）並在越南發動一場長期戰爭，以降低共產主義的影響力。

但指出資本主義當中存在不公不義是一回事，可是像法蘭克這樣，宣稱資本主義必定不公不義又是另一回事。亞洲的財富不斷增加，證明窮國在資本主義世界裡也可以變得富有。亞洲四小龍（南韓、新加坡、香港和台灣）在二十世紀中葉開始從貧窮國家的處境轉型，到了二十世紀末之前，已經成為先進的工業國家了。就像普雷維什建議的，他們努力快速地多元發展經濟，最終有能力製造船舶、汽車和電腦。和富裕國家從事貿易並未讓這些小龍陷入貧窮，反而助長了他們的發展。如今，中國也正在重演同樣的局面。

· 27 ·

裝滿浴缸

財政政策與貨幣政策

經濟學中最具影響力的書籍之一，是一九三六年出版、由凱因斯所寫的《就業、利息與貨幣的一般理論》（*The General Theory of Employment, Interest and Money*）。這也是最難懂的經濟著作之一，經濟學家至今仍在爭論凱因斯的真意到底是什麼。二戰之後，凱因斯的追隨者幫忙把他的想法轉化成讓世人能懂的經濟想法，其中一位是美國的保羅・薩謬爾森（Paul Samuelson，一九一五到二〇〇九年），本書問世之後，他把這本書翻來覆去讀了十年。他說這本書寫得很糟、很自大，而且有很多混淆不清之處。書中的分析顯而易見，但也完全都是新意。薩謬爾森的結論是：「簡而言之，這是天才的作品。」薩謬爾森、另一位美國學者阿爾文・韓森（Alvin Hansen，一八八七到一九七五年）和英國學者約翰・希克斯（John Hicks，一九〇四到一九八九年）將凱因斯這本雜亂的大部頭著作加以濃縮，變成了一些簡潔的圖表與方程式。他們的版本後來成為凱因斯學派經濟學，傳給一代又一代的經濟系學生，戰後也被各國政府拿來做經濟決策。凱因斯主張，若要避免一九三〇年代的大蕭條重演，政府要干預經濟體。年輕的凱因斯學派學者進入政府部門任職，告訴官員們要怎麼做。

一九四六年，也就是薩謬爾森盛讚凱因斯是天才的這一年，凱因斯學派在真實世界決策時發揮的影響力來到了里程碑。美國通過一項法律，要政府負責讓經濟不斷成長並創造足夠的職位聘用人民。另一次的里程碑是在一九六〇年代初期，當時的總統甘迺迪（Kennedy）採用了一項激進的凱因斯學派政策。

甘迺迪說，當時美國的經濟有能力提高產出。只要人們多花錢，就能刺激產出，失業的人也能回到工作崗位。他計畫用大幅減稅來達成目的，一九六四年時由詹森總統（Lyndon Johnson）落實，後者現身電視宣告這個消息。減稅讓全美的消費者每天多兩千五百萬美元可花，他說：「這筆錢會在經濟體中流動，提高的產品需求會比減稅金額高好幾倍。」簡而言之，這就是凱因斯經濟政策的運作方式。

• 花錢與減稅，讓經濟活絡

凱因斯的說法是，當儲蓄並未用來投資工廠和機器時，就會發生衰退。當人多存錢、少花錢且企業主不再投資，整體支出就減少了，經濟體也就不再成長。在第十八章中，我們將支出比喻成浴缸裡的水面。當以儲蓄為形式的流出多過以投資為形式的流入，水面就會下降，經濟體也步入衰退。凱因斯學派說，如果人民不花錢，政府就必須負責花。花錢建設道路、醫院、替辦公室添置新的盆栽等等，基本上，不管怎麼花，大致上都可以阻止經濟向下沉淪（凱因斯說，就算政府把鈔票埋起來，也比什麼都不做更好。當企業主聘用勞工把錢挖出來時，就會創造支出與就業機會）。

如果政府在浴缸裡注入夠多的支出，就可以抵銷掉以儲蓄為形式的流出。事實上，政府做的事就是把在經濟體裡竄動、沒有花出去的儲蓄借來花掉，重新導引這些錢流進浴缸。這麼一來，政府花掉的就會高於稅收（有點像是某個人向銀行貸款買車，因此花掉的錢高於賺來的收入）。政府在「預算赤字」（Budget Deficit）之下運作。之後，當經濟有起色，有更多人得以就業、賺取薪資，政府就可以收到更高額的稅收，赤字將會消失。

另一種方法是減稅，甘迺迪總統使用的就是這種方法，這和把更多錢放到消費者手裡大致相同。雖然消費者會把一些存起來，但他們也會拿去買東西，這就可以推高經濟體中的支出。詹森總統在電視演說中想像這些錢會怎麼樣。這些不以稅收形式流進美國財政部的錢，會被人們拿去買雜貨，此時錢就會出現在店裡。商店用這些錢付款給牛奶供應商，牛奶供應商拿來付給員工薪水，員工則花錢去買電影票，依此類推。無論是透過減稅讓消費者手裡有更多錢花，還是政府自己動手花，一開始花掉的錢，都會在經濟體裡流動，創造出價值高於一塊錢的新支出，這種支出效果稱為「乘數」（Multiplier）：這些錢對於經濟體的最終影響，會比原始增加的支出或減少的稅金放大好幾倍。很快的，企業會開始增產並聘用新員工，經濟體開始再次向前進。

經濟學家將利用政府支出與稅賦的政策稱為「財政」政策（Fiscal Policy）。古羅馬時代的「*fiscus*」，指的是皇帝的國庫，因此，財政政策指的是政府用稅金填滿國庫、透過支出清空國庫。政府對人們的所得徵稅可以填滿國庫，花錢買東西（醫藥、教科書、坦克車）則可清空國庫。甘迺迪和詹森的政策是一種凱因斯學派的財政政策，看來效果很好。之後，經濟成長率提高，失業率下降。

另一種類型的政策叫「貨幣」政策（Monetary Policy），這是指想辦法改變經濟體中的貨幣數量或是借貸的利率，最簡單的形式是由政府多印鈔票。凱因斯學派對貨幣政策的看法，以他們的利率理論為根據。一開始，要先看到人民有選擇，可以自行決定如何處置自己的財富。他們可以換成一般的錢收好，持有不能賺得任何利息的鈔票和銅板，或者他們也可以購買金融資產，比方說債券。債權是一種憑證，付息給持有憑證的人。當企業或政府想要借錢時，就出售債券給一般民眾。如果債券的利率很高，人民就不會想持有不付息的貨幣形式當作財富，而會想購買債券。若是如此，我們就說貨幣需求很低。反之，當利率很低，人們對於貨幣的需求就高了。假設政府印更多鈔票（提高貨幣供給），希望看到人民持有多餘的貨幣而不用來購買債券，就必須調降利率。利率下降，就會使貨幣供給等於需求。這裡的重點是，調降利率會影響商業人士的決策。如果要付很高的利息才能借到錢興建工廠，但興建工廠的利潤卻只能達到某個水準，就不值得開工；然而如果利率夠低，那就值得。因此，低利率會刺激商業投資，這表示有更多錢會花在經濟體內部，因此可以提高國民所得並增加工作機會。

・息息相關的實質面與貨幣面

凱因斯學派對於貨幣在經濟體中發揮的效應是這麼說的：提高貨幣供給會拉低利率，之後會促進投資，隨之帶動國民所得與就業，這和過去的觀點大不相同。當時的傳統經濟學（遭到凱因斯大肆抨擊）立基於「古典」經濟學，是十八、十九世紀經濟學家的思維。古典經濟學認為貨幣對於經濟體並無「實質」影響，不影響能產出的汽車或磚塊數量，也不影響就業人數。貨幣只是讓人用來買賣的工具而已。如果政府將貨幣供給加倍，人們就會拿出加倍的錢來花，唯一的結果就是所有價格都加倍。

這是「古典二分法」，把兩種完全不同的事物拿來對照：把經濟體的「實質」面和「貨幣」面完全分開。凱因斯學派撤除了分界線，現在，實質面和貨幣面變成息息相關，經濟體中的貨幣數量會影響到實質的事物：產出量以及就業人數。

然而實務上，凱因斯學派的經濟學家比較熱中於財政政策而非貨幣政策。一九三〇年代的大蕭條經驗對他們影響甚深——當時利率極低。他們在想，利率已經這麼低了，大蕭條為何持續這麼久？他們得到的結論是，貨幣和利率對於經濟體的整體需求影響並沒有這麼深。凱因斯學派的人開始相信，真正能刺激投資的是企業家的樂觀信心（凱因斯稱之為他們的「動物本能」〔Animal Spirit〕），而不是低利率。

被凱因斯學派經濟學取代的傳統經濟學說，不管是透過財政政策還是貨幣政策，每當政府出手試著想要推動經濟繼續前進，終必徒勞無功。經濟體會找到自己的出路，從衰退回歸「充分就業」（Full Employment）。在充分就業的狀態，所有勞工都有工作，所有工廠均開出全部產能。經濟體會怎麼調整？薪資會下降，刺激工廠多聘用員工；商品價格也會下降，鼓勵人們多買一些賣不出去的產品。凱因斯學派並沒說古典立論全錯了，只說這套論調僅適用於充分就業的情況。凱因斯檢視的是經濟體衰退時會發生的情況，這個時候的狀況遠低於充分就業。他說價格和薪資不容易下調，因為現有的薪資是企業和勞工已經達成協議的水準，因此無助於促銷產品，也難以幫忙失業勞工找到工作。反之，衰退時人們會停止花費，企業則會減少生產與僱用。

・凱因斯學派的起與落

二戰之後，凱因斯學派混合了兩種做法。假設經濟處於衰退，工廠閒置、勞工失業。政府可以多花錢或減稅，以拉抬經濟體中的需求，企業會因此增加產品並多聘用勞工，由於失業的人太多，就算需求多了，價格也不用上漲，這是凱因斯學派的經濟體。之後，所有的工廠都會恢復活絡，每個人都能就業，這是長期來說終將回歸的古典充分就業經濟體。如果政府此時試著帶動需求會怎麼樣？由於經濟體以完全的產能運作，因此無法生產出更多產品，額外的需求只會推高價格。凱因斯學派經濟學的觀點是，在達到長期狀態之前，政府必須出手。凱因斯說：「長期來說，大家都死了。」

現實中，從凱因斯經濟體要轉變到古典經濟體，是很漫長的過程。經濟體不會一夕之間從價格完全平穩的狀態變成什麼都是天價。紐西蘭經濟學家比爾・菲利普（Bill Phillips，一九一四到一九七五年）研究經濟體中的實際型態，發現了一種比較和緩的關係。失業率很高時，代表經濟體中有很多資源沒有受到妥善利用，因此通貨膨脹率（這是指價格上漲的速度）多半很低。失業率很低時，通膨則多半很高。有一條曲線可把這兩種極端情況連起來：當失業率下降一點時，通膨率就會提高一點。「菲利普曲線」（Phillips curve）成為凱因斯體系裡的另一部分，並為政府政策提出重要指引。如果經濟蕭條，政府就應該提高支出，以推高通膨作為降低失業率的代價。另一方面，如果經濟體運作速度太快、通膨太高，那麼政府就應該減少支出或增稅，以減緩經濟體的發展速度。

一九七一年時，凱因斯學派看起來很穩固，因為美國當時的尼克森總統（Richard Nixon）說：「如今我也是凱因斯學派了。」——他所屬的共和黨通常很擔心凱因斯學派的人操弄稅收和支出。雖然經濟還是起起伏伏，但是在二戰後的幾十年都沒有看到一九三〇年代可怕的蕭條再現。全世界各經濟體穩定成長，不斷提升生活水準。然而，凱因斯學派經濟學在一九七〇年代時失去了光芒。經濟學家質疑，經濟表現良好真的是要歸功於凱因斯學派的政策嗎？很有可能政府的支出推高了通膨，反而導致經濟體更不穩定。新的經濟學派興起，攻擊凱因斯主義，我們會在第二十九章和第三十章中再談。他們有很多想法和凱因斯攻擊的較傳統經濟學不謀而合，古典理論學家即將捲土重來。

· 28 ·

小丑治國

公共選擇理論

一八六三年十一月，美國南北戰爭期間，林肯總統（Abraham Lincoln）在賓州蓋茲堡戰役（Battle of Gettysburg）現場發表他最著名的演說。他希望自己身邊發生的殺戮不要白白流血，願新的自由能在戰爭的灰燼中誕生「民有、民治、民享的政府」。他在講詞中提到政府要擔負道德性的任務，甚至可以說要政府成為英雄。林肯呼籲有權有勢的人善用力量，服務社會整體。在林肯演說近百年後，喜劇演員卓別林說：「我有一個身分，始終也就只有這一個身分，那就是我是個小丑。這讓我比任何政治人物都高貴。」短短幾代，美國的統治者就從英雄變成小丑了嗎？卓別林心裡想的，或許是被稱為「大比爾」（Big Bill）的芝加哥市長威廉·海爾·湯普森（William Hale Thompson）的荒唐行徑，這位市長在一九二〇、三〇年代把芝加哥的政治變成笑柄。幫派分子為他提供競選資金，他的團隊充斥著一個又一個醜聞。為了轉移注意力，這位大比爾曾經籌組一趟假的探險活動，聲稱要前往南海找尋虛構的爬樹魚。這次探險達成的實質目標，是讓他一直能占據新聞頭版。

在大比爾主政多年後，有一位農民之子靠著擠牛奶付清了學費，從中田納西州立師範學院（Middle Tennessee State Teachers College）畢業。這看起來不太像一位得過諾貝爾獎的經濟學家人生起點，但這確實是多年之後的詹姆士·布坎南（James Buchanan，一九一九到二〇一三年），他透過一篇篇摧毀政治人物美好形象的論文累積出這番成就。布坎南相信，像大比爾這樣的政治人物宣稱為社會服務，不過是空口白話。

這番觀點大大挑戰了當時的經濟學。二戰之後，布坎南剛起步，當時多數經濟學家都受到凱因斯的想法影響，凱因斯認為，政府需要成為經濟體中的要角，尤其是政府要負責花錢，以阻止經濟體淪入衰退。經濟學家也認為政府應該擔任另一種角色：重新分配財富，對富人課稅、把錢移轉給窮人，並提供醫療保健與學校。戰後，多國政府開始擔負起這些任務，在經濟體裡撒錢，規模之大比以往有過之而無不及。經濟學家並沒有認真去問政府是否真的能夠執行這些政策，他們提出正確的政策之後，就假設政府能夠也願意執行。

• 政治人物並非無私的英雄

年輕的布坎南相信，要借重政府的力量修正社會，他甚至受到社會主義的誘惑。他家很窮，成長於一座沒有電力的殘破農場，六歲時就會開牽引機。雖然如此，他的祖父仍在一個短命政黨的推助之下成為田納西州長。這個政黨想要挑戰美國最有權有勢的幾群菁英，比方說富裕的銀行家。他的祖父在家族房舍後方留了一屋子積灰的政治小冊子，助長了布坎南對於社會運作的興趣，但是，等到布坎南去芝加哥大學修讀博士學位時，發生了變化。開始上課六個星期之後，他體認到市場的力量，放棄了社會主義，卻保留了祖父的老舊冊子讓他對於菁英分子生出的厭惡感。然而布坎南認為，真正的菁英不是富裕的工業家和銀行家，而是來自深具影響力家族、從哈佛等知名大學畢業的那些人。這些人有很多都成為政治人物與政府官員，他們利用權力地位操弄社會，並決定對大家來說什麼才叫做好。

在某個夏天考完試之後，他的厭惡變成了理論。他在大學圖書館飽覽群書，同樣的，又是一本早已積出一層灰的書改變了他的人生。他從架上抽出的這本德文書，作者是瑞典經濟學家克努特．魏克賽爾（Knut Wicksell，一八五一到一九二六年）。本書讓布坎南大為震撼，他馬上決定要翻譯成英文。簡單來說，魏克賽爾粉碎了一個概念，那就是政府完全不自私、念茲在茲的都是要執行最有利於整體社會的事。

布坎南把魏克賽爾的概念發揚光大，開創出新的經濟學領域。經濟學家假設政府可以修正社會，但政府到底是什麼？布坎南說，政府不過就是一群人：政府職員、顧問與首長。用標準經濟學來分析之所以出問題，是因為這類理論認為這些政府人員具備不同的人格。在評估一雙鞋子的最佳價值與估算汽車的售價時，政府人員會像「理性經濟人」一樣行事：他們必然會以自身的利益出發，追求最大好處，把成本壓到最低。然而，當這些人成為政府人員踏入機關大樓，理論卻假設為他們僅會想到國家利益所在，不再關注個人利益。他們會在毫無疑問之下執行正確的策略，他們不會在辦公桌前打盹，也不會花三個小時吃中餐午休。這就好像自利的「經濟人」消失了，取而代之的是「政治人」，後者完全不自私，總是根據社會的最佳利益行事。

布坎南說，這並不一致。檢視政府的行動時，方法必須比照檢視企業賺取利潤的作為。政治人物和政府官員都是人，他們也和大家一樣，都會追求個人的利益。布坎南開創的新經濟學領域名為「公共選擇」（Public Choice），他說這是「少了浪漫的政治」，政治人物並非無私的英雄，過去的那種說法根本就是愚蠢、浪漫過頭的概念。現實中，政治人物更樂於保護自己的地位，比經濟學家所想的更卑鄙、更自私而且不太可靠。

・我們養出了一個權力過大的政府

美國政府在一九六〇年代繼續撒大錢，布坎南的理論用新的眼光來看這種事。他說，政府規模的擴大和只關心自己的政治人物以及官僚比較相關，重點反而不是為了幫助市場運作得更順暢。政府的問題不只出現在大比爾的荒謬行徑當中，華府裡面穿著灰色套裝的官員與備受尊敬的政治領導人物也很糟（一九六一年甘迺迪選上美國總統，布坎南發現，這可說是甘迺迪那位富裕且充滿野心的父親替兒子買下了總統大位）。

根據布坎南的說法，所有政治人物想要的，第一就是要留在權力地位上。為了掌握權力，他們創造出「租金」，然後把租金發給支持者。所謂租金，是指高於競爭市場裡可賺到利潤的額外部分。比方說，如果政府對進口汽車課稅，就保護了國內車商免於和海外廠商競爭，讓他們可以賺大錢。藉由給予某些特定族群特權，政治人物期待的是贏得政治上的支持，甚至獲得金援。

一旦有機會用絕少的付出賺得額外的利潤，就會鼓勵「競租」（rent-seeking）行為。企業花錢，努力說服政府給他們特權。他們可能招待政府官員享用昂貴餐點，讓這些人按照廠商的心意行事。

他們可能籌組協會幫忙遊說推動，比方說，美國雨傘製造商協會（American Association of Umbrella Manufacturers）。捍衛這類組織的人通常宣稱，他們在健全的民主體制之下可以幫忙傳達不同群體人民的意見。然而，在公共選擇理論中，這些組織就是競租者，他們的活動占用了本來可以另外發揮更大效用的資源。

競租對消費者不利，因為如果車廠和製傘商受到保護不用和外國競爭，那麼人民能選擇的汽車和雨傘就少了。問題是，消費者是一盤散沙的大眾，花時間籌組自己的組織以對抗保護，對他們個人來說並不值得（何不讓其他人去做，我們等著坐享其成就好？）反之，生產者通常規模很大但為數不多，每一家都有強大的力量可對政府施壓，要求政府讓步。布坎南解釋，但我們要譴責的並不是企業家，問題在於社會養出了一個權力過大的政府，得以操弄經濟體好讓自己再度當選掌權。

布坎南也批評凱因斯學派的經濟學家。他們說，政府在衰退期間應該多花錢，藉此拉抬經濟。多花錢暗指政府的預算會出現赤字，因為政府的支出會高於收得的稅金。凱因斯學派說，這不是問題，因為政策會讓經濟體再度活絡，屆時政府就會調降支出，從而消弭赤字。問題是，選民歡迎政府支出，政治人物想要留住權力，因此會無所不用其極避免撙節開支，以免惹惱人民。到最後，支出一直不斷增加，政府赤字也跟著水漲船高。布坎南相信，一九六〇年代就是這樣。

他說，在此同時，政府的官僚制度（職員、委員會、首長）就像野草，不斷成長、擴大。官員不用出售商品或服務以賺取利潤，不能像企業追求最大利潤，但他們想要擁有管理大型機構的權力和地位。他們會費盡心力把預算拉到最高。他們有辦法做到這一點，是因為他們比外人擁有更多資訊，更清楚他們有哪些要花錢的方案。他們永遠都可以說自己需要更多的禮車、司機以及會議室，才能把事情做好。

・用憲法層級的規範約束政府

公共選擇學派的經濟學家認為，很難用什麼方法把政治人物和政府官員轉化成無私的人。這就是日常政治的宿命，但是，日常之外，政治體系還有另一個層面：每個人都認同，而且不容任何特定的政府或政治人物輕易撼動的「遊戲規則」大架構。舉例來說，其中一項是人民應能自由表達意見，不會因此入獄。美國憲法等文件中就明文規定了某些這類規則。布坎南主張，要改善政府的作為，要制定一些憲法層級的規範，例如法律規定政府不能入不敷出，也就是要達成「平衡預算」（Balanced Budget）。

布坎南與其他公共選擇學派的理論學家提醒我們，假設政府永遠可靠無私的想法太過天真。他們認為，市場出錯不是問題，政府出錯才麻煩。但是，反對公共選擇論的人說，政府很多作為都有其必要性。過去幾世紀以來，政府規模的成長很多都是因為社會支出提高，尤其是公共衛生和教育，這是打造先進經濟體必要的部分。指政府規模擴大完全是因為政府官員試著擴大自己所屬部門的規模，言過其實。

布坎南的對手也質疑，為什麼一個人永遠只能以「理性經濟人」之姿行事？現實中，人生會涉及很多決策。人們會成為消費者、統治者、父母或是選民，而且是同時有多重身分。他們根據每個角色的不同原則行事。比方說，政治面的行為通常出於對於志業的認同。你投票給某個政黨，可能是因為這個黨希望幫助窮人或改善環境。你很重視這份志業，超過了重視個人利益。如果不是這樣，你應該會想不透幹嘛有人要去投票？單一的一票多半很難改變選舉結果。如果你會這麼做，政治人物不也可能這麼做嗎？

· 29 ·

貨幣幻覺

貨幣的力量

一九七八年到一九七九年冬天，英國被覆蓋在少見的冰天雪地裡，與此同時，還發生了好幾場的罷工事件。利物浦的墓園拒絕接收亡者，因為挖墓工人丟下鏟子停工了；在某些地方，超市則因為貨車司機不開工而空空蕩蕩。報紙頭條紛紛刊出警語，指英國的經濟要垮了。這可怕的幾個月成為後來所說的「不滿的冬天」（Winter Of Discontent），後人回顧時，通常認為自二戰後叱咤風雲的凱因斯學派經濟學便是在此時失了勢，最終消亡。

實際上，早在一九七〇年代末期之前，英美兩國就有經濟問題了。凱因斯的政策向來以菲利普曲線（這條曲線證明失業率低時通膨高，失業率高時則通膨低）為基礎，經濟學家認為，透過支出，政府可以拉抬經濟並壓低失業率，但同時會把通膨往上推一點。一九六〇年代通膨慢慢攀高，到了一九七〇年代，經濟學家搔著頭，百思不得其解，因為居然長期出現高通膨伴隨著高失業率的現象，而不是菲利普曲線預測的低失業率。這個讓人不快的組合有了一個新名稱：「停滯性通膨」（Stagflation），意指高失業率（經濟「停滯」）加上高通膨。菲利普曲線不再成立，凱因斯學派經濟學的基礎就塌了。

經濟學家試圖找尋原因。有些人認為，這次引發通膨的是不尋常的高油價，提高了企業的成本，連帶拉高產品價格。有些人則歸咎於工會（代表勞工的組織）要求高薪，高薪迫使企業拉高售價。表面上，罷工和通膨有關。政府鼓勵工會和雇主針對微幅調漲工資達成協議，以壓低物價，但他們議定的調整幅度通常都較高，有時候，工會甚至就直接下達罷工令了。

凱因斯過去一直是二十世紀經濟政策思想的巨人，當一九七〇年代世界邁入經濟混亂時，新的巨人出現了：他是矮小但堅毅的美國人米爾頓．傅利曼（Milton Friedman，一九一二到二〇〇六年），他提出的解釋革新了經濟學。傅利曼生於紐約布魯克林區（Brooklyn）一個貧窮的匈牙利家庭，成長於一九三〇年代的大蕭條期間。一如凱因斯，他提出的很多概念也是在回應這場經濟危機。大蕭條啟迪了傅利曼，讓他成為一位經濟學家，但傅利曼的理論和凱因斯完全相反，這兩人拉出了經濟學的新戰線。傅利曼相信一九七〇年的問題肇因於政府太大，而非太小。就像凱因斯一樣，他也不想只是純粹為了理論而理論，他希望能改變世界。最後，傅利曼的經濟學勝過了凱因斯學派的思維。

・傅利曼的貨幣數量理論

傅利曼是最知名的資本主義捍衛者之一，也是芝加哥經濟學派的頂尖經濟學家——芝加哥學派信奉應由市場原則主導社會。在他的著作《資本主義與自由》（*Capitalism and Freedom*）裡，批評了多種政府干預經濟體的方式，比方說，他認為應該廢止控制租金和制訂基本工資等措施。一開始，經濟學家將他和追隨他的人斥為怪人。然而，傅利曼是天生的辯論高手，敏捷、堅毅且犀利，他會抨擊邏輯當中的錯誤，瓦解對手的主張，在辯證與爭議當中愈戰愈勇。很多人痛恨他的自由主義觀點，更糟的是，他在一九七〇年代前往智利，和一群同事短暫會晤阿根廷總統奧古斯圖．皮諾契特（Augusto

Pinochet）。這位總統是獨裁者，殺害折磨成千上萬的政治反對派人士，然而，當時他也正在執行自由市場經濟政策。多年來，傅利曼必須迴避各種不同的抗議群體，他們指控他是皮諾契特恐怖統治背後的智囊。一九七六年他獲頒諾貝爾經濟學獎，有一名抗議者站起來大喊：「和資本主義一起倒下！讓智利自由！」這人之後被請出頒獎廳，傅利曼接受全場起立鼓掌。

傅利曼學說的要旨，和貨幣對經濟體的影響有關。凱因斯學派說，提高貨幣供給量可以刺激經濟，但在實務上，這不太可能是一股強大的力量，更有力的是財政政策（政府支出與稅賦）。傅利曼把貨幣帶回經濟學的中心，他這一派想法後來稱為「重貨幣論」（Monetarism）。

他再度帶動一個舊觀念：貨幣數量理論。要了解這套理論是什麼，且讓我們先來做經濟學家常會做的事：想像一個簡單到荒謬地步的經濟體，藉此說明理論。假設一座島上有十名賣鳳梨的人，每一個人一年賣出一顆鳳梨，每顆鳳梨賣一元。有十次一元交易的話，代表這座島的國民所得是十元。現在假設島上有五張一元的鈔票。為了能達成十次交易，每一張鈔票每年必須易手兩次。貨幣的存量（五元）乘以每一張一元鈔票易手的次數（兩次），就等於國民所得。經濟學家把鈔票易手的速度稱為「流通速率」（Velocity Of Circulation）。

再假設流通速率變動不大。如果鳳梨島的央行多印五張一元的鈔票，那麼，貨幣供給就會加倍，變成十元。在流通速率等於二的條件下（代表這十張一元鈔票會易手兩次），創造出價值二十元的交易。國民所得因此加倍。

如果沒有流通速率穩定這個前提，貨幣與國民所得之間的關係就很脆弱。也就是因為這樣，凱因斯才認為貨幣沒有什麼效果。如果速率降低，導致央行挹注到經濟體中的所有多餘貨幣都被人們握在手中，那又如何呢？如果速率低到一定水準，以鳳梨島為例，比方說從二變成一，那麼國民所得的水準會和增加貨幣供給以前一樣（十張一元的鈔票，每張易手一次，加起來的國民所得金額，和原本五張鈔票、每張易手兩次時相同）。但傅利曼相信，貨幣的流通速率相當穩定，因此貨幣確實會影響國民所得。

傅利曼的主張還更進一步。鳳梨島加倍的國民所得，是來自產量提高還是價格提高？高所得可能是因為產量加倍變成二十顆鳳梨，但價格同樣維持一元；但另一方面，也可能因為每顆鳳梨的價格變成兩倍，而產量仍維持目前的水準。當然，加倍的國民所得也可能來自於高產出加高價格的組合。

‧貨幣薪資與實質薪資

傅利曼說，短期而言，提高貨幣供給會鼓勵支出，從而帶動產出——貨幣有「實質」效果。賣鳳梨的人會聘用更多人幫助他們收割鳳梨，失業率將因此降低。事實上，這就是凱因斯學派菲利普曲線預期會發揮的效果。當政府利用提高貨幣供給來刺激經濟，經濟好轉了，失業率就會下降（透過凱因斯偏愛的政府支出方案來做，也會有同樣效果）。當更多人想要鳳梨，價格就會拉高，也因此構成低失業率與高通膨之間的關係。但傅利曼認為，這只有短期效果。勞工的就業量增加，是因為賣鳳梨的人提供了更高的薪資，然而鳳梨價格很快就上漲了，人們的「實質」薪資（以他們的薪水能買多少鳳梨來衡量）就不高了。問題在於勞工把「貨幣」薪資和「實質」薪資混為一談了，經濟學家說這叫「貨幣幻覺」（Money Illusion）。一旦勞工發現自己錯了，就不會維持同樣的就業量，經濟體也就回復到原本就業水準低的局面。唯一的效果，只是拉高通膨而已。

因此，雖然提振經濟的方案暫時有效，但嗣後會有後遺症：就業水準回到原本的狀態，但通膨提高了。政府僅有一個方法維持高就業率，但傅利曼將這比做是酒鬼的行徑。酒鬼應付宿醉的辦法，是再來一杯威士忌，政府也可以試著再度對經濟下猛藥。薪資和價格都會上揚，就像之前一樣，只要勞工誤會他們的高貨幣薪資等同於高實質薪資，就能提高就業。一旦他們發現自己錯了，就會減少勞動供給，經濟體再度回到原始的失業水準，通膨卻更高了。原始的就業水準是經濟體的「自然」水準，也就是在企業產量固定的條件下，願意僱用的勞工人數。所有措施的效果，唯有拉高通貨膨脹而已。

對傅利曼來說，菲利普曲線不成立並不讓人意外。他認為，二戰後各國政府執迷於拉抬經濟，拉高通膨。一九三〇年代時，問題剛好相反。美國央行挹注到經濟體中的貨幣太少，造成了百年來最嚴重的衰退（也就是大蕭條）。從一九二九年到一九三三年，貨幣供給量少了三分之一。凱因斯主張，引發衰退的原因是支出太少，傅利曼說這兩者不相干，根源在於貨幣太少。

如果貨幣短期可以（但長期無法）影響經濟體，對於政府來說，能不能在某個範疇之內利用這一點來管理經濟體？政府或許可以在經濟走緩時增加貨幣供給，在過熱時減少供給。傅利曼說，不行。短期的貨幣效應不會立即生效，等到發酵時，經濟的走向可能早已改變。有關當局無法精準預測未來情況、並在現在提出政策以呼應未來。不管做什麼，最後總是弊大於利。

• 政策緊守貨幣供給成長率

政府最好是配合經濟體的成長，守住固定的貨幣供給成長率，比方說每年百分之三。當賣鳳梨的人種下新的鳳梨，經濟體就會成長。由於流通速率固定，因此貨幣供給需要增加，以配合鳳梨產出的增加，但不能超過。傅利曼甚至建議廢除決定經濟體中貨幣數量的央行，用預設好以穩定速率發錢的機器人取而代之。預期的結果是什麼？通膨低且成長穩定的經濟體。

一九七九年，英國選出柴契爾夫人（Margaret Thatcher）成為新首相，沒多久之後，雷根（Ronald Reagan）成為美國總統。柴契爾夫人和雷根嘗試遵循傅利曼的祕方，藉由緊密控制貨幣供給壓低高通膨。但控制貨幣供給是很困難的任務，到頭來，英美兩國政府的表現都很糟糕。雖然通膨最後降下來了，但許多經濟學家譴責這樣的政策害得一九八〇年代初期的衰退雪上加霜，情況更加惡化。一九八一年，共有三百六十四位經濟學家投書《泰晤士報》（*The Times*），抨擊英國政府的經濟政策。

傅利曼認為，原則上政府干預經濟會出問題，這一點對於柴契爾夫人與雷根兩人影響甚深，對於他們的繼任者亦然。凱因斯相信經濟體並不穩定，政府的干預措施有助於經濟走穩腳步。他的建議是，要確定經濟體中支出水準要夠，也就是要有足夠的需求。傅利曼則相信，如果放著不管，經濟體其實相當穩定，動盪（例如一九七〇年代的失控通膨、一九三〇年代的蕭條）是政府干預造成的結果。給市場空間，就能創造健全、穩定的經濟體。要走到這一步，要強化的是經濟體的供給面（企業能夠產出的水準），而不是需求面。經濟學家認為，如果政府廢除企業稅賦、放寬市場規範，企業就會受到鼓勵，提高產出並增加僱用人力。這些想法稱為「供給面經濟學」（Supply-Side Economics）。在「不滿的冬天」之後的幾十年，各國政府就試著這麼做。

· 30 ·

看向未來

理性預期

在生活中，你必須不斷猜測之後會發生什麼事。你知道進城需要花二十分鐘，因此，如果你明天早上九點要到市中心，那麼八點四十分就要到公車站。你怎麼知道公車要花二十分鐘到城裡？因為昨天、今天以及你記憶中的每一天都是這樣。某一天，瓦斯公司宣布從星期一開始要封路埋設新的管線，那條路上的交通流量會轉移到你的路線上。星期一時，你的行程因為車流變多而延長為三十分鐘。根據過去的經驗，你以為只要二十分鐘就夠，因此你晚了十分鐘才到市內。好幾天都發生同樣的狀況，直到有一天你突然明白發生什麼事了，你才開始提早在八點三十分抵達公車站。

一九七〇年代，經濟學家開始對如何預測人產生興趣。這是因為經濟活動要花很多天、很多個月甚至很多年。今天建成的輪胎工廠，要到五年後才能開始獲利。勞工接受某個水準的薪資，計算時想到的是這足以支付往後六個月的房租。企業和勞工必須預測未來：五年後輪胎市場多大？未來六個月房租會上漲多少？

規劃行程時，你用的是「適應性預期」（Adaptive Expectation）：你在預期時，看的是從過去到現在發生了什麼事。有時候這麼做有用，但是當瓦斯公司封路時就沒用了。經濟學家開始關心起適應性預期理論，這是多數經濟學家做預期時使用的方法。當你在規劃行程時，並沒有做到完全理性。如果你查一下路況報導，馬上把瓦斯鋪管工程的效應納入你的行程裡，情況便會好轉。如果企業和勞工在做預測時不善用所有可用資訊，他們也會吃虧。如果汽車輪胎公司不考量生產汽車的新限制，就會過度樂觀地看待未來的市場規模，蓋出一座到頭來無法獲利的工廠。

・理性預期與價格運動

經濟學家採用了一套新理論：「理性預期」（Rational Expectation）。引進這個概念的是一位美國經濟學家兼數學奇才約翰・穆斯（John Muth，一九三〇到二〇〇五年），他是一位極度謹慎看待自己所做研究的學者。傳言他藏起一疊又一疊的研究報告，因為他覺得這些東西不夠好，不應該讓世人看到。他的突破性論文題為〈理性預期與價格運動理論〉（Rational Expectations and the Theory of Price Movements），一九六一年問世，一開始乏人問津。文中所講的概念遠遠超前時代，他也懶得大加推廣。他拒絕到大型研討會發表，比較喜歡待在家拉大提琴。一九七〇年代，新一代的經濟學家才發現穆斯的想法極具革命性，其中有幾人加以發揚之後還獲得諾貝爾獎。

穆斯的想法說來簡單，你在理性預期之下不會犯錯，你不會根據過去的車程來預估行程，反之，你會使用今天所有可用的資訊，包括瓦斯公司的公告。因此，星期一時，你會預估公車需要三十分鐘才能抵達市區。你的預測不必然每次都完美。某一天，因為當地一家公司讓員工放假，車流少了一點，你花了二十八分鐘就到了。另一天，由於車禍意外導致塞車，所以花了三十二分鐘。你會與預估時間差了一點，是因為某些隨機因素影響了交通速度，但你預估平均要花三十分鐘通勤，是很正確的數字。

在第一批將穆斯的概念套用到經濟學上的人當中，有一位是經濟學家尤金・法馬（Eugene Fama，生於一九三九年）。他很好奇，思考著理性預期對金融市場的運作而言到底有何意義。金融體系中的銀行和股票交易所是一種管道，將資金從存款人手上移轉到借款人手上。存款人把三百英鎊存進銀行帳戶裡，預期六個月後領出來。某家企業想借用存款，他們需要一筆一千萬英鎊的貸款去挖礦，分五年清償。金融體系負責處理這些問題，把千百萬人的存款匯聚在一起，變成一筆企業需要的大錢，並負責管理資金流入與流出的時機。銀行的運作方式，是成為存款人和借款人之間的中介者。若是在股市，企業則以發行股票來籌資，股票買方可擁有一小部分的企業。股票基本上可獲利，但也有風險。當企業績效良好，股票的價值就會上漲，股東出售股票時就能獲利，但是如果企業表現不好，甚至破產，股東就會損失。

要在股市賺到錢，投資人需要預期某一檔股票的價格會漲還是會跌。想要賺大錢的股市交易員有時候會研究股價過去的動向圖，以找出可能揭露未來價格落點的模式。尤金．法馬在大學時，已經被一位教授聘用，要他想辦法預測股價的走勢。但沒有一種有用。

法馬的理論說明了為何沒用。理論暗示，預測方法的可靠度，就像看著星象預測你何時會結婚的占星學家一樣。假設股票經紀人在圖表上看出漲勢，他們得出結論，說某一檔股票下星期會漲。法馬說，如果所有股票經紀人都抱持理性預期，這就不可能成真。如果他們知道股價要漲，今天就會下手買進；現在不買的話，他們就會損失部分本來從買低賣高當中可以賺得的獲利。今天買股，經紀商就把股價推高了，下個星期的漲幅就沒這麼大了。如果預期還是會漲一些，相同的邏輯可以再度套用。事實上，原本預期的漲幅一定會完全被今天推高的價格給吞掉；如果不是這樣，那代表股票經紀商錯失了一個獲利機會。

法馬提出的論據，暗示了股價是無法預測的。如果你認為股價將有變化，那麼，今天的股價一定已經反映了這些因素。但是你可能會想，你剛剛聽說妮飛媞包裝有限公司（Nifty Wrap Limited）發明了噴霧式包裝紙（可以在一秒之內就把你的禮物包好），因此可以合理預期該公司的股價會漲。買這檔股票難道不是個好主意嗎？不見得。交易量最大的交易員都是專業經紀人，他們的工作是詳知經濟趨勢以及他們交易股票的標的公司。這類投資人抱持理性預期，在做出買賣決策時用上每一項他們有的資訊。長期來說，你我都不可能靠著猜測下星期的股價走勢打敗市場。對你我來說，很遺憾的是，妮飛媞包裝公司的股價早就起漲了，早已反映了新式噴霧包裝紙的影響。

• 當人很理性時，市場會更難以預測

法馬的理論稱之為「效率市場假說」（Efficient Markets Hypothesis），這是說，金融市場的價格反映了所有可得的資訊。當股價中已經計入所有因子，投資人就用盡了所有可獲利的機會。這不表示股價不會變動，反之，差得遠了。這套理論的意思是，你無法預測股價。改變是出自於無法預測的隨機因素，就相當於你要搭的公車會因為交通意外而慢了兩分鐘。當人很理性時，市場會變得更難以預測，而不是更容易。因此，告訴你要挑哪一檔股票買的專業金融顧問，全都在浪費時間（一家美國報紙曾

經請這些顧問選出他們心目中來年的最佳個股，也請一隻猩猩「挑選」牠最愛的股票，年底時，猩猩挑的股票績效和人挑的一樣好）。你可能會把隨機想成混亂，但根據法馬的理論來看，股價愈是隨機，市場的效率愈高，金融市場效率愈高，就更能順利完成讓資金在經濟體各處流動的任務。

導致凱因斯學派經濟學式微的另一記重擊是理性預期。請記住，開第一槍的是傅利曼。他主張菲利普曲線（這是凱因斯學派政策的基礎）不再成立，這條曲線暗示，政府可以靠支出來拉抬經濟，在壓低失業率的同時拉高通膨。傅利曼說，這僅暫時有用。拉抬經濟將會拉高薪資，讓更多人就業。問題是，勞工並沒有計入通膨升高的影響。一旦他們明白自己的實質薪資（以能購買的實質產品計算）並未提高，就會回到原來的低就業水準。

美國經濟學家羅伯・盧卡斯（Robert Lucas，生於一九三七年）說勞工會犯錯，就像範例中星期一早上的你一樣。他們靠著檢視過去建構預期。即便是短期，政府有沒有能力拉抬經濟體，都要取決於勞工是否被愚弄了。如果人們奉行的是理性預期，就不可能被愚弄。他們馬上就會設想到政府行動的結果。在思考要不要增加就業時，他們會預期到未來通膨會升高。他們了解，這代表自己的實質薪資並未提高，因此不會增加就業。政府根本不太可能拉抬經濟，就算短期也辦不到。人太聰明，不會一再被愚弄。

盧卡斯也相信，市場會快速達成均衡，特定產品很少會有需求或供給太少的情形，價格會調整到確保均衡，經濟學家稱這叫做「市場結清」（Market Clearing）。盧卡斯說，勞動市場也是這樣：勞動價格（薪資）將會調整，使得勞動供給（找工作的人數）等於需求（企業想要聘用的人數）。勞力不足的情況很罕見，職缺不足的情況也同樣罕見。不會有失業這種問題，至少，當期間長到有意義時不會，因為薪資會很快下調，企業會聘用更多勞工。

・新古典經濟學的重振與爭議

市場結清搭配理性預期，重擊了凱因斯。凱因斯之前提出的主張是，當很多人要找工作卻找不到時，經濟體就會陷入泥淖。市場結清代表在現有薪資水準下，想要找工作的人都可以找到工作，任何找不到工作的人，都是自願選擇失業。然而，理性預期代表政府不管做什麼事都無法提高就業。盧卡斯的思想學派稱之為「新古典經濟學」（New Classical Economics），重振了過去凱因斯抨擊的概念，這些古典學派的論點說，經濟體永遠能快速消弭失業，政府沒有任何著力點，無法進一步拉抬。

新古典主義其實頗富爭議。一九三〇年代大蕭條或之後的衰退期間，千百萬的失業工人都是出於自願嗎？市場真的能快速調整嗎？很多人都這麼質疑。然而效率市場假說也備受挑戰。人們真的能快速收集並理解大量的經濟資訊，導致金融市場裡沒有任何無人利用到的獲利機會？在這一方面，有人說了一個經濟系學生和教授的故事，教授是理性預期理論的信徒，兩人一起走進教室。學生看到地板上有一張十英鎊的鈔票，動手撿了起來。教授發出嘖嘖的聲音說道：「別麻煩了！如果這是十英鎊真鈔，早就有人撿走了！」

我們的故事即將要說完了，接下來，我們要檢視本世紀初金融體系失靈時的經濟危機。到最後我們會發現，人並非完全周詳，金融市場也並不具效率。而這也加深了世人對於理性預期與效率市場理論的懷疑。

· 31 ·

進攻的投機客

貨幣投機者

一九五〇年代的傳統銀行經理通常是社會的中流砥柱：他們行事小心謹慎，會早早上床睡覺，也不會飲酒過量，你可能會覺得這種人保守古板。然而從一九七〇年代起，新類型的銀行家出現了：這一群人喧嘩吵鬧、光鮮亮麗又傲慢自大。新的銀行家樂於冒大險，他們想要快速致富，撒大錢買跑車和昂貴的香檳，透過所謂的「投機」賺錢。正常來說，人會去買某種東西，是因為想要拿來用，比方說買小麥做麵包，替汽車加滿油好開動。但是當人開始投機時，就算根本不想要用，也會去買某些東西。當天氣預報預測小麥成長季會出現乾旱，投機客預測價格會上漲，可能會買進很多小麥。如果他們猜對了，日後賣掉這些小麥就能大賺一筆。

投機活動已有幾百年歷史，但在一九七〇年代之後才真正起飛。銀行設立各種團隊，這些人的任務就是負責交易任何能賺錢的標的。有些投機者自行經營名為「避險基金」（Hedge Fund）的公司，從事的完全是投機性業務。其中有一家「量子基金」（Quantum Fund），創辦人是一位生於匈牙利、熱愛哲學的銀行家喬治．索羅斯（George Soros）。許多投機者都愛名錶勝過愛書，但索羅斯不同，而他也是本世紀最著名的金融家之一。

像索羅斯這種投機者，賺錢的方法之一是交易貨幣，比方說美元、歐元、日圓以及其他林林總總。如今，貨幣市場已是全世界規模最大的金融市場，貨幣的價格就是其「匯率」：比方說，墨西哥的一披索值多少美元或歐元。採購美國牛仔褲的墨西哥店主，付錢時要用披索換美元。假設一條牛仔褲值十美元、而一披索等於十美分，那麼，店主就要花一百披索買一條牛仔褲。如果一披索僅值五美分，牛仔褲的成本就變成兩百披索。就像所有可用來買賣的產品一樣，貨幣也受制於供給和需求。如果美國牛仔褲在墨西哥特別受歡迎，墨西哥就需要付更多美元才能買更多牛仔褲，這將推高美元的價格。貨幣的供需會上上下下，匯率也是一樣。

當披索兌美元的價值大幅變動時，墨西哥的店主就很難知道未來六個月要講好用什麼價格訂購美國牛仔褲。如果披索貶值，今天付得起的美元價格，在六個月之後就會變成付不起。有些國家與這種波動共存：他們放手讓匯率上下波動，這種稱為「浮動」（Floating）匯率制。有些則不讓匯率變動，「釘住」匯率，換言之，他們將自家貨幣兌換某種主要貨幣（如美元）的匯率固定在某個價格，期望這能讓消費者和商業人士確定更多事情，讓他們知道產品在海外可以賣得多少錢，海外進口產品的成本又是多少。

・攻擊釘子的貨幣投機客

釘住匯率的貨幣是投機者賺錢的機會，辦法是「攻擊」那個釘子。一九七〇年代，美國經濟學家保羅・克魯曼（Paul Krugman，生於一九五三年）就對此提出一套理論。要了解「攻擊釘子」是什麼意思，我們得先了解政府如何固定匯率。政府若要維持匯率，就需要買賣貨幣。如果有關單位想要把汽油的價格固定在每公升十五披索，也可用相同的方法操作。如果訂在十五披索時，汽油供過於求，那麼相關單位必須花錢從市場上買走汽油，以阻止價格滑落。另一方面，如果需求大於供給，那就必須提供額外的汽油，否則價格將上漲。政府需要握有一個備用汽油庫藏，才能這樣操作。

同樣的道理，假設墨西哥政府在五月訂出一個披索兌美元的價格，如果六月時披索的需求高於平常，那麼政府就可以多印披索，不要讓披索的匯價高於設定價。但如果七月時人民大買美元，因此賣出的披索比平時更多，那麼披索的匯價就很可能下跌。為了保住價格，政府必須利用它的美元存量去買進披索。經濟學家把這些存量稱為一國的「外匯存底」（Foreign Currency Reserve），外匯存底對於管制匯價水準來說很重要。

在克魯曼的理論中，投機客會在政府持續撒錢時攻擊釘子。一九七〇年代，墨西哥將披索釘住匯率，當時的政府也在社會安全、住宅以及與交通運輸專案上花了很多錢。墨西哥政府不希望藉由對人民課徵重稅來支應支出，所以政府自己印鈔票。相對於每一美元來說，流通的披索數量高於過去，因此，眼看披索兌美元的匯價就要下跌了。一旦下跌，就會打破釘住機制，政府必須拿出美元外匯存底買進披索，讓流通的披索數量維持一定，藉此阻貶。這種做法暫時有效，一直到墨西哥政府散盡所有美元。政府持續印更多鈔票來支應支出方案，但是由於政府不再購入披索，市場上的披索供給量大增，對美元的匯價就必須下跌。

事實上，克魯曼的理論指出，由於貨幣投機客會採取某些行動，導致匯價在政府的美元存底用盡之前就會下跌。他們知道政府在印鈔票，而且美元外匯存底就要耗盡了；他們知道，六十天內美元就會用光了。到了第六十天，貨幣會開始貶值，投機客必須全數賣完手上所有披索，不然就會有損失。這就是攻擊。

實際上，攻擊發生的時間會早一點。第五十九天，投機客就知道第六十天會怎麼樣，因此他們會趕快拋售手上的披索；第五十八天也適用同樣的道理。因此，在政府完全耗盡美元存底之前的某個時候，投機客會賣掉披索，買進剩下的存底，披索的釘住機制就此被打破，經濟學家將此稱之為貨幣危機。投機客獲利，因為他們把自己的財富轉換成更有價值的貨幣，比方美元。墨西哥在一九七六年就來到了觸發貨幣危機的關鍵點，披索也崩盤。由於披索價值極低，導致進口品價格漲翻天。這麼一來，墨西哥人民所得的實質價值就降低了，因此他們停止支出，經濟陷入衰退。

・投機攻擊能促使政府施行理性政策？

美國經濟學家莫里斯・奧伯斯費爾德（Maurice Obstfeld，生於一九五二年）證明，就算政府不印鈔票，也會出現貨幣危機，這種事會發生在最富裕的國家。一九九〇年代初期，有幾國的貨幣採取釘住德國馬克制度，當時德國馬克是歐洲領先經濟體德國使用的貨幣。這些國家陷入兩難，就以英國為例，一方面英國政府想要維持釘住機制，首相梅傑（John Major）甚至以自己的名譽擔保，而且如果英國廢除釘住匯率制，各銀行可能就不會這麼信任英國，並對於借錢給英國有所顧慮。另一方面，政府想要放棄釘住機制，讓英鎊貶值。為了維持英鎊的價格，英國政府必須維持高利率：高利率代表握有英鎊的人可以賺很多利息，因此他們會買入英鎊，有助於穩定英鎊的高價。但高利率會傷害英國的屋主，他們背負大筆貸款買房子，現在要很辛苦才能償還高額利息。

當投機客再也不相信政府會堅守釘住機制時，英國就發生危機了。他們預期英鎊會貶值。投機客在一九九二年九月某日開始發動攻擊，當天被稱為「黑色星期三」（Black Wednesday）。這是一場投機客（像索羅斯這種人，他們預測英鎊會下跌）與英國政府之戰。投機客開始大量拋售英鎊。英國央行（Bank of England）嘗試力挽狂瀾，大買英鎊。梅傑和各部會首長開會，他們決定將利率從百分之十調升到百分之十二，升息幅度極大。會後，內政部長肯尼·克拉克（Kenneth Clarke）搭乘公務車回到辦公室，他的司機轉頭對他說：「部長，這樣沒用。」司機前一秒才從廣播裡聽說要升息，後一秒又出現了壞消息：英鎊持續大跌。

幾分鐘之內，克拉克又回過頭去找首相，他們將利率提高到百分之十五。升息就像在暴風雨裡飄搖的紙船。投機客看出政府終將棄守，於是他們繼續賣英鎊。當天傍晚，英國放棄釘住匯率制，梅傑考慮辭職。財政部長諾曼·拉蒙特（Norman Lamont）說，幾個星期以來他第一次可以睡得安穩，因為終於不用再煩惱英鎊匯率。英國政府花了幾十億捍衛英鎊，索羅斯從中獲利十億英鎊，還得到了一個綽號：「打垮英國央行的男人」（the man who broke the Bank of England）。

有些經濟學家認為投機是好事。貨幣投機客只是回應國家經濟的現況而已。他們在政府推動壞政策時才攻擊釘住制度，比方說狂撒大錢或制定高到誇張的利率。如果是這樣，索羅斯是從無論如何都會發生的崩盤當中獲利。有些人說，投機攻擊可能還促成政府採行更理性的政策。但在一九九〇年代末期，人們毫不留情將亞洲一系列的經濟災難歸咎在投機客頭上。馬來西亞總理馬哈地·穆罕默德（Mahathir Mohamed）說，投機客是罪犯。他罵索羅斯是蠢蛋，並表示應該禁止貨幣交易。索羅斯則說馬哈地是討厭鬼，這種人不用理他。

•像感冒一樣傳染的經濟危機

亞洲的問題始於一九九〇年代末期，當時泰國的經濟率先崩潰，企業與銀行紛紛破產，曼谷四處蓋到一半的建築都凍結在時間裡，因為業主的錢都燒完了。馬來西亞以及區域內其他國家的經濟很快也被泰國感染，例如南韓和印尼。

泰國的問題和其他國家有何相干？經濟學家相信，經濟危機也會在國家之間互相傳播，就像人與人之間會傳染流行性感冒一樣。他們說這叫經濟性的「感染」，散播疾病的就是投機客。看到泰國的情況，投機客開始擔心馬來西亞以及其他鄰近國家會發生相似的事情，如果真的發生了，他們會想要出脫手上的馬幣。他們憂心的不僅是馬來西亞的經濟而已，也擔心不知道其他投機客怎麼想。如果投機客認為其他投機客同樣因擔心而將拋售馬幣，那他們也要出脫自己手上的貨幣。如果有很多人都這樣想，馬幣到最後就會崩盤。這就好像沒有失火，卻有人大叫「失火了」而導致大家互相踐踏。經濟學家說這是一場「自我實現的危機」。

美國經濟學家傑佛瑞．薩克斯（Jeffrey Sachs，生於一九五四年）等人認為，很有可能的情況是，經濟體本身沒有什麼太嚴重的問題，但投機客觸動了危機。當時亞洲各經濟體表現不錯，政府管理得當，和一九七〇年代的墨西哥並不相同。批評投機的人說，攻擊行動是投機客之間沒有必要的恐慌，馬哈地也因為這樣才大為震怒。

稍後我們會再談到投機客，他們當中有很多人交易的產品極其複雜，不光是美元和日圓而已。我們在第三十八章將會看到，在二十一世紀初，投機客交易的產品難以理解，導致一般人開始質疑金融根本就是掩人耳目的戲法。他們說投機客狂野且魯莽，需要有人來阻止。

· 32 ·

拯救弱勢

窮人的經濟學

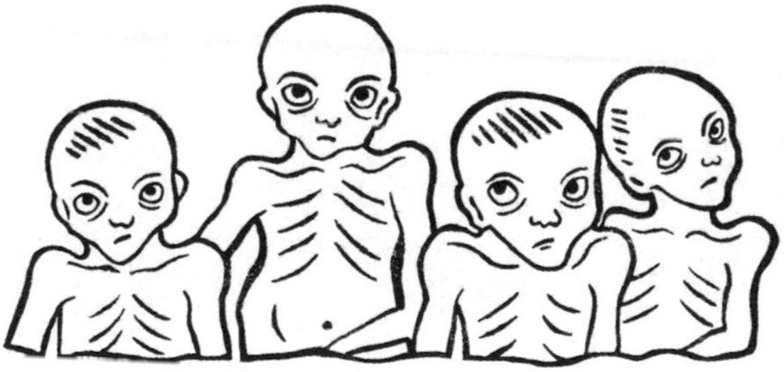

十一歲時，印度經濟學家阿馬蒂亞．森恩（Amartya Sen，生於一九三三年）就見證了一場殺戮攻擊的餘波盪漾，事情發生在他的家鄉，也是如今孟加拉的首都達卡（Dhaka）。達卡發生一起又一起的暴動，回教徒和印度教徒彼此殘殺。有一位在附近工作，名叫卡德．米亞（Kader Mia）的回教徒工人，衝進森恩家的園子裡——森恩家位在達卡市的印度教地區——米亞被一名本地的幫派分子刺中背後，渾身是血。森恩端水給他並報警。在前往醫院的路上，米亞說到妻子殷殷告誡他不可闖入印度教的地區，他很可能在這裡受傷，但他的家人都在挨餓，他必須冒險賺點錢。這個人當天稍晚就過世了。

這場殺戮粉碎了小森恩的世界，讓他看到貧窮不僅代表沒有金錢或食物，更代表了欠缺許多富人士視為理所當然的自由。米亞很窮，必須要費盡千辛萬苦才能讓家人溫飽。而且他的貧窮也代表他無法擁有「當一個人知道自己身在安全之處」才能感受到的自由。有錢的人不用深入險境去賺錢，他們總是可以在他處找份工作，或用存款買食物。反之，米亞別無選擇，而且他付出了自己的生命。

這番經歷促使森恩像經濟學家一樣思考。他想了解經濟弱勢者的處境，例如像米亞這種人。森恩既是哲學家也是經濟學家，以當代經濟學家來說，這種組合很不尋常，但這讓他成為最早期經濟學家的同路人：關心人類實質福祉的哲學家。森恩在哲學上的好奇心，引領他質疑經濟學最基本的假設。

在思考像米亞這種人面對的貧窮時，森恩問道：什麼是貧窮？傳統經濟學的答案是沒有錢的貧窮或沒有食物與住所的貧窮。當人缺乏物質時，便是貧窮。對森恩而言，這個問題的意義更宏大。想一想擁有一部腳踏車的好處，腳踏車可以帶你去你需要去的地方，提高你的福祉的並非腳踏車本身，而是你擁有了一種交通工具。森恩說交通是一種「能力」，美滿人生需要各式各樣的能力：營養充足、健康健全、融入社群、人身安全等等。物質和能力之間的關聯性很複雜，腳踏車讓身體健康的人具備交通能力，但是對於身體殘障無法騎車的人則否。

・凸顯以往經濟指標的不足

如果我們說一個人很窮是指對方每天攝取的熱量不到兩千卡路里，我們使用的就是「絕對」的貧窮衡量標準。這樣的貧窮線是用一定的食物攝取量作為標準，低於這條線的人便可稱之為貧窮。另一方面，如果是「相對」貧窮，則是把大幅低於平均值的人稱為窮人。富裕國家的平均值很高，因此，在相對定義下的窮人很可能也擁有電視和手機。森恩的能力說結合了絕對標準和相對標準：能力是絕對的，但是要得到能力所必要的物質條件則是相對的。舉例來說，要能適度參與社會，你需要的能力之一是能在公共場合出現且無須感到羞愧。這項能力是絕對的，因為不管是紐約人或印度農民，同樣都必須有能力無須感到羞愧，但是要具備能力所需的物質要求並不相同。對紐約人來說，他們需要一雙鞋，因為對紐約人來說，買不起鞋而赤腳去上班是很丟臉的事，但印度農民可能覺得不穿鞋完全沒問題。對印度農民來說，能無須感到羞愧要取決於其他事物，例如孩子嫁娶的對象。

從森恩的觀點來說，社會的發展就是擴大能力。如果有更多人能參與社群、感到安全而且身心健康，那就代表社會有進步。教育尤其能帶來自由，當你能寫能讀能思考，就更能發揮所長，成為最好的自己。民主同樣也能讓人們有機會影響社會的運作，因此森恩認為，發展民主本身就是另一種自由。真正的發展，不光是以產品產出衡量的經濟發展，還要加上人類的發展：有更多人能擁有過著美滿人生必備的能力，並因此享有自由。

這是否代表了有更多的工廠、更好的科技與更廉價的產品服務，也和人類的發展毫無相干？當然不是。對一個社會而言，要有學校或醫院，就一定要有設立這些機構必須的資源。但經濟發展並不等同於森恩所說的人類發展，後者是一個格局更大的概念。舉例來說，巴基斯坦經歷了幾十年的經濟成長，但識字率仍極低，尤其是女性，所以更高的國民所得並不能保證在人類發展面向就更進步。也因此，森恩再三提出要用新的指標來衡量經濟進步。

一九九〇年代，他協助聯合國改進傳統的發展指標（國內生產毛額），把自己的想法付諸實踐。國內生產毛額衡量一國國民所得，計算方法是加總一年的產出量。森恩提出了替代方案，除了所得之外還加上預期壽命以及識字率，稱之為人類發展指數（Human Development Index）。這凸顯了人類發展與經濟發展並不相同：雖然沙烏地阿拉伯比較富裕，但斯里蘭卡的人類發展指數高於沙烏地阿拉伯。如今多數經濟學家同意森恩所提的看法，認同發展重點不僅關乎國家所得，也關乎人民的健康與教育。

在所有的能力中，最基本的是營養，這表示要能吃的夠；最極端的剝奪就是缺乏食物，這會導致營養不良與死亡。同樣的，這方面又和他幼年時期的經驗有關。一九四三年，大概是在米亞被謀殺前一年左右，他幫忙施捨米糧給孟加拉大饑荒（Great Bengal Famine）的災民，當時有近三百萬人死於這場饑荒。幾十年後，當森恩在發展他的饑荒理論時，大規模饑荒的記憶又湧上心頭。當時是一九七〇、八〇年代，亞洲和非洲都發生很可怕的饑荒。最明顯的理由是缺糧：風不調雨不順時，作物就會枯死，人們就得挨餓。也有可能是因為人口快速成長，導致需要餵養的人太多，一如十八世紀馬爾薩斯得出來的結論。

• 用權利的概念來解釋

森恩看出一般理論解釋中的缺失。美國時不時發生乾旱，但是那裡沒有人挨餓。還有，雖然馬爾薩斯警告人口過多會發生的後果，但是發生饑荒的地方是在衣索匹亞和蘇丹等地，這些地方相對上算地廣人稀。森恩說，有人吃得不夠和整體食物不夠是兩回事。食物不僅是食物，同時也是一種人們從市場裡購買的產品，有百百種理由導致人無法獲得足夠的食物、因此必須挨餓。

森恩主張，當人們取得食物的「權利」崩壞到一定程度，無法餵飽自己，就會發生饑荒。人們取得食物的權利，是指在他們的所得和食物的價格為條件之下，他們能負擔得起多少食物。這份權利也包括他們在家中能自種自養的食物以及政府給予的食物。就算整體來說並沒有糧食不足的問題，沒有乾旱也沒有人口爆炸的情況，食物權利仍可能瓦解。上述問題都不必然會導致饑荒。有的時候，貧窮僅僅是由市場的價格所致，這一點幫助森恩理解他親見孟加拉大饑荒時心中出現的問題。如果是因為糧食太少導致饑荒，那麼為何在糧食存貨充裕的店面之前有人挨餓，又為何他那些富有的親友都沒有受到饑荒影響？

森恩用權利的概念來解釋一九七〇、八〇年代的饑荒。孟加拉一九七四年發生饑荒，當時的食物產量很高，但是一場洪水擾亂了農業活動，使得很多農村的勞工丟了工作。其他人則擔心洪水的影響，開始買進糧食，導致食物價格一飛衝天。食物價格高，再加上失去了收入，很多一貧如洗的人根本買不起食物，有些人就這麼活活餓死了。當食物價格回歸常態，饑荒也結束了。

森恩主張，如果能更明白市場的波動如何導致饑荒，就能採取更多預防措施。舉例來說，一九七〇年代初期，印度馬哈拉施特拉邦（Maharashtra）發生一場乾旱，很多農業勞動人口因此失業。政府聘用他們鋪路挖井，讓他們有薪水可領，保障他們的食物權，也避免了饑荒。

・貧窮的人最需要什麼

森恩說，民主與自由的媒體環境對防範饑荒來說很重要。如果記者能自由撰文描寫窮人面對的苦境，政府就有動機去做點事，都不作為的話，就要冒著下次選舉交出權力的風險。森恩相信，這正是印度在獨立之後不再有饑荒的理由。另一方面，二十世紀一次最嚴重饑荒是一九五〇年代末發生在中國的饑荒，當時有三千萬人死亡，這次饑荒時間很長而且死亡人數眾多，就是因為記者沒有辦法自由寫下自己想寫的見聞。中國政府推動意圖經濟現代化的大躍進方案，其中有一部分行動讓中國農業經歷一場災難式的重整。沒有任何人敢報導政府做了什麼事，讓政府一意孤行推動政策，而以千千萬萬的人命為代價。

較近期則是一九八四年衣索匹亞的饑荒。電視的報導讓全世界大為震驚，掀起一股潮流，很多搖滾巨星錄音獻唱與舉辦大型演唱會為非洲募款。但是與二十世紀中葉時的中國饑荒或一九三〇年代蘇聯的饑荒（死了八百萬人）相比，衣索匹亞饑荒的規模算小了。謝天謝地，最嚴重的饑荒如今看來已成過去，目前饑荒多半僅限於戰火頻仍的非洲地區。這些地方發生饑荒時，餓死的人數通常少於因為戰亂傳播疾病而病死的人。

一般人認為，經濟學就是在研究股市、大型工業以及商業人士所做的決策，這些當然很重要，但森恩告訴我們，經濟學不僅是這樣而已。十九世紀時馬歇爾說經濟學家必須要有溫暖的心與冷靜的腦，森恩正是絕佳範例，體現了馬歇爾所說的「這種經濟學家」：他運用邏輯，思考社會最底層人民的苦境，例如千百萬像米亞這樣的人，他們僅能餬口度日，常常在生存的苦戰中敗陣。對森恩來說，經濟學的重點在於最貧窮的人最需要的到底是哪些東西？要如何才讓他們能過著幸福且充實的人生？有錢買食物很重要，但能夠讀書、身體健康以及有機會參與社會的運作也同樣重要。真正的人類發展就在於擴大自由。

· 33 ·

知己知彼

資訊經濟學

為了慶祝美國經濟學家喬治·阿克洛夫（George Akerlof，生於一九四〇年）獲頒諾貝爾經濟學獎，在斯德哥爾摩舉辦了一場熠熠生輝的晚宴。晚宴上，這位經濟學家向包括瑞典國王與皇后在內的貴賓說明他的經濟思維要義：「牽一匹悲傷的老駑馬去市場，把一條活生生的鰻魚放進牠喉嚨裡，馬也會變得活蹦亂跳。」駑馬（年邁力衰的老馬）販子會用盡各種技巧，讓他們手上的馬看起來精力充沛。但這樣做可能會有不良後果：「市場裡有一半的人是騙子，另一半的人則是要想辦法避開騙子。在極端的情況下，市場會完全崩解。」

為阿克洛夫贏得名聲的是一篇一九七〇年的文章〈檸檬車市場〉（The Market for Lemons），文中檢視老馬買家要面對的兩難，不過是現代版：如何購買一台二手車。你想要向本地二手車商買某一部車，這部車可能是一部好車，但這也可能是一輛問題車（俗稱檸檬車）——停在車庫前看來好好的，但是開上路要不了幾公里就出毛病了。在你下手買進之前，你不會知道自己買到的是什麼。賣方知道自己手上的哪一部車有問題，但永遠告訴你每一部的車況都好得不得了。買賣雙方都願意用高價交易好車、用低價交易問題車，問題在於買方不知道哪台是好車，哪台是問題車。

假設有一半是好車、一半是問題車，那麼你想要買下的那一部車就有五成的機率是問題車。你不願意花大錢買這輛車，你只願意支付高價和低價之間的某個價格。問題是，好車的車主不願意用中間價賣車，這遠低於他們的車子的價值，因此他們不把車子拿出來賣。另一方面，問題車的車主倒是樂意脫手。有人把車子拿出來賣，這就代表這輛車有問題。也因此，問題車就把品質好的車逐出了市場。

這也是市場失靈，因為有很多人願意花高價買一部好車。

阿克洛夫的想法是，在經濟體裡，有些人擁有比別人更多的資訊。這一點聽起來或許再明顯也不過了，但是當他在寫論文時，大家都還不太理解這個概念。經濟體的標準模型證明市場可以運作順暢，市場能達成圓滿結果，滿足人們的欲望的同時又讓人們善用所有可用資源。（我們在第二十五章中談過這樣的模型）。但這樣的結果靠的是很多重要假設，比方說，市場必須是完全競爭的，不可有外部性，不會有工廠的排放物害得附近的漁場成本高漲。

• 缺乏資訊導致逆向選擇

經濟學家知道，實務上的市場通常無法滿足這些條件。阿克洛夫看到了標準模型裡另一個向來都被忽略的假設。市場要能順利運作，其中一個前提是人們必須無所不知：什麼樣的車值多少錢、品質如何、哪一位員工有沒有努力工作、某一位借款人是不是可靠。如果我們在生意上合作，你會想要知道我是否適任，我也會想要知道你有沒有能力。「完全資訊」（也就是說，每一個人都無所不知）這個假設很少受到質疑。當阿克洛夫想要出版他的論文時，每一家期刊都拒絕。有一位編輯說，這個想法不值一提；另一位說，如果這是真的，那經濟學就得改變了。最後，阿克洛夫的論文還是刊出來了，而經濟學也真的改變了。這篇文章幫忙開啟了「資訊經濟學」（Information Economics）這個新領域。

經濟學家用一個術語來指稱檸檬車的問題，叫「逆向選擇」（Adverse Selection），並且發現這種事到處都有。以醫療保險為例，當你要購買醫療保險時，你每個月要付錢（保費）給保險公司，保險公司承諾，如果你生病了，會替你給付醫藥費。在保險市場裡，是買方（想要投保的人）的資訊多過賣方（保險公司）。醫療保險公司會因為不健康的人可能常常需要用到醫療服務，而對他們收取高額保費，對比較健康的人則收取較低的保費。但是，保險公司很難去判別誰健康、誰不健康。因此就像二手車的買方一樣，他們移動到中間地帶，對每個人一視同仁收取中間水準的保費。

同樣的，就像優質二手車的賣方一樣，健康的人就不會想參與這個市場。他們生病的風險很低，保費對他們來說就太高了，只有不健康的人才想買保險，因此不健康的人就把健康的人逐出了市場。當太多不健康的人向保險公司買保險，公司就必須把保費訂得很高，才足以支應成本不斷提高的待付醫療帳單。到最後，只有病況最重的人才願意買下保險公司提供的昂貴保險。

當買方或賣方不知道某些重要的特質，比方說，買方不知道車況如何或者保險賣方不知道潛在客戶的健康狀況，就會出現逆向選擇的問題。另外，無法知悉當事人會有哪些行動時，也會對市場產生干擾。經濟學家把這種情況稱之為「道德風險」（Moral Hazard）。你替手機買了失竊險以後，很可能就會變得粗心大意，因為你知道如果不小心把手機忘在公車上，你會拿到一支新的。保險公司了解這一點，但是無法調查你。也因此，他們不想替你保全險，他們很可能要求你自己承擔部分損失。同樣的，這也是市場失靈，因為你想要保全險，保險公司也想賣你全險，但由於缺乏資訊之故，阻礙了兩方的交易。

買方和賣方在一些小缺失之下找到方法進行交易。比方說，人們確實想出辦法交易優質的二手車：買方選定想買的車之後，努力去找到過去的紀錄，好車的賣方也提供保固。另一位資訊經濟學家的先驅是麥可・史班賽（Michael Spence，生於一九四三年），他研究人們如何藉由對彼此「發出信號」（Signalling）來克服缺乏資訊的問題。比方說，企業想要聘用最具生產力的員工，但是員工的能力難以鑑別，而人可以靠一種方法來傳達信號顯示能力，那就是取得學歷。如果我們進一步推論這個概念，會得出的結論是受教育不見得能讓人在工作上比別人優越太多，文憑的用處只是幫助雇主區別出有生產力和無生產力的員工。但是有時候有些缺乏資訊的問題，很難用簡單的方法化解。如果一家銀行無法分辨貸款的對象是負責的企業主還是騙子，很可能就完全停止撥款。就像阿克洛夫的警告一樣，當資訊很少，市場很可能完全關閉，不再為人們和企業提供所需用品。

・自由市場政策的風險

阿克洛夫一九六〇年代就讀麻省理工學院時就和一位同學結成好友，後者未來也成為資訊經濟學的先驅，在斯德哥爾摩的頒獎台上和他共享榮耀。他這位同學名叫史蒂芬・史帝格利茲（Joseph Stiglitz，生於一九四三年），出身於印第安納州的蓋瑞市（Gary），這是二十世紀初由美國鋼鐵公司打造出來的工業城。美國鋼鐵創立於一九〇一年，創辦人是一群包括卡內基在內的企業家。史帝格利茲在蓋瑞市看到的貧窮、歧視與失業，影響了身為經濟學家的他的想法。他說：「看過市場經濟的黑暗面之後，很難大聲讚揚它的美妙。」言下之意，最支持自由市場的傳統經濟學根本是錯的。

對史帝格利茲來說，資訊經濟學和經濟學中幾個最重要的問題息息相關，比方說窮國如何富起來。一九九〇年代時，他有機會把自己的理論應用到真實世界，他成為柯林頓總統（Bill Clinton）的顧問，之後加入了位在華盛頓的世界銀行（World Bank）。世界銀行提撥貸款，並為開發中國家提供經濟政策建議。史帝格利茲不是我們印象中的一般政府官員，他常常打著歪歪斜斜的領帶到處走來走去，也不在乎觸怒有權有勢的人。在華府，史帝格利茲挑戰了已有名聲地位、接受自由市場就是貧窮國家解藥這種想法的官員與經濟學家。

世界銀行以及華府另一個類似機構國際貨幣基金（International Monetary Fund），過去向來對開發中國家施壓，要求他們採行自由市場政策，包括開放他們的經濟體允許海外資金流入。他們主張，流入的資金可以用來投資新的工廠和道路，有助於經濟發展。東亞各國經濟體湧入大量資金，但是就像我們之前看過的，一九九七年這些國家在經濟上踢到了大鐵板。海外放款人非常擔心，不知道他們貸款的對象有沒有能力償還。他們在放款時，憑藉的是極少的資訊，到頭來，很多借錢的人根本沒有能力還款。道德風險的問題讓情況更加惡化，因為放款人預期，如果出了錯，政府會紓困，因此他們沒有動機去審慎查探到底把錢借給了誰。

能順利運作的金融市場，仰賴的是放款人能確實評估借款人有多可靠，以及投資人了解他們投資的專案有哪些風險。金融市場的重點就是資訊，資訊的重要性比起在石油或小麥的市場有過之而無不及，沒有發展健全的金融市場（比方說在東亞），就不能好好處理複雜的資訊。史帝佑利茲痛斥華府官員的建議，他們完全忽略自由市場政策的風險，在放款人根本沒有適當資訊、不知道自己到底把錢借給誰的情況下，還任憑資金不受限制流進流出各國。他把這樣的政策比做將法拉利的引擎裝進一部老爺車裡，然後馬上發動，根本不去管輪胎的狀況以及駕駛人的技巧。

．「看不見的手」已經癱瘓

資訊經濟學也和先進經濟體面對的幾項重大經濟挑戰有關。自一九三〇年代的大蕭條以來，經濟學家一直在苦思到底是什麼原因引發失業。阿克洛夫從十一歲就在想這個問題，他父親就在那一年失了業（他提出的理由是，當一名父親失業之後就會停止支出，另一名父親也會隨之失業，依此類推，這樣的連鎖反應牽引了經濟向下沉淪。這名小學生在不知不覺間就找到了凱因斯最重要的經濟學原理之一）。二戰後，以凱因斯的研究為基礎的經濟學指出，薪資在經濟衰退期間很難下調，薪資維持在高水準不利於企業多聘用員工。為什麼薪資不會下滑？資訊經濟學提出了新見解：雇主無法隨時監控員工，因此不知道個別員工有多努力。為了鼓勵員工勤奮工作，雇主會提高薪水，當所有雇主都這麼做時，就拉高了整體薪資水準；薪資水準高時，企業就減少僱用員工，失業率也就高了，失業的威脅會回過頭激勵已經有工作的員工努力工作。這種對於失業的思維，成為重新詮釋凱因斯想法的一部分，現代很多的凱因斯經濟學家都奉行不悖。

當阿克洛夫和史帝格利茲剛開始發展出新的資訊經濟學時，很多經濟學家認為市場多數時候都運作順暢。他們相信亞當・斯密提出的「看不見的手」，認為市場中的買賣行為導引社會資源進入最佳用途。市場因為資訊問題而崩壞，不必然代表人們愚笨或不理性：當人們懷疑賣方賣的是老駑馬而不再買馬，這是非常理性的行為。但是，崩壞代表「看不見的手」不再有用。史帝格利茲在獲頒諾貝爾獎時指出，這隻手之所以看不見，是因為根本就不存在；就算存在，也是已經癱瘓不能動彈。

·34·

未履行的承諾

時間不一致問題

在改變主意比不改變更好的狀況下，人們通常會選擇改變。這句話沒什麼大道理，卻是一套經濟學理論的基礎。這套理論說，就算是立意良善的政府，也會忍不住搬石頭砸自己的腳。政府就像是用心良苦的學校老師，就算處罰懶惰的學生留校察看可以鼓勵他們用功讀書、考試及格，但真正要罰的時候他們會改變心意。老師會威脅學生，如果不做功課就要留下來，但是等到學生真正沒交功課時，又放他們走人。為什麼？呃，如果罰學生留下來，老師也必須晚走，但他們寧願準時回家。學生知道老師不會堅持到底，所以打定主意不做功課，他們永遠不會擺脫懶散，總是考不及格。如果學生相信老師真的會履行威脅，就會做功課，老師也能準時下班。但是當懶惰的學生不相信老師真的會說到做到，那就是雙輸的局面。

老師想要營造的效果（利用留校察看的威脅讓學生做功課）長期會發酵變化。對老師來說，在星期一早上，最好的做法是威脅學生如果星期三之前不交功課就要留下來。但等到真的到了星期三，老師最好的做法是放學生回家。老師會自我安慰說：反正學生一向不做功課，那幹嘛罰他留校、自己還要陪著學生留下來？

一九七〇年代末期，就有兩位經濟學家去研究長期試著要達成某個目標的這個問題。芬恩．基德蘭德（Finn Kydland，生於一九四三年）成長於挪威一座農場，他是那一帶唯一的學童。在匹茲堡的卡內基美隆大學（Carnegie Mellon University）攻讀博士學位時，他遇見了美國人愛德華．普瑞斯考特（Edward Prescott），當他要返回挪威時，也說服普瑞斯考特和他一起，到卑爾根（Bergen）的挪威經濟學院（Norwegian School of Economics）待上一年。在學院安靜的大樓裡，當每個人都回家之後，基德蘭德和普瑞斯考特努力發展他們的新理論，後來創造出一個新名詞。他們管前文範例中那些寬厚老師所面臨的問題叫「時間不一致性」（Time Inconsistency）：今天最好的行為，到了明天卻不然。

・有心機且精明的對手

控制火箭發射的科學家，不會碰到時間不一致性的問題。如果他們星期一要發射火箭，他們下達指令給火箭電腦，要求火箭要在使用最少燃料的條件下，於星期三之前飛抵月球。他們可以在星期一預先傳出一批指引到電腦裡，涵蓋整個航程；或者他們也可以在星期一下一些指令，星期二下一些指令，星期三再下最後的指令。他們怎麼做都無所謂，在星期一時最好的決定，到了星期三還是如此，火箭的電腦永遠履行承諾。

當你要交手的對象是人的時候，做法就有差別了。星期一，老師會針對這個星期給自己下一批指令：如果學生不交功課，就留校察看；到了星期三，他們卻有不同的做法。人不同於火箭，因為人會預測未來。他們知道明天會怎麼樣，因此會改變今天的行為。學生知道老師不會執行威脅，因此他們根本不想做功課。

一九七〇年代有一群經濟學家主張，凱因斯學派經濟學說「政府可以輕鬆控制經濟體」的這種說法錯了，問題就出在理論假設經濟體和火箭一樣。基德蘭德和普瑞斯考特就屬於這一群經濟學家。他們說，如果人們不完全理性，前述說法就錯得更離譜了。

新的經濟學方法檢視經濟體在人們抱持理性預期下如何運作，我們在第三十章中已經談過這個概念。當人們抱持理性預期，會使用所有可得資訊預測未來。他們不會犯錯，不會忘記納入重要資訊。基德蘭德和普瑞斯考特發現，理性預期會出現時間不一致性的問題。前述範例中的老師們之所以面臨難題，是因為學生預期了老師在星期三時會有哪些行為，並把這些預期納入他們星期一的行為當中。火箭科學家的賽局對手是大自然，但是老師和政府從事的是一場更巧妙的賽局，他們的對手是有心機而且很精明的人類。

一九五〇、六〇年代奉行的凱因斯學派經濟政策，基本概念是政府可以藉由調整支出來影響經濟體的發展路徑（另一種方式則比較不受凱因斯學派青睞，是藉由政府挹注到經濟體內流通的貨幣數量來進行調整）。根據菲利普曲線（指出低失業率會伴隨著高通膨），政府可以利用以上這些政策來降低失業率，代價是承受更高的通膨。

理性預期學派的理論家說，這是不可能的。他們表示，當政府要提振經濟，理性的人通常會預見提高的薪資會被更高的價格所侵蝕，人民的實質薪資（以能買到的實物計算）並未改變，人民也知道這一點，因此不會增加就業。政府政策的唯一效應，只有推高通膨。用這種觀點來看經濟體，政府的最佳作為就是不要多印鈔票，也不要花太多錢，讓通膨維持在低水準。

・政府永遠都會打破自己的規則

但是，就算政府也懂這個道理，他們還是忍不住要試著刺激經濟。假設政府在一月提出承諾：要將通膨維持在低水準，因為政府也知道長期來說試圖振興經濟徒勞無功，只是推高通膨而已。可是到了三月，政府民調低落，眼看年底又要選舉了。雖然正常來說政府無法影響就業，但是如果在人們意料之外突如其來拉抬一下，還是會有一些馬上見效的效果。五月時，政府就試著這麼做，希望能因為壓低失業率而在政治上有一些收穫。有一陣子，人們會因為回應較高的薪資而增加就業，但是，當他們明白高薪資又被高物價侵蝕之後，很快又回歸到較低的就業水準。政府在六月、七月、八月又故技重施。

他們的所作所為只有在人民意料之外時才有效果，因此只有偶爾收效（而且時間很短）。長期下來，失業率並沒有比較低，比政府如果堅守原本的承諾好不到哪裡去，差別只在於到最後通膨水準高達百分之八，而不是百分之二。人民也了解政府面臨的兩難，因此不會相信政府要讓通膨保持在低水準的承諾。就像前文提到的老師一樣，政府也想堅守承諾，但是到了某個時間點就守不住了。無法履行承諾的代價，是讓經濟體更加波動。隨著物價上漲，經濟體也變得愈不穩定，更為動盪、更難預測。

你或許會認為，立意良善的政府（或老師）在每一個時間點都有很多行動選擇是一件好事。經濟學家稱之為「政策裁量權」（Policy Discretion），這是一種完全的決策自由。政府在五月決定要採取行動以因應現況，六月又做了些決定，七月、八月也如法炮製。但政府真的能妥善運用裁量權評估現況再據以行動，並在長期下來創造出最好的結果嗎？基德蘭德和普瑞斯考特的理論，說明為何裁量權實際上會減損政府落實最佳政策的能力。

基德蘭德和普瑞斯考特說，政府不應該使用裁量權（在五月、六月和七月分別做出決策），而應該遵循事先決定的規則，比方說「將通膨一直維持在低水準」。但政府怎麼做得到？政府操弄著政治權術，永遠都會打破自己的規則，問題就在於，政府擁有的權力愈大，能發揮的力量反而愈小。政府用多強硬的態度許下承諾都不重要，根本沒人會信（就像老師再怎麼咆哮，說出口的威脅總是沒有人在乎）。

・解決時間不一致問題的良方

基德蘭德和普瑞斯考特提出他們的理論之後，經濟學家開始找尋解決方案，讓政府能執行規則，解決時間不一致性的問題。許多方法都和改變央行運作的方式有關。央行是政府的銀行，是負責發行貨幣的機構。如今，央行執行政府的貨幣政策：採取行動以改變貨幣供給與利率。央行最早是私人企業，英格蘭銀行就是最早期的央行之一，一六九四年由一群商人共同創立，他們希望能確保英國有足夠的貨幣可以對抗法國。慢慢的，央行開始向政府靠攏。一九四六年，英國央行被收歸國有。斯塔福・

克里普斯（Stafford Cripps）在一九四〇年代末期擔任英國的財政部長，他習慣說這是「他的」銀行。各國政府利用央行來執行凱因斯學派的政策，央行由政府掌控，以政治人物認為適當的方式運作。

有一個辦法可以解決時間不一致性的問題，那就是政府放下權力，轉交給央行。這項主張強調，賦予央行獨立地位，貨幣政策就不再因為政治人物的操弄而處於危境。央行總裁不透過民選，受到選民青睞的短期行動也不能替他們帶來任何好處，因此他們可以執行讓通膨保持在低水準的規則。政府甚至可以指派特定人選擔任總裁，比方說，素來以偏愛低通膨聞名，且會用盡所有力量達成目標的人。這就好像仁慈的老師把懶惰的學生交出去，送到大家都知道愛把學生留下來的嚴格訓導主任手裡。

一九九〇年代，很多政府賦予自家央行獨立地位。央行會設定通膨目標，比方說，維持在百分之二到三之間。央行的任務是使用現在交由他們控制的貨幣政策工具，盡全力達成目標。法國央行（Banque de France）在一九九四年切斷了與政治人物之間的關聯，距離當初拿破崙設立這家銀行、在法國大革命的混亂之後恢復財政秩序，差了將近兩百年。在獨立儀式上，法國央行總裁期待能迎來經濟穩定的新紀元。英國央行於一九九八年獲得獨立地位，一個由專家組成的委員會開始在每個星期三舉行例會，他們會投票表決，看看要不要升息或降息以達通膨目標。有些經濟學家甚至建議把央行總裁的薪資和通膨掛鉤，當紐西蘭賦予央行獨立地位時就採取了類似行動，宣告如果央行無法達成通膨目標，政府可解聘總裁。

很多經濟學家相信，央行的獨立性帶來了低水準的通膨與穩定的經濟成長。與一九七〇年代的停滯性通膨（高通膨且高失業率）相比，完全是雲泥之別。有人將這段期間稱之為「大緩和」（Great Moderation，或稱大平穩），指的是經濟體很穩定，沒有大幅度的波動起伏。那麼，獨立地位真的有用了嗎？沒錯，央行獨立的國家通膨很低，但是要說兩者之間有強烈的因果關係，就有點複雜了。一九八〇、九〇年代的低通膨，有可能是運氣的成分居多，與「解決時間不一致性的明智經濟政策」不是那麼有關聯。一九七〇年代，各經濟體受到衝擊，比方說中東的政治危機導致油價高漲，順勢拉高了通膨。很有可能，一九八〇、九〇年代的經濟穩定是因為少了類似的衝擊。而且，大緩和的時間並未持續太久，二〇〇八年全球經濟崩壞，大緩和戛然而止。經濟波動捲土重來。

· 35 ·

消失的女性

女權主義經濟學

一九九〇年代初期，經濟學家阿馬蒂亞．森恩計算出有一億的女性消失了。女性的壽命比男性長，因此女性人口應多於男性。在英國、法國與美國，大約是每一百零五位女性對一百位男性，但森恩發現，在某些國家，男性人口超過女性。在中國與孟加拉，大約僅有九十四名女性對一百位男性，巴基斯坦則為九十。把這些缺口加總起來，森恩發現全世界大約少了一億名的女性。

她們到哪裡去了？森恩說，她們是遭受極度經濟剝奪的受害者，因為營養不良與缺乏醫療而減壽。他的發現指出各經濟體並未做到男女平等，經濟環境普遍對女性不利。

一九九〇年代有一群經濟學家試著解釋這樣的偏差，他們將經濟學結合了女性主義：女性主義是社會性與政治性的概念，基本信念是男女平權。這批女性主義經濟學家說，出現偏差代表女性並沒有分得應有的社會資源。偏差也存在於經濟學家的世界觀裡，這一點很重要，因為我們對經濟體的想法會影響經濟體如何對待不同的人。

從某種意義上來說，我們在本書中檢視的經濟理論（完全競爭、供需法則諸如此類），都是經濟學家一說再說的說法。最著名的原理之一，是亞當．斯密的「看不見的手」。當然，實際上並沒有這樣一隻手，只是比喻人們以某種井然有序的方法從事買賣。這很有用，但也只是一種說法。黛安娜．史特拉絲曼（Diana Strassmann，生於一九五五年）是女性主義經濟學的先驅，她指出多數的經濟學說法最早都是由男性說出口，通常起於十九世紀。許多傳揚這些說法的男性經濟學家，也傳揚了他們所處社會的疑惑：不理解女性在經濟體中扮演了重要角色（如今態度已有改變，但經濟學仍是男性主導的專業）。史特拉絲曼主張，即便沒有意識到，但人們傳揚的說法反映了從過去承襲而來的偏差。經濟學向來透過男性的眼光看世界，女性在經濟學的說法中並未獲得重要地位，在真實資源的分配上也身處不利處境。要做到反映真實，經濟學必須認知到自身的偏差，而女性主義經濟學家努力突顯出這些偏差。

・女性成了隱形人

傳統經濟學中有一種受人喜愛的說法，史特拉絲曼稱之為「仁慈的父權」（Benevolent Patriarch），這一詞指的是善意的男性領導者。構成社會的不僅是獨立的個人，還有家庭。家庭架構通常是一群成人與孩子一起生活，而經濟學將家庭視為一個單一的單位。「戶長」通常假設是男性，他們賺取薪資，負責撫養無法賺取薪資、必須仰賴男性的妻兒子女。家庭是一個和諧之地，不會因為食物或金錢而起爭執，男性會滿足妻兒子女的需求。在這樣的假設下，經濟學家便可聚焦在賺取薪資的男性行為上，不用太認真思考那些要仰賴他們的人。畢竟，有這麼公正且明智的人負責規範，老弱婦孺必可得到妥善的照顧。這麼一來，妻子與孩子在經濟學家的眼中便成了隱形人。

史特拉絲曼說，這種說法很扭曲。森恩所說的「消失的女性」，顯示資源分配並不公平。男人不見得都很公平，而且有時候他們會和妻子吵架，多半都和金錢有關。通常，爭執會把女孩放在家庭優先順序中的最下方。在某些社會，食物與醫藥的分配都重男輕女，生病的女兒通常都只能等死，不像兒子生病了會被帶去看醫生。還有，戶長也常由女性而非男性擔任，女性戶長的家庭多半最辛苦。當經濟學忽略女性，也就忽略了很重要的事：家庭內的資源分配。

經濟學裡還有另一種由來已久的說法，是把女性視為「閒置的」。如果女性留在家中不外出工作，她們就被視為沒在工作。如果她們沒有工作賺錢，那麼，她們一定是在從事經濟學唯一承認的另一種活動，叫做休閒。比方說，外出吃個午餐或看個電視。經濟學家南西・芙爾伯（Nancy Folbre，生於一九五二年）在她的著作《誰付錢養孩子？》（*Who Pays for the Kids?*）中挑戰了這樣的說法。

芙爾伯說，養育未來勞動力的成本，多半由女性承擔。標準經濟學忽略這些成本，因為母親育兒不會獲得金錢所得。當男性支付薪資聘用管家從事打掃、烹飪和照顧孩子的工作，她的勞力就會計入該國的國民所得當中；如果他跟管家結了婚，她就納入了他的家庭。她還是繼續打掃、烹飪，但是身為他的妻子，他不會付錢給她，她的勞力也不再計入國民所得。在傳統觀點下，她成為「無生產力的家庭主婦」。

請思考一下所有因為沒有人付錢而變成隱形的勞力：採購、烹飪、打掃、照顧孩子。在貧窮國家裡，女性負責撿柴、挑水、犁地、碾穀、整修小屋。根據聯合國的計算顯示，這些無薪工作相當於全世界經濟產出的七成，多數無薪工作都由女性擔任。如果無薪工作比重這麼高，那麼當經濟學家在衡量經濟體時，設法去掌握這個部分不是一件很重要的事嗎？紐西蘭的女性主義經濟學家瑪莉蓮・瓦琳

（Marilyn Waring，生於一九五二年），在她的《女性若算數》（*If Women Counted*）書中就提出這樣的立論。本書確實影響了經濟學家計算國家所得的方法，但計算仍忽略了許多重要的無薪工作。

・空談的時間選擇

其他女性主義經濟學家強調，必須要讓女性更容易找到工作。上一個世紀最重大的經濟變化之一，就是女性踏入有薪的職場工作，這一點在歐美特別明顯。在美國，一八九〇年時僅有兩成的女性在賺取薪資；在一九五〇年代之前，很多工作都拒絕已婚女性，一旦她們結婚，就會被解僱。慢慢的，社會開始接受女性是勞動力的一部分，到了一九八〇年，有六成女性都有工作。過去女性負責的無薪工作，有很多都交給保母與清潔工。即便有這樣的趨勢，家庭裡還是有很多無薪工作，而且多半還是落在女性頭上（即使是從事有薪工作的女性也要負擔）。

史特拉絲曼說，經濟學家喜歡的「自由選擇」說法，也需要改寫。標準經濟學的基礎是「理性經濟人」的概念，這種人可以根據價格與所得容許的範圍，自行選擇要買什麼。人有明確的偏好，很清楚自己喜歡茶勝過咖啡，喜歡歌劇勝過足球，他們用自己擁有的金錢以最適當的方式來滿足渴望，這就是他們的生活。女性主義經濟學家主張，這種行為理論也來自男性觀點。對傳統經濟學家（在歷史上，這些人多半是受過良好教育且富有的男性）來說，從一組選項中做出一個決定，是再自然不過的事。他們有錢有權，可以隨心所欲，但是女性以及其他弱勢群體面對的偏見與歧視，通常讓她們無法自由選擇。在女孩因為想上學而遭到殺害的社會裡，讓她們可以自由選擇要學習什麼並無多大意義。

當經濟學家在判斷某些經濟結果有多好時，他們最在乎的是「人有沒有選擇」，至於男性與女性的福利差異，則無需比較。事實上，經濟學家假設這樣的比較毫無意義。反之，他們在評估某個經濟狀態好不好的時候，用的是我們在第二十五章中介紹過的柏拉圖效率。在這個指標下，要有改進，唯一的標準是在沒有任何人變得比較差的情況下，至少有一個人變得比較好。但是，經濟體中很多的改變會同時創造出贏家和輸家。舉例來說，如果有一種情境是少數很富有的人變得沒那麼富有，卻有成千上百的女性能脫離貧窮，用柏拉圖效率的標準來看，就不會支持這種改變。因此，以柏拉圖效率判斷經濟體的表現結論通常太過保守，因為這套標準不太容易認同改變現狀。毫無疑問，這種方式通常都是對社會中最有權有勢的人最有利。

‧理性經紀人需要一顆心

女性主義經濟學家主張，這整套方法都太狹隘了。實務上，人和他人有著感情上的聯繫，也會同情他人。顯然母親是出於愛才照顧子女，而不是為了平衡她們自己的成本效益。即便是買方、賣方與員工，也會因為廣泛的同情心而去做某些事，不光只是回應價格而已。比方說，舊金山會有人購買昂貴的「公平交易」咖啡，這種行為對開發中國家的咖啡農有益，消費者之所以願意多付錢，是因為他們希望能做點事，幫助千里之外的陌生人。如果人類會展現這類行為，我們真的能宣稱比較不同群體的人的福利毫無意義嗎？

經濟學家茱莉・妮爾森（Julie Nelson，生於一九五六年）主張，要用不同的方法來判斷經濟體的運作。她不用柏拉圖效率以及選擇來思考，改用「提供」（Provisioning）概念：如何為人們提供必要的事物，讓他們能好好過日子。她甚至訴諸經常和自由選擇以及產品交換等概念聯想在一起的亞當・斯密。妮爾森指出，亞當・斯密所說的健康經濟體，是一個能產出必要產物讓人們過著安樂人生的經濟體。這樣一來，我們可以將經濟成就定義成為每個人提供所有必需品，包括食物、醫療以及老有所終幼有所長，而不單是讓人們能在許多選項當中自由選擇而已。

在現代，女性面對最嚴重的剝奪之一，是愛滋病帶來的後患。在貧窮國家，年輕女性比男性更容易染上愛滋病，而且在治療上也遭遇最嚴重的阻礙，如果家中有其他成員染病，女性也要承擔額外的工作。女性主義經濟學家告訴我們，如果沒有專門針對這些提出政策，「消失的女性」這個問題只會愈來愈嚴重，然而，社會變革與好的政策可助一臂之力。印度喀拉拉邦（Kerala）致力於女性教育，在這方面的努力領先印度各邦，現在當地有許多女性都能從事有薪工作。森恩發現，喀拉拉邦與印度很多地方都不太一樣，這裡找回了消失的女性。此地的女性人數高過男性，比率大約與歐美相同。

傳統經濟學並未完全忽略女性，但女性主義者通常不認同傳統經濟學提出的答案。比方說，女性的薪資為何常常低於男性？傳統經濟學家可能會說男性與女性就是有不同的偏好，男性喜歡學習的東西可以讓他們找到比較高薪的工作，比方說法律和科學；女性則偏好文學和藝術，後來成為學校老師，而非法官與工程師。一切都只在於男女的選擇不同，如果女性想要提高收入，那就必須改變自己的選擇。

女性主義拒絕這樣的觀點，指出這種說法只是找藉口合理化女性在經濟方面的弱勢，認為女性在經濟體中所扮演的角色，完全出自於她們自身的選擇，而不去檢視是否是因為社會規範她們應該要適合什麼角色。她們說，要改變的不是女性，而是經濟學本身。根本上，不管是男性還是女性，人的行為都很複雜，比「理性經濟人」的模式更為繁複糾結。女性主義經濟學家說，「理性經濟人」需要一顆心。這或許可以是新經濟說法的起點，更有助於改善每一個人的生活，不分男女。

· 36 ·

迷霧中的心靈

行為經濟學

你怎麼判斷某一棵樹離你多遠？有時候你會根據這棵樹看起來多清楚、是否聚焦來做出判斷。這麼做通常很有用，但有時候視覺可能也會產生錯覺，比方說起霧的時候，你會以為樹的距離比實際上更遠。

丹尼爾．康納曼（Daniel Kahneman，生於一九三四年）是以色列心理學家，他先研究視覺認知心理學，後來轉攻經濟學。他和同為心理學家的阿莫斯．特沃斯基（Amos Tversky；一九三七到一九九六年）搭檔，發現當人們要接下一份工作或購買一杯咖啡時，心靈的迷霧會阻止他們以理性的態度認知事物。長久以來，經濟學家相信人很理性，會在行動之前精準權衡各種選項的成本與效益，但康納曼和特沃斯基發現並非如此。他們花了幾十年觀察人們在現實生活中的決策，幫忙開創了「行為經濟學」（Behavioural Economics）這個領域。當然，所有經濟學都關乎行為，但行為經濟學之所以有新意，在於這個領域發展理論的核心，圍繞著人們實際做決策時的特點，而非單純假設人是完全理性的。

有一個特點是人們看待「得」與「失」時的權衡會有差別。從理性上說，得到五十元應該可以完全抵銷損失五十元，但是人們對於痛恨損失的在意程度，似乎高於得到利益的喜悅。行為經濟學家理查．塞勒（Richard Thaler，生於一九四五年）還在學生時代時，就注意到他的某位經濟學教授有「損失規避」（Loss Aversion）的行為。這位教授熱愛美酒，他很樂意付出高價收藏一支特殊的酒，但也很痛恨放棄任何一支酒，即便你的出價比他的買價高出三倍，他還是不肯割愛。

塞勒和康納曼針對一群人做了實驗，想看看到底發生什麼事。有些受試者會先拿到一個馬克杯，主持人問他們想要用多少錢賣掉這個杯子；沒有拿到杯子的受試者，則會被問到他們願意花多少錢去買別人手上那個馬克杯。兩群人基本上被問的都是同一件事：他們認為馬克杯值多少錢。如果具備經濟理性，他們應該得出同樣的估值。如果他們的估值是五英鎊，那麼不管是買或賣，價格都應該是五英鎊——他們認為某個東西值多少錢，應該和他們自己是否擁有這件物品無關。但人的估價確實會因為自己有沒有這個馬克杯而受到影響，手上握有杯子的人，估價會高於手上沒有杯子的人。

・參考點和對於不確定性的判斷

房間的明亮度取決於室外的明亮度，結果的好壞也取決於你一開始的「參考點」是什麼。如果你一開始沒有杯子，你的參考點是「沒有」，拿到一個杯子是一種獲得。但是，如果你一開始得到一個杯子，那你的參考點就變成「有」，要放棄這個杯子就被視為一種「損失」，在心理上引發一種痛苦。一旦你擁有某件物品之後，這件東西對你來說就更寶貴。你會變得有點像幼兒一樣，緊緊抓住地上的樹枝不放，一被爸媽拿走就嚎啕大哭。你得多拿到一點錢才會願意放棄你的馬克杯，就像要塞勒的教授放棄他的好酒一樣。

拿不同的參考點來做比較，用不同的方式來描述或「建構」同一件事，會影響到人的決策。想像一下，有一種疾病一次會導致六百人死亡，現在有兩種醫療方案可用來對付這種疾病，一種方案可以拯救兩百人，另一種方案則會造成四百人死亡。哪一種比較好？康納曼和特沃斯基發現，就算兩套方案的結果一樣，但人會偏好前一個方案。前一個方案以每一個人都死掉的狀況為參考點，用相較之下的利益來表達，後者的參考點則是每一個人能活命，以相較之下的損失來表達。參考點讓人們無法理性地根據絕對的貨幣結果做決策。假設一部要價一千美元、正在大拍賣的筆記型電腦看來是不錯的選擇，同樣的東西若宣稱是從一千五百美元打折到一千美元，會更讓人覺得很划算。超級市場常用這樣的花招，抬高某些產品的價格，以便之後大減價促銷。

另一項決策中的特點，和人對於不確定性的判斷有關。麵包師在思考要不要接下當地麵包店的工作時，需要評估這家麵包店明年歇業的機率有多高。想要在新城區開設辦公室的計程車行，需要判斷居民仍想使用這家計程車行服務的機率有多高。如果人是理性的，他們應該精於運用手上擁有的資訊去評估未來事件的機率。但是康納曼和特沃斯基指出，事實並非如此。

假設有一位名叫卡洛的女性熱愛音樂及藝術，學生時代大部分時間都花在演出上面，請問以下兩種說法哪一種比較有可能？說法一：卡洛是一名銀行員；說法二：卡洛是一名銀行員，並在本地樂團演奏薩克斯風。請花一分鐘想一想。康納曼和特沃斯基發現，當一般人被問到這類問題時，多半會認為第二種說法比較有可能。事實上是第一種說法的機率比較高，因為廣泛事件（卡洛是一名銀行員）的機率永遠高於狹隘事件（卡洛是一名銀行員而且在樂團演奏）（請比較一下：明天下雨的機率和明天下午兩點到四點之間會下雨的機率）。人們會認為說法二更能呈現他們聽到關於卡洛的描述，但是這樣的描述是一種移轉焦點的障眼法，讓他們錯判機率。如果人在判斷這類機率時會被誤導，那麼我們可以相信，當他們在判斷更複雜的情勢時，例如城裡某區有多少人可能會想使用計程車服務，變更容易出錯。

・股市中的非理性投資人

有些經濟學家認同人在決策時會有一些怪異之處，但認為這些並不重要，也認為指稱經濟體很理性是一種很貼近事實的說法。但是行為經濟學家主張，必須用他們的特殊理論才能解釋重大的經濟事件，比方說，行為經濟學就用來解釋為何美國股市會在一九九〇年代狂飆並在二〇〇〇年崩盤，導致許多企業破產，財富蒸發。

美國股市自一九八〇年代初期就開始呈現漲勢，一九九〇年代，人們急切地買進提供刺激新奇產品的新科技公司，比方說網路瀏覽器、搜尋引擎以及線上購物。雅虎（Yahoo!）在股市掛牌當天，股價飆漲百分之一百五十，漲幅這麼大，是來自於股民對這檔股票的需求。兩位在拖車裡催生出雅虎的史丹佛學生，一夕之間發現自己多了一億五千萬美元，但是也有很多公司只賺得蠅頭小利。亞馬遜（Amazon）警告投資人，說自家公司實際上在虧損，但這也阻擋不了股民買股。投資人相信，新科技有朝一日必會替公司賺大錢。到最後，小店主、計程車司機和老師都利用午休時間買股。一九九〇年代末期，股市一年上漲兩成，甚至三成。問題是，經濟體所得的成長並沒有這麼快。

一些經濟學家警示說這股漲勢不會持續，其中一位叫羅伯·席勒（Robert Shiller，生於一九四六年），他將行為經濟學套用到金融市場裡。他說，興奮過度的投資人拉抬了金融市場，市場很快就會墮入谷底。二〇〇〇年三月，他展開一趟旅程，推銷他的新書《非理性繁榮》（*Irrational Exuberance*），此時也恰好是股市開始崩盤之時。有一天席勒去電台上一個談話性的節目，有一位聽友打電話進來，說她認為席勒錯了，市場一定要漲（席勒記得這位女士聲音當中的亢奮激昂）。對席勒來說，股市裡發生的事和情緒與心理的相關性更勝於經濟邏輯。

經濟學說，如果一家公司獲利健全，股票就應該值高價。理性投資人會使用自己手上和企業獲利能力有關的所有資訊，以決定要買哪一家的股票。如果市場裡這樣做的人夠多，股價就會反映所有可得的經濟資訊。理性確保金融市場以高效率運作，這就是經濟學家所稱的效率市場假說（我們在第三十章介紹過）。而席勒駁斥這個概念，他注意到股價比假說所說的更不穩定，股價的上下波動範圍遠遠超越公司利潤的變化。

康納曼和特沃斯基得到的結論指出到底是怎麼了。在金融市場裡，投資人的行事方式，就像前例中錯誤相信卡洛是會演奏薩克斯風的銀行員機率較高的人們一般。人們不會仔細檢視企業的獲利能力，也不會正確評估股價未來上漲的機率，而是從看來類似的情境中去判讀。前幾個月的股價走勢，便是一種顯而易見的類似情境。股民會說，這檔個股過去五個月都漲，當然未來五個月也會繼續漲，就買了吧。然而五個月前的事可能和現況無關，就像對於卡洛的描述和真實機率無關一樣。

・一窩蜂的經濟時尚

股市被推高，背後的理由正是人在做決策時的特性。席勒認為，一九九〇年代的股市比較像是時尚圈，而非理性經濟學。某一年流行大框太陽眼鏡，愈多人戴，就有愈多人想要戴。飆漲的股市，是透過股價表現的經濟時尚。經濟學家有時候會說股市就是一窩蜂（很多人跟著前面的人往前衝），或者說像是乘著風的肥皂泡泡，股價一再一再高飛。一九九〇年代的人們看著鄰居因為買進科技股而致富，他們也跟著買，相信股價會繼續攀升。這類行為一再推高股價，肯定了他們的想法。投資人買股，不是因為他們評估企業的產品有利多因素，因此股價和企業的真實價值沒有什麼關聯，他們冒著風險把資金投入不保險的企業，這樣並沒有用最好的方法善用經濟體的資源。

電腦和網際網路確實讓經濟轉型，但是投資人對於新科技的興奮之情毫無來由，而且這也不是第一次。十九世紀時，蘇格蘭記者查爾斯・麥凱（Charles MacKay）在他的書《異常流行幻象與群眾瘋狂》（*Extraordinary Popular Delusions and the Madness of Crowds*）裡也提到類似的泡沫。二十世紀末有美國科技股泡沫，十七世紀則有荷蘭的鬱金香泡沫。十八世紀的英國也出現過一股熱潮，搶購某些公司發行的股票，這些企業提出承諾可以賺大錢的方案，例如從美國維吉尼亞進口胡桃樹、製造出永動機器，甚至是當時有利可圖、但仍是祕密的事業！

一如前塵，美國股市的泡沫也破滅了。股市崩盤時，群眾開始往反方向狂奔。投資人看到別人賣股，於是也跟著賣，市場很快就陷入恐慌。股價崩盤，投資人的財富蒸發，很多新科技公司也退出產業界。一星期之內，兩兆美元就這麼不見了。席勒預期，下一次的泡沫很快又會浮上來；這一次是房市。隨著房價節節高漲，人們爭先恐後申請貸款買房子。我們之後也會看到，當美國房市泡沫破滅，整個金融體系也將近乎毀滅。

· 37 ·

現實世界裡的經濟學

市場設計與拍賣理論

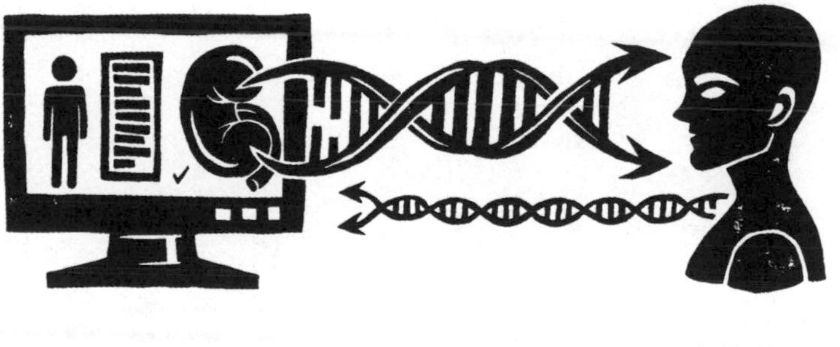

我們是否應容許買賣及移植有必要、可以拯救重症患者生命的人體器官，例如心臟、肺臟和肝臟？很多人都說不行。窮人會死，是因為他們付不起富人輕易就能買下的腎臟，這個想法簡直讓我們嚇壞了。正因如此，販賣人體器官是違法行為。醫生決定哪一位病人可以接受器官移植而重生，並試著替他們找到捐贈者，但病患往往還得要歷經漫長的等待。二〇〇六年，美國有七萬名病患等著移植腎臟，但真正進行的移植手術不到一萬一千起，有五千人因為等不及而過世，或者是因為病重到後來根本無法接受移植。美國經濟學家艾文．羅思（Alvin Roth，生於一九五一年）利用經濟學原理想出一套方法，在不買賣的前提下，提高了可移植的器官數量。

羅思的解決方案，是以人有兩顆腎，但僅剩一顆也能活下去的事實為基礎，因此如果你的兄弟需要一顆腎，你可能會決定捐一顆給他。問題是，當醫師在替你和你的兄弟做檢測時，很可能會發現你的腎並不符合條件，無法和他「配對」，你的兄弟還要繼續等待符合的腎臟出現。假設有另一名患者和另一名捐贈人，你們雙方素昧平生，他們也處於同樣的處境。如果你的腎臟能和另一名病患配對，而另一名捐贈人可以和你的兄弟配對，那會怎麼樣？交換一下確實是個好主意吧？這便是羅思所提解決方案的本質。這是一個不同版本的基本經濟情境：我有魚，也想要一些起司，你有起司，但你想要一些魚，那我們兩個可以交換，兩人都得利。問題是，要找到這樣的對方很困難，這也是我們使用貨幣的理由：我賣魚得到三英鎊，然後用這些錢去買些起司。

羅思設計了一套系統，在不發生任何金錢交易的情況下，從事有益的腎臟交換。第一個關鍵，是要維持一個腎臟捐贈人與腎病患者的資料庫，這個資料庫用來比對腎臟並進行交換。利用先進的數學與電腦程式運算，羅思計算出病患與捐贈者之間的複雜交換序列，比起以往，可以為更多病患找到可配對的腎臟。利用他的方法，發展出新英格蘭腎臟交換計畫（New England Program for Kidney Exchange），在新英格蘭以及美國的十四處腎臟移植中心運作，幾千名病患因此得以接受腎臟移植，如果沒有這套方案是辦不到的。

• 市場設計的創新領域

羅思的系統證明經濟學可以讓人類的生活大不相同，這也是一個經濟學可有不同類型的範例。到目前為止，我們想到的經濟學都是在描述經濟體的運作以及判斷經濟體運作結果的好壞，像羅思這樣的經濟學家則更進一步：他們運用經濟學理論，在真實世界經濟體中創造出新的部分。即便這無涉買賣，但是從這套系統容許人們互相交換這點來看，腎臟交換就像是一個市場。當羅思完成資料庫與電腦程式的建置工作，他就創造了一個過去不曾存在、與市場相類似的機制。這是「市場設計」（Market Design）這個新經濟學領域的一個範例。

當然，多數人永遠都不需要去找一顆腎臟。另一個非常知名的市場設計範例和我們口袋裡的手機有關，這就影響了很多人，而且和腎臟交換方案不同的是，這一次涉及了買方要支付大筆金錢給賣方。

在一九九〇年代和二〇〇〇年代，各國政府聘用經濟學家幫忙出售執照，給想要購買射頻頻譜以建置行動網路的企業。如果販賣的商品是蘋果，那很簡單：你看看蘋果市價多少，然後用這個價錢賣掉手上的蘋果。但是，政府不能用這種方法賣頻譜執照，因為以前沒有賣過這種執照，沒有人知道應該值多少錢。政府決定舉行拍賣。

拍賣時，賣方的目標，是要想辦法從一群互相競爭的買方手上拿到最好的價格。利用拍賣銷售藝術作品和莊稼已有幾世紀的歷史，古代還有奴隸拍賣，甚至連整個羅馬帝國都一度被拿來拍賣。現代拍賣的差異之處，在於許多都由經濟學家所設計，他們套用的是一個很重要的新經濟學領域：「拍賣理論」（Auction Theory）。

・各種不同類型的拍賣會

在拍賣場上，有些人的資訊會比別人更多。在藝術拍賣會上，出價的人知道他們對於一幅畫的估價是多少，但賣方不知道。出價方希望用最低價買進特定畫作，他們會假裝自己對這幅畫的評價很低，不洩漏心中真正的估價。另一方面，賣方希望能確保勝出的出價方付出了他們真正的估價。在這裡，買賣雙方彼此在進行一場賽局，在賽局中，某些人擁有比對方更多的資訊，因此拍賣理論善用了我們在前幾章介紹過的賽局理論與資訊經濟學工具。設計拍賣的重點，是要解決策略與資訊的問題，確保估值最高的出價方可以贏得拍賣，而賣方能賺到最高利潤。

拍賣理論一開始檢視的是不同類型的拍賣會上發生什麼事。你可能很熟悉加價拍賣（Ascending Auction），銷售骨董通常使用的就是加價拍賣法。在這種拍賣上，拍賣官會站在某個明朝花瓶後方喊出一個價格，邀請出價人加價，直到僅剩一位出價人為止。此時，拍賣官落槌，勝出的出價人支付出價金額，把花瓶帶回家去。荷蘭每天都利用加價拍賣法拍賣千百萬的花，加價拍賣速度很快，很適合用來拍賣在凋謝之前就要賣出去的花卉。房子有時候會用「封閉式拍賣」（Sealed-Bid Auction）的方式銷售，由每一位出價者用密封的信封提出一個價格。出價最高的人支付自己出的價，買到要拍賣的房子。

假設你要參加一棟房子的封閉式拍賣，你認為這棟房子價值三十萬英鎊。你會出價多少？可能不是三十萬英鎊。你會運用策略性思考，出價稍微低一點，比方說，二十五萬英鎊，如果你贏的話，你就可以賺到五萬英鎊的「利潤」，拍賣理論的專家將這稱之為「遮蔽」（Shading）出價。但是賣方希望這棟房子能賣到最高價，因此希望你的出價就等於你的真實估價三十萬英鎊。

一九六〇年代，加拿大經濟學家威廉．維克睿（William Vickrey，一九一四年到一九九六年）提出一套絕妙解決方案，化解遮蔽的問題。他設計了一種拍賣，讓出價方有動機反映真實估值。在標準的封閉式拍賣上，勝出的出價人支付的金額是他們自己的出價，也就是最高出價。維克睿提議不要用「最高價」封閉式拍賣，改用「第二高價」拍賣，勝出的人仍是出價最高的人，但是支付的價格是第二高的出價金額。

假設你參加的是第二高價拍賣，你沒有提出自己心中的真實估價三十萬英鎊，改出二十五萬英鎊。如果最後你是出價最高的人，遮蔽出價不會影響你支付的價格，因為你要付的是第二高的價金。但是，如果有人的出價超過二十五萬英鎊，你出這個價錢的話就會輸掉這棟房子，因此，你的最佳行動是提出你的真實估價。維克睿不是有這種想法的第一人。十八世紀，德國作家歌德（Goethe）就善用了第二高價拍賣，將他的一首詩賣給出版商。如今 eBay 的拍賣在運作上大致遵循第二高價拍賣原則，然而這並不是真正的維克睿拍賣。其中一個複雜之處，是在計算時間的同時也會揭露參與者的出價，這會鼓勵出價者使用一些小手段，比方說到最後一刻才出價。

維克睿拍賣的巧妙之處，是賣方要把成交價設定在第二高價，而不是最高價。哪一種拍賣最好？視情況而定，其中一個因素是出價方的風險態度。風險情境通常讓人擔憂，它讓人有機會大賺一筆，也有可能什麼都贏不了。在封閉最高價式拍賣中遮蔽出價有風險，如果你針對估價三十萬英鎊的房子出價二十五萬英鎊，你有可能贏得拍賣、賺到五萬英鎊的利潤，但你的出價也有可能輸給別人，最後兩手空空。如果你討厭風險，你將會少遮蔽一些，比方說可能出價二十九萬英鎊。在封閉最高價式拍賣中，由於你規避風險，會使得你的出價很接近真實估價，如果你贏了，這就是你要付的金額；但是，在第二高價拍賣中，你只需要支付第二高的出價。在出價者厭惡風險的情況下，賣方在最高價拍賣中可以拿到的錢可能高於第二高價拍賣。

・為拍賣客製化

理論上，拍賣有各種不同的類型，而在真實世界裡，經濟學家還必須根據背景條件客製化相關設計。英國經濟學家保羅・克倫佩勒（Paul Klemperer，生於一九五六年）率領一個團隊，設計二○○○年時舉行的英國第三代行動電話執照拍賣。設計上有一點像用來銷售古董花瓶這一類物品的加價拍賣，但是政府要賣好幾張執照，因此在同時間進行幾輪重複出價。所有出價人在每一輪都必須出價，這樣有助於維持出價的活力。

這類拍賣的問題之一，是出價者可以用盡心機，利用前幾輪出價對彼此打信號，透露應該讓誰得到哪一張執照，然後降低自己的出價促成結果。一九九○年代在美國進行的類似拍賣中也發生過這種事。美西公司（U.S. West）和麥克勞德公司（McLeod）競標明尼蘇達州羅徹斯特（Rochester）一張識別號為三七八的執照，報出的出價一直為整數，比方說二十萬美元、三十萬美元等等。忽然之間，美西公司對愛荷華一張執照喊出三十一萬三千三百七十八美元——在這之前，美西公司都沒有認真出價，但麥克勞德公司很認真。美西公司是在昭告麥克勞德公司：退出羅徹斯特的拍賣，不然我們就搞砸你們在愛荷華的計畫。此舉收到了預期的效果，麥克勞德退出羅徹斯特的競標，美西公司退出愛荷華的競標，兩方都讓彼此輕鬆勝出。

克倫佩勒希望避免這類情況，因此，在英國的拍賣中，出價人不得競標一張以上執照。他們必須去標自己真正想要的執照，這樣一來就不能和其他出價者聯手動手腳。能夠預期到這類問題對於設計出一場好的拍賣非常重要。有時候，糟糕的設計會導致拍賣徹底失敗，比方說紐西蘭某一次的電視台執照拍賣，只吸引了一位出價者，一名大學生用一元紐幣就拿到了執照。克倫佩勒的設計避開了這些缺失，這是有史以來規模最大的拍賣，讓英國政府入帳兩百二十五億英鎊。這是經濟學在真實世界的一大勝利。

傳統上，關於經濟學的爭論都關乎比較大的問題，比方說，資本主義體系是否優於共產主義？某些國家的經濟成長速度為何比其他國家快這麼多？如羅思和克倫佩勒等經濟學家，把經濟學轉向比較狹隘但仍非常重要的問題上。在第一代經濟學家身上，哲學家與政治思想家的成分濃厚，與經濟學家的成分不相上下。如今很多經濟學家的自我定位比較偏向類似設計橋梁與水壩的工程師。就像是利用吊車與量尺的工程師一樣，經濟學家也善用自己的工具來解決特定問題，例如明智的理論模型與先進的數學。羅思和克倫佩勒原本都是工程師，後來才轉向經濟學，促成將經濟學原理變成設計真實世界經濟體的強大工具，說起來，這也並非偶然。

· 38 ·

狂放的銀行家

明斯基時刻與龐氏騙局

二〇〇〇年代末期，在德州的聖安東尼奧（San Antonio），有一名女性在她家的牆上漆了大字：「救命!!要法拍了!!」有一家銀行就要來沒收她的房子（換言之，要執行「法拍」了），因為她再也無法償還當初用來買房子的貸款。在倫敦，銀行家們手上抱著紙箱打包辦公桌上雜物，走出投資銀行雷曼兄弟（Lehman Brothers）光鮮亮麗的辦公室——他們任職的銀行剛剛破產了，這是史上規模最大的企業破產事件。在二〇一〇年的雅典，成千上萬人直闖希臘國會，政府大砍薪資和退休金讓他們火冒三丈。某些抗議者放火燒了一家銀行，導致三人死亡。這些事件相隔幾千里，卻因為全球金融體系的崩壞而彼此牽連。

二〇〇七年之後，全球金融系統讓全世界的經濟都重摔一跤。這場崩壞有幾個聽起來就很無望的詞：全球金融危機、信用緊縮、大衰退（Great Recession）。一直到現在，我們都還處於恢復的過程中，仍在爭論著如何修補。

這場危機是一場絕對的衝擊，就連經濟學家也愕然。一九九〇年代，經濟學家為了大緩和而歡呼，這是一個經濟成長穩定且通膨水準低的紀元。如今看來，當時他們也高興得太早了。但是，偶爾也會有經濟學家脫離傳統思維，領先時代，美國的海曼・明斯基（Hyman Minsky，一九一九年到一九九六年）就是這樣的人。雖然危機發生時他已經辭世，但人們在衝擊來襲時又再度想起他；很多人認為，他的理論比傳統經濟學更好，更能解釋到底發生了什麼事。他的著作二手書開始熱銷，一本叫價幾百英鎊。這場危機於是有了另一個名稱：「明斯基時刻」（The Minsky Moment）。

一九八〇年代，自由市場經濟學捲土重來。經濟學家相信，如果放任經濟體發展，將可相當穩定，不會出現狂野的加速或崩壞。但明斯基認為，資本主義正衝向危機。這讓他成為激進派，而他的態度和出身可能有點關係：他的雙親均為社會主義者，是來自俄羅斯的猶太移民，兩人在一場為了慶祝馬克思百年誕辰的派對上相識。但馬克思對於明斯基的啟發還不如凱因斯，因為凱因斯相信，資本主義經濟體將會衰敗。

即便從凱因斯學派的眼光來看，明斯基都很不傳統。他強調的凱因斯思想，是他認為在傳統詮釋之下被忽略的部分，其中一項是在強烈不確定環境下的投資活動。如果你今天建了一座工廠，但不知道五年後開工時可以賺多少錢，檢視情況的方法之一，是用結果加機率的組合來看。你的市場有百分之五十的機率會成長，百分之五十的機率會萎縮。嚴重不確定的情況不一樣，你不知道各種結果的機率是多少，你甚至連有幾種結果都不知道。因此投資靠的是人覺得樂觀（凱因斯稱之為動物本能），而不是用數學計算出來的未來獲利能力。當人們的動物本能沉寂下來，投資就會下滑，經濟也隨之蕭條。

凱因斯認為，能長期促成經濟決策的是資金，特別是在未來極不明朗時。許多標準經濟學有一項讓人意外的特質，那就是對貨幣與銀行著墨甚少——一般人會預期貨幣和銀行是經濟學應該要談的主題。會出現這種情況，是因為基本的市場理論和買賣實物有關。你賣馬鈴薯給我所賺到的錢，可以替自己買一條圍巾，重要的是你要賣多少顆馬鈴薯才能買一條圍巾。在這裡，貨幣的功用僅是促成用馬鈴薯交換圍巾的交易，本身沒有太大用處。對明斯基來說，實際情況應該正好相反。貨幣以及透過放款創造貨幣的銀行，是經濟體的力量所在，最終帶著經濟體踏入危機。

‧資本主義變得大膽與輕率

明斯基說，資本主義本身發展成一套不穩定的機制。一開始，銀行審慎評估貸款對象。當你決定創業以賺取報酬，你是賭上了未來。你向銀行申請貸款，投下賭注，銀行會想辦法了解你有沒有能力償付，你可以賺夠錢還貸款的機率有多高？你過去是否有努力償付貸款？就算你是要借錢買車或買房子，銀行也會這樣做。如果你申請到貸款，每個月要付息給銀行，還要償付部分本金。未償還的貸款金額會愈來愈低，到最後你將能全部清償。

明斯基說，謹慎的資本主義讓道給大膽的資本主義：想借錢的人愈來愈多，銀行也想把錢借出去，因為這樣才能賺錢。各銀行之間開始爭奪借款人，因此發明了各種新貸款，貸放給還款能力較差的借款人。他們貸放給這類借款人的貸款，每月只要付息即可，當原始貸款到了該清償時，銀行就展延。發生金融危機前幾年，銀行開始用這類條件通過房貸。明斯基將這稱為「投機性借貸」（Speculative Lending），這類貸款賭的是房價不會跌且利率不會漲，借款人不會因為貸款陷入麻煩。

大膽的資本主義之後轉化成輕率的資本主義。經濟體一路往前衝，有更多人想要借錢，銀行開始把錢借給還款能力極低的人——這些借款人靠著最低所得維生，或者曾有不還款的紀錄。有些貸款甚至還不用付息，每個月銀行就把利息加入本金當中，不斷墊高貸款本金。銀行與借款人的盤算，是房價會持續快速飆漲，總有一天房價會超越貸款金額。幾年後，當借款人出售房屋，就可以從房屋價值當中得到足夠的獲利，償還貸款。

如今，放款人與借款人的動物本能都被激發出來了。核發貸款的銀行期待房價會不斷上漲，而且藉著貸放出大筆金額，他們也幫忙推高了房價。危機發生的前十年，美國房價翻倍，放款人和借款人一起創造出了一種自我實現的漲勢循環，經濟學家有時候把這稱之為「泡沫」。明斯基把這種輕率借貸的體系稱之為「龐氏財務操作」（Ponzi Finance），借用的是著名的義大利騙子查爾斯・龐氏（Charles Ponzi）之名，此人靠著拉進更多受騙的投資人創造出泡沫，讓他的詐欺勾當得以運作下去。

泡沫的問題在於它會破滅。當放款人開始退縮、開始要求借款人償付貸款時，明斯基時刻就到來了。他們不再放款給高風險的借款人，房價很快就不漲了。這麼一來，就傷到了龐氏財務操作體系，因為這靠的就是房價的快速飆漲。人們開始賣房子，房價也開始下跌。借款人發現他們根本還不起貸款，銀行則開始收走他們的房子。營造公司不再新建房屋，經濟體的投資停頓，美國陷入衰退。這就是二〇〇七年之後的情況。

明斯基說，金融市場的創新也推波助瀾，促成投機性與龐氏財務操作。在金融危機之前，有一項很重要的創新叫「證券化」（Securitisation）。證券是一種金融資產，例如可以買賣的公司股票。當一家公司把股票賣給你，股票就賦予你權利，可取得年度支付款（股利）。當你出售股票，承接的買方就可以收取支付款。在金融危機前幾年，房貸被包裝成可以買賣的證券。這些證券是由不同貸款組成的金融大雜燴，買下證券的人就可以收取屋主償付的貸款，然而當中許多貸款都是「次級」（Subprime）貸款，貸放對象是高風險者或是無力償還的人。

・金融體系裡資訊不再流通

由於房價飛漲，這些證券看起來是非常美味的大拼盤，同時也是很複雜精密的組合（要正確理解某些證券到底包含哪些內容，你必須讀完厚厚一大疊的文件）。也就是說，買進這些證券的投資人根本不知道有哪些內容，也無法預見給自己買進了多大的麻煩。在謹慎資本主義的時代，銀行會掌握自己核發的貸款，並盡量了解借款人，確定他們會還款。過去，銀行經理會認識客戶，也只會借錢給他們認為值得信賴的人。當貸款被包裝成證券而且大家趨之若鶩，幹嘛還要這麼小心翼翼？對買方來說，這些證券看來是安全的投資。結果是，金融體系裡資訊不再流通，而就像我們在第三十三章中看到的，沒有資訊的市場就不再正常運作。

由於證券化，前文這名在聖安東尼奧的女性，償還的貸款金額不見得會交給她申貸的銀行。還款最後可能流進了倫敦某家投資銀行，因為後者買了納入她的貸款的證券。投資銀行根本完全不了解這名女士，但是當她不再還款，他們就出現損失了。雷曼兄弟銀行買了很多這類證券，當千百萬屋主付不出貸款，銀行就倒閉了。銀行之間不再彼此借貸，因為他們擔心別的銀行會破產。他們也不再借錢給向來有能力還款的人。整套金融系統（金融系統是一種管道，將存款人的錢導引給想要利用這些錢來買房子或創業的人）慢慢陷入癱瘓。

為了因應這場危機，美國、中國和歐洲各國實施的政策，代表了明斯基的智慧導師——凱因斯的思維再度回歸。他們遵循凱因斯的建議，增加支出好讓經濟恢復活力，而這些努力看來確實有效。經濟衰退期間，政府的赤字（支出與收入之間的差額）通常會擴大，因為那個時候人民和企業賺的錢都少了，能收到的稅金也跟著減少，政府要靠借貸來填補差額，因此政府債務也跟著高漲。在實施凱因斯學派政策幾年之後，歐洲國家的政府開始擔心日漸擴大的赤字與高築的債台。他們改弦易轍，施行「撙節」（Austerity）：縮減公共服務與福利的支出。凱因斯學派聲稱，撙節政策來得太早。他們說，降低赤字的時間，要等到經濟體再度起飛。到了那時，高就業率再加上獲利能力佳的企業，將會拉高稅收金額。如果在這之前採行撙節，只會拖慢成長。

在希臘，當政府發現根本無力還債時，施行撙節政策成為希臘獲得歐盟協助的必要條件。當希臘政府削減醫院等公共服務的支出，抗議群眾湧上街頭。經濟學家甚至開始懷疑，歐洲的貨幣歐元能否撐過這場混亂。希臘有超過兩成五的人最後失了業，很多人身陷貧窮，負擔不起食物和醫療支出，疾病纏身、鬱鬱寡歡。希臘是受創最重的國家之一，而隨著人們失去房子與工作，這樣的痛苦也繼續蔓延至全世界。到了二〇〇九年，失業人口又多了三千萬。

明斯基的理論告訴我們，金融危機與隨後的衰退不完全，是貪婪的借款人或銀行家造成的後果。更深入的理由，和以金融為基礎的資本主義造成的效應有關。二戰後幾十年的經濟成長，播下了危機的種子。資本主義愈來愈草率，是因為各銀行業的重鎮（紐約的華爾街與倫敦市）助長時髦的金融商品成長，尤其是一九八〇年代之後，當時各國政府紛紛鬆綁法規，放寬銀行可承作的業務。這麼說來，用「明斯基紀元」來取代「明斯基時刻」一詞或許更貼切——資本主義花了幾十年才從謹慎的架構轉化為輕率的體系。

· 39 ·

高高在上的巨人

收入分配問題

想像一下，你正在看著一場行進時間約一小時的隊伍前進，所有人根據所得從最低到最高排排站。每一個人的高矮代表所得：賺得平均所得的人身高為平均值，收入為平均值一半的人身高為平均值一半。你的身高為平均值，你站在人行道上，看著這一列隊伍從眼前經過。你看到什麼？你可能預期會先看到某些矮小的人，之後約等到隊伍走過一半時，和你一樣高的人就出現了（賺得平均所得的人，在人口中的中間），之後，慢慢地，當後面的高所得者經過，你會看到比較高大的人出現。

但事實上，如果這列隊伍要呈現的是今日美國人口的狀況，你會看到不一樣的隊形。首先，你根本不知道隊伍已經開始了，因為你一開始看不到有人在前面，這些人是虧損的企業主或是還有債要還的人，他們的所得為負值，因此他們沿著地下悄悄穿過。但很快的，你就會看到你的腳跟旁有小矮人走過，他們是低薪兼職員工、靠著微薄退休金生活的老人以及領取社會福利金的失業者。

這列隊伍的第一場大戲，是一群距離拉得很長、看不到盡頭的矮人大軍接近。他們是領取最低薪資的全職勞動人口，是經濟體的骨幹。你會看到成千上萬的漢堡煎台人員、洗碗工與收銀員經過，他們大概還不到你的腰部。慢慢地，經過的人愈來愈高。計程車司機、肉品包裝員和櫃檯接待人員經過你眼前，然後是快遞人員、歸檔職員和裝潢工人。三十分鐘過去了（已經有一半的人走過了），經過的人才剛剛到你的胸口。四十分鐘後，隊伍裡的人才能和你四目交接，當空服員和板金工人經過時，你對著他們微笑。

在這之後，隊伍裡的人就變成俯看你了。消防員比你高一點，你發現自己必須拉長脖子，才能對科學家與網頁設計師眨眨眼。五十分鐘後，大個子疾走過來：五公尺高的律師、九公尺高的外科醫生。等到最後幾秒，高聳入雲的巨人踩著重重的腳步過來了。有些人是蘋果或臉書等大企業的高階主管，你甚至也會看到比天高的巨星與運動員，比方說歌手凱蒂・佩芮（Katy Perry）、拳擊手弗洛伊德・梅威瑟（Floyd Mayweather），他們光是鞋子就和大樓一樣高，他們的頭根本已經穿過雲層。

・所得分配嚴重不均

「所得分配」是指富人、中產階級以及窮人可以分到的錢，有時候會被刻劃成像這樣的隊伍。隊伍點出了某些重點：在最高處的人賺到的錢比其他人多很多，平均所得因此被拉高，這表示，總人口中的多數人賺得的收入都低於平均值。統計學家將你見到的情形濃縮成一個術語：他們說，這個社會的所得分配呈現「偏態」（Skewed）。經濟學家稱之為不均。

一九七〇年代的隊形不太一樣。你在最末端還是會看到巨人，但沒這麼高大。你也不用花這麼多時間俯視著矮小的人們魚貫而過。當時人口的所得分配比較平均。自此之後，富人的所得成長速度就比其他人快很多：一九七〇年代，美國所得最高的前百分之一人口賺到的所得低於國民所得的十分之一；到了二十世紀的前十年，他們賺到的約為五分之一。

很多人憂心不均太過嚴重。過去幾年出現了一波波占領華爾街運動（Occupy Movement），正是為了抗議最高的巨人（也就是「前百分之一」所得者）的收入快速成長。抗議人群在大城市裡紮營並設置臨時大學，辯證不均擴大的原因以及可有哪些行動來解決這個問題。經濟學教授也加入了戰局。法國經濟學家托瑪．皮凱提（Thomas Piketty，生於一九七一年）於二〇一四年出版《二十一世紀資本論》（*Capital in the Twenty-First Century*），書中檢驗了富人階級的增長，並確認了憂心這群人領先其他人的速度太快確實有道理。

這些巨人如何變得這般巨大？馬克思說，他們是靠著剝削工人賺錢的資本家；熊彼得說，他們是承擔風險的大膽分子，運氣好的時候便能致富。傳統經濟學的說法就沒那麼多采多姿了。問題在於，是哪些因素決定多數人所得來源的薪資？經濟學說，勞工的薪資由他們對於生產的貢獻度決定。受過教育的人擁有更具生產力的技能，因此賺比較多。近幾十年的技術進步強化了這項效應：受過電腦程式與工程訓練的人，能賺得豐厚薪資，非技能性勞工（比方說漢堡煎檯人員與清潔工）則遠遠落後。

皮凱提主張，事情沒有這麼簡單。他說，最高大的巨人能賺得天價所得，並不是因為他們貢獻了極高生產力。要計算伐木工人的生產力很容易，算他們每天砍多少樹就可以了，但是你要如何計算像豐田汽車（Toyota）這種大企業裡高階主管的生產力？豐田汽車的營收仰賴全球幾萬名員工的努力，很難去精準計算其中任何一個人的生產力。皮凱提主張，決定頂端所得的是企業的習性慣例，以及企業過去支付多少錢給高階人員。

影響不均還有其他要素：人們的財富、房子和股票，以及他們擁有的企業和土地。所得有助於財富增長，但這兩者不能畫上等號。一個退休人士若得仰賴微薄退休金，但擁有一棟很有價值的房子，那就是低所得，高財富。社會中最富有的人累積大量財富，比方說比爾・蓋茲（Bill Gates）和華倫・巴菲特（Warren Buffett），他們擁有幾十億美元計的財富，是極驚人的範例。

・財富報酬率遠超過經濟成長率

皮凱提發現，他稱之為「資本主義的歷史法則」（Historical Law of Capitalism）讓財富不斷成長。人靠著財富賺錢，像是企業與股票的利潤、土地的租金。如果你的企業、股票和土地價值一千萬，每年還替你賺進一百萬，那麼，你的財富報酬率就是百分之十。皮凱提觀察到，在歷史上大部分時候，財富報酬率都超越經濟體的成長率。如果經濟體以百分之三的速度成長，那麼你的財富擴張速度就比經濟體產出的成長速度快了百分之七。勞工的薪資取決於經濟產出，當經濟體更有能力產出時，薪資就會提高。由於財富報酬率超過經濟成長，薪資的增幅就不像你那一千萬的財富成長速度這麼快。皮凱提總結出一條公式，裡面結合了財富報酬率「*r*」以及經濟體成長率「*g*」，那就是「r＞*g*」（皮凱提這本書很暢銷，甚至有人開始穿著前面印有「r＞*g*」的T恤在街上走）。皮凱提發現，這道公式自一九七〇年代以來就在美國發威。到了二十一世紀，美國最富裕的前百分之一人口擁有全國近三分之一的財富。

經濟學家有時候受人非議，說他們在所得分配這件事上並未強烈表態。有些經濟學家說，身在一個少數人比其他多數人更有錢的富裕社會，好過大家都平等、但僅能餬口的貧窮社會。現代經濟學很多時候重視的是效率，而非分配。我們在第二十五章中介紹過阿羅和德布魯，他們兩人證明了第一福利定理：在某些條件下，市場可以達成不浪費任何資源的效率性。問題在於，很多結果都有效率，包括分配非常不均的結果。這兩位也證明了另一點：假設社會偏好其中一種有效率的結果，而且這也是一種所得分配比較平均的情況，他們指出，加上一點推助，透過市場也可以達成這種結果。

要推助市場，政府需要進行重分配，從富人手上收取資源然後分給窮人。但是如果這影響了人們的經濟決策，尤其是他們在工作上要投注多少心力，便有礙效率。因此若要達到理想結果，政府必須要做到挪動資源，但又不能導致人們因此改變行為。能做到這樣，市場就可以保證有效率，社會也就可以挑出所得分配平均的結果。政府可以進行實質重分配的方法，是對富人的收入課稅，然後移轉給窮人。

但經濟學家擔心的是，課太高的稅將會影響人們的行為，畢竟如果你賺得的部分要繳稅，那何必那麼認真工作？經濟學家討論的，是公平與效率之間的取捨。市場一開始有效率（第一福利定理證明了這一點），但是當政府透過重分配介入，就損害了效率。因此重分配可以讓所得分配更平均，但是會拖慢經濟成長的速度。你可以把這個問題想成用一個水桶裝著從富人手上拿來的財富給窮人：要拿起來的時候總是會有一些漏掉。社會應如何平衡公平的益處與效率的流失？

英國經濟學家安東尼・阿特金森（Anthony Atkinson，一九四四年到二〇一七年）表示，這樣的兩難被誇大了。第一，第一福利定理實務上並不成立：市場並非一開始就處於有效率的狀態、之後因為重分配而有損效率。市場通常一開始相當無效率。在你拿起來之前，這個桶子早就在漏了。舉例來說，如果人們無法獲得重要資訊，市場就無效率。其中一種情形是雇主無法得知員工的工作情況，但是拉高薪資或許可以鼓勵員工認真工作，提升效率。阿特金森說，慷慨的最低薪資或許可以減少不均的情況，從而增進效率。還有其他原因會導致均等和效率可以相輔相成。

・如何抑制不均

經濟學家有時候會說，不均將鼓勵人們更努力工作，因為他們期望能富起來，但是當不均的情況非常極端時，這樣的期望就不切實際了。這個時候，不均不但不能讓人們努力工作，反之，他們可能會深感絕望，覺得反正永遠都趕不上了。一個經濟體要達到高產能的狀態，也有賴於擁有健康與受過教育的勞動力，如果很多人根本負擔不起醫療保健或無力投資自身的教育，這個條件就可能不成立。

如果我們認為極端的不均是不公平的或是有礙經濟效率，我們能夠做些什麼嗎？皮凱提說，是的。不均有一部分是出自於社會所做的選擇，二戰後的經濟成長率高，各國政府對富人徵稅，高 g 值（成長率）加上低 r 值（財富報酬率），使得不均的情況一直很緩和。自一九七〇年代起，各政府對財富減稅，將 r 值推高。全球金融危機後，經濟成長衰退，加大了 r 與 g 兩者之間的差距，不均也隨之加劇。政府之後開始縮減支出，削減公共服務，受害的是窮人。這進一步壓低成長率，擴大不均趨勢。皮凱提說，如果不均擴大的源頭來自我們運作經濟體的方式，那麼我們手中便擁有逆轉情勢的力量。

阿特金森也認同。他建議，除了最低薪資以外，要鼓勵有助於分配平均的科技。我們很容易把新科技想成不在我們控制範圍內的因素，但這也是我們的選擇造成的結果。如果政府將全自動化約診系統導入醫療院所，接待人員將會失去工作，而設計系統的工程師則會賺大錢。政府可以決定不要花錢開發新系統，改為訓練人員成為效率高超的接待人員。透過高就業，這可以導引出更公平的結果（而且，人們在醫院裡能和真人交流，也會更開心）。至於皮凱提所提出的公式「$r>g$」，又該如何因應？可以設法讓經濟成長率高於財富報酬率來抑制不均嗎？皮凱提認為做不到。他建議要透過降低財富報酬率來達成目的：他提議針對全球最富有的人課徵全球性的財富稅。這有可能落實嗎？就目前而言，有鑑於這些高高在上的巨人擁有的權勢和影響力，應該是非常不可能。

· 40 ·

為何要成為經濟學家？

經濟學的意義

回想一下，上一次你聽到經濟學家在新聞節目上的談話，他們可能冒出很多關於股價、利率等等聽來難以理解的字眼。你可能會信任經濟學家說的話，並對自己說：「嗯，經濟學家一定知道他們自己在講什麼，現在讓我轉回去看足球吧。」你可能會想，就把經濟學留給專業的經濟學家吧。與此同時，經濟學家也常常遭受譴責。有些人說，這些經濟學家比較關心的是他們不切實際的理論，卻沒那麼在乎能讓人們的人生大不相同的事物，也有人說，基本上大家並不信任經濟學家（請回想一下，十九世紀時湯瑪斯・卡萊爾說經濟學是一門「陰鬱科學」，而湯瑪斯・德・昆西則說經濟學家的腦子長了蕈菇）。

由於本世紀初的全球經濟危機，經濟學家更是備受抨擊，就連英國的伊莉莎白女王二世都質疑他們。危機期間，她前往倫敦政經學院，請教那些經濟學家們：為何沒人看到危機即將到來？很多人認為，經濟學家完全與現實脫鉤。他們夢想發展出機巧的數學理論，但根本不在乎他們腦海以外的真實經濟體到底如何運作。就連知名的經濟學教授都發出相同的聲音。

經濟學家簡化了這個世界，那沒問題。為了能做解釋，你必須排除最不重要的事物，以揭示最重要的部分。但是批評者認為，經濟學家簡化過了頭。他們忘了實際上這個世界有多複雜，遠遠超過他們的理論。他們做了兩個很危險的簡化：他們相信市場有效率（市場可以導引社會的資源用在最佳用途），同時也相信整體來說人是理性的（人們會善用資源以衡量成本和效益）。在金融危機期間，市場大錯特錯，人們的行事也毫無理性。看來，經濟學崩解了。在這之後，誰還會選擇成為經濟學家？

事實上，當你下一次看到經濟學家在新聞節目上談話時，你可能不認同他們說的話，反而比較想對著電視螢幕丟磚塊。

但是，先等一秒鐘，別急著拋出磚塊，經濟學也有成功之處。回想一下我們之前講過的故事，談到經濟學家如何設計出系統將腎臟捐贈人與病患配對，以及如何利用拍賣銷售行動電話執照。若不是巧妙運用經濟學原理，就不可能有這些成果。經濟學在解決這些特定問題上表現不錯。

但這些問題可能太過特殊了。為了要替我們所說的經濟學故事畫下句點，我們要來檢視一個最後的經濟學概念，關乎要如何保護我們賴以維生的終極資源——地球。這個概念不過也就是應用我們在本書中談過的基本經濟學原理，要因應的問題則是全球暖化的問題。全球暖化問題會影響我們所有人，以及我們的子子孫孫，經濟學在這個問題上可以著力甚深。這個概念會證明經濟學並不像某些人說的「脫離了真實世界」，差得遠了。經濟學非常在乎這個世界，而且可以幫忙拯救世界。

・拯救世界的經濟學

多數科學家相信，導致全球暖化的是工廠燃燒煤或石油時排放的二氧化碳。全球暖化，指的是陸地與海洋的平均溫度上升。排放出來的二氧化碳也會讓天候更不穩定，這會帶來兩大成本：干擾農業的洪澇與乾旱，在亞洲與非洲尤其嚴重。當冰帽融化，海平面會上升，許多村莊城鎮將會面臨洪水，其中某些地方可能會變成不適人居。

大家都同意全球暖化是壞事，但認知並不足以遏止趨勢繼續發展下去。意識本身並不足以改變行為。要因應這個問題，我們需要一些經濟學相助。全球暖化是一個經濟學家研究再研究的問題，只是版本不同：市場失靈。具體而言，全球暖化是一種外部性。我們之前看過，外部性是某件事意料之外的副作用，比方說你的鄰居大聲吹奏小喇叭打擾到你。鄰居不需支付這個成本，結果導致吹奏的時間太長。美國經濟學家威廉・諾德豪斯（William Nordhaus，生於一九四一年）將二氧化碳排放視為一種特殊類型的外部性，因為這會跨越不同的時間與空間。排放出來的二氧化碳會瀰漫全球，一家德國工廠排放的二氧化碳，會提高整個大氣的總排放量，影響氣候的是總排放量，而德國排放的廢氣會影響中國與巴西的農民。排放出來的二氧化碳也會跨越世代，因為今天排出的廢氣將會導致地球增溫幾十年；德國今天排放的氣體，會影響中國與巴西農民未出生的後代。諾德豪斯將排放二氧化碳稱為「雙重外部性」（Double Externality）

二氧化碳是形式很極端的外部性，因此排放量必然過量。那麼何謂「正確」的排放量？假設一家工廠排放的最後一噸二氧化碳會毀掉某些作物並導致村莊被淹沒，導致全球經濟體的損失多增加五十英鎊。若能避免損害，不排放這最後的一公噸氣體將能獲得五十英鎊的利得。但不排放氣體也要承擔某些成本，可能是工廠必須在煙囪上加裝過濾系統。如果這項成本為四十英鎊，那麼，對整體社會而言，這家工廠安裝過濾系統，避免排放這一公噸的二氧化碳會比較好。這家工廠要減量到什麼地步？

經濟學原理暗示，應該要減到少排放的最後一公噸效益，剛好能抵銷成本為止。

假設有一位經濟學家加總所有成本與效益，然後說整個社會必須將排放量減半。要達到減量目標，政府可以要求每個人把自己的排放量也減半，甚至也可以禁止燒煤。諾德豪斯說，利用經濟學原理，政府可以用較低的成本達成減量目標：他們可以課徵碳稅，刺激人們降低排放量。這個構想是為了讓碳成本對於人們的經濟決策發揮更大的影響力。政府設定的稅率水準，是要確保社會排放的汙染量是過去的一半。

稅賦導向的做法比較便宜，因為有些人會比其他人更容易減少排放量。假設政府對汽油課稅，當老師的人可以開始改成騎單車上班，對他們來說，減少碳排放量的成本很低，遠不及每加侖汽油要漲的價錢。但是低音大提琴手只能開車去彩排，因此對他們來說，減少排放量的成本很高，他們寧願支付昂貴的油錢繼續開車。在稅賦制度之下，排放減量成本低的人和公司，會比高成本者更願意減少碳排放量。比起下令要求每個人、每家公司都把排放量減半，政府能夠利用對整體來說更低的成本——稅賦來達成減量目標。

另一種具經濟性的減碳方案是發行「碳排放交易許可證」。這是一種憑證，持有的人即可排放一噸的二氧化碳，未持證就完全不得排放。要達成碳排放目標量，政府只要發行同量的憑證即可，企業之後就可以買賣憑證。一家很難削減排放量的企業，可以向另一家能輕鬆減排的企業購買許可證。就像課稅一樣，可以用便宜方法減少排放量的汙染者，就能節省最多的稅。一九九〇年代美國便善用了用許可證，降低引發了危害森林與汙染湖泊的「酸雨」。

要解決碳排放這個雙重外部性的問題，我們還有很長的路要走。完整的解決方案需要多個對於環境抱持不同態度的社會通力合作。但是比較沒這麼困難的環境問題，比方說酸雨，經濟學便已經幫上忙。諾德豪斯相信，若能明確應用經濟學最基本的工具（亦即平衡成本與效益），我們仍有時間解決全球暖化的問題，避免全球性的災難。

・經濟學家的大時代課題與答案

這麼說來，即便經濟學有其缺失，但對於人類來說仍非常重要。最基本的經濟學概念是強力的工具，可以用來解決各式各樣的問題，尤其是詳細具體的問題，包括直接影響未來幾個世代人類生活品質的全球暖化。

但是，在面對「人類社會整體應如何運作」這類大哉問時，經濟學就很吃力了。能讓社會進步到更好的狀態，是要透過自由市場與競爭，還是由人們齊心協力、互相合作？金融市場在經濟成長中到底應該扮演什麼角色？這類問題比較難用簡單的經濟學原理作答。很多經濟學家並未預見近期發生的經濟危機，有部分理由也在此。早在危機之前，經濟學家就曾運用他們的自由市場與理性理論重新設計了整個社會，比方說一九八〇年代的非洲，以及共產主義結束後、一九九〇年代的俄羅斯，結果慘不忍睹。經濟學家將他們的基本原理推演得太遠，不瞭解更廣泛的政治社會面向，因為這些在他們的理論中都被排除了。

如果你在大學時攻讀經濟學，主要學到的就是這些基本經濟原理。這些原理強力又好用，但你在運用時應該謹慎小心。有心人認為，這些根本不是「科學」。他們說，在經濟學家的公式之下，蘊藏的是一種保守的政治理念，認為自由市場、競爭與個人努力才是最重要的一切。幾年前，英美的學生已經厭倦了經濟學老師講的話，紛紛走出課堂。他們相信，經濟學是扭曲版的現實，他們希望能更了解一團混亂、無法預測而且難以用公式表達的真實世界。

但也請記住，我們在本書中檢視過的歷史長河中，思想家以各種不同的方式來檢視經濟體，他們抱持的政治信念也各不相同。有些人是資本主義的死硬派支持者，有些希望能加以修正，有些則想毀了資本主義。基本經濟學課程中會排除的，多半是范伯倫、馬克思與海耶克這類反骨思想家所提出的概念，甚至連接受度比較高的亞當・斯密與凱因斯，有時也不見蹤影。這些人所感興趣的，都是經濟體與社會應如何發展這類最重大的問題，不太關心人和企業在選擇冰箱或要不要租新辦公室時，如何權衡成本效益這種比較小規模的問題。

我們在本書中介紹的經濟學家，都針對他們所屬時代的問題提出了不同的因應之道。經濟學和數學問題不一樣，並沒有一個永恆的「正確」答案。我們可以評估歷史上不同思想家的回應，藉此激發出自己的想法，找到必要的新概念以面對現今的經濟問題，無論是極端的不均、金融危機還是全球暖化。做得對，就有更多人能有機會過得更好；做錯了，很多人就得受苦。如果無法獲得必要的食物與醫療，某些人將會死亡。這是我們所有人的課題，不光是專業經濟學家要面對。

剛開始說故事時，我們介紹了最早開始思考經濟學的人們：古希臘的哲學家。他們關心人生最基本的問題，直到現在，我們也還在為解決這些問題而奮鬥。要怎麼樣才能在人類社會中活得好？人需要哪些東西才能幸福又充實？什麼東西才能讓人真正茁壯成長？這是經濟學的起點，而經過所有辯證與歧異之後，我們必須從這裡重新出發。

經濟學的40堂公開課

倫敦政經學院教授，生動剖析經濟學家如何思考，讓經濟學成為改變世界的力量

A Little History of Economics

作　　者　奈爾・傑斯坦尼（Niall Kishtainy）
譯　　者　吳書榆
文字校對　謝惠鈴
美術設計　莊謹銘
內頁構成　高巧怡
行銷企劃　陳慧敏、蕭浩仰
行銷統籌　駱漢琦
業務發行　邱紹溢
營運顧問　郭其彬
執行編輯　何韋毅、何維民
副總編輯　李嘉琪
總 編 輯　李亞南

國家圖書館出版品預行編目 (CIP) 資料

經濟學的 40 堂公開課 / 奈爾 . 傑斯坦尼 (Niall Kishtainy) 著 ; 吳書榆譯 . -- 初版 . -- 臺北市 : 漫遊者文化出版 : 大雁出版基地發行 , 2018.11
面； 公分 ; 譯自 : A little history of economics
ISBN 978-986-489-312-6(平裝)
1. 經濟學 2. 經濟史
550　　107017625

出　　版　漫遊者文化事業股份有限公司
地　　址　台北市松山區復興北路三三一號四樓
電　　話　(02) 2715-2022
傳　　真　(02) 2715-2021
讀者服務信箱 service@azothbooks.com
漫遊者臉書 www.facebook.com/azothbooks.read
劃撥帳號　50022001
戶　　名　漫遊者文化事業股份有限公司
發　　行　大雁文化事業股份有限公司
地　　址　台北市松山區復興北路三三三號十一樓之四
初版一刷　2018 年 11 月
初版十七刷第一次　2023 年 3 月
定　　價　台幣 360 元
I S B N　978-986-489-312-6